DON BOSCO
VERLAG

Albert Höfer

Gottes Wege
mit den Menschen

Ein gestaltpädagogisches Bibelwerkbuch

Don Bosco Verlag

Die Deutsche Bibliothek – CIP-Einheitsaufnahme

Höfer, Albert :
Gottes Wege mit den Menschen :
ein gestaltpädagogisches Bibelwerkbuch / Albert Höfer.
– 2. Aufl. - München : Don-Bosco-Verl., 1997
    ISBN 3-7698-0716-2

2. Auflage 1997 / ISBN 3-7698-0716-2
© by Don Bosco Verlag, München
Batik-Malereien: Anne Seifert, Wolfsberg / Kärnten
Fotos: Fotostudio Kurt Remling, Kirchbach/Steiermark
Umschlaggestaltung: Alex E. Schmid, Penzberg
Satz: Salesianer Druck, Ensdorf
Druck und Bindearbeiten: Druckerei Gebr. Bremberger, München

Inhalt

Vorwort

Dieses Buch ist ein wirkliches Werk-Buch: Ich lege es in die Hände derer, die in und außerhalb der Schule mit Kindern, Jugendlichen und Erwachsenen Bibelarbeit betreiben. Alles was im Buch steht, kann und soll gebraucht werden und findet seinen Sinn wie eine Partitur darin, „aufgeführt" zu werden. Die ersten drei Kapitel geben eine Hinführung zum Begriff der „Gestalt" und zur Begründung gestaltpädagogischen Tuns. Insofern ist es auch ein Stück weit Studienbuch, um zu lernen, was Gestaltpädagogik ist und erbringen kann.

Mit dem Wort „Gestalt" gelangen wir unmittelbar zum Herzen der Bibel: Gott, der sich ganz an die Menschen verschenken wollte, hat zu diesem Zwecke die Gestalt (morphe) eines Knechtes angenommen (Phil 2,7), eines ganz einfachen, niedrigen Menschen, nicht etwa die eines prachtvollen, weihrauchgeschwängerten Pharaos.

Der liebenswerte Mann aus Nazareth, seine Gesinnung und sein Wirken werden zum Ebenbild, zur Ikone (eikon) Gottes (Kol 1,15), zu jenem Bild, das uns zu sich hin und in seine Gestalt verwandelt (2 Kor 3,18). Wie wir die Gestalt des irdischen Jesus an uns tragen, so werden wir auch von seiner himmlischen geprägt werden (1 Kor 15,49).

Die folgenden Kapitel widmen sich großen biblischen Gestalten, die Träger der Offenbarung waren und es nach wie vor sind: Adam, Noah, Abraham, Jakob, David, Jesus (sein Wirken und Leiden). Die vorgelegten Meditationen zu den biblischen Texten setzen die exegetische Bibelarbeit voraus. Sie schlagen aber die Brücke von der biblischen Gestalt zu unserer heutigen Erfahrung. Sie erschließen die Personen als „Modelle" (typoi) für religiöse und archetypische Erfahrungen. Der Umgang mit der tiefenpsychologischen Bilderwelt, den die Bibel selbst betreibt, bringt ihre heilende, pastoraltherapeutische Absicht zum Tragen.

Die biblischen Textstellen werden durch die Batik-Malereien von Anne Seifert buchstäblich ins Bild gehoben. Ihre Betrachtung und Erschließung wendet sich an die intuitive Seite des Menschen und aktiviert so die meditativen Kräfte der rechten Gehirnhälfte (was pädagogisch immer noch Neuland und ein Desiderat ist). Kurt Zisler sei an dieser Stelle für seinen hilfreichen Beitrag „Zugänge zu den Bildern" (S. 25-27) herzlich gedankt.

Die schönen Batikbilder von Anne Seifert zu den biblischen Zyklen (Kapitel 5-10) sind als Tableaus auf den Seiten 50-61 abgedruckt – zusammen mit der Christus-Ikone Seite 49 – und liegen auch als Overhead-Folien diesem Buch bei. Als Dias sind alle Bilder – in Serien zu je 10, die Christus-Ikone mit 3 Bildern – zu beziehen bei Fotostudio Kurt Remling, A-8082 Kirchbach/Steiermark 109.

Den Bildmeditationen folgen Arbeitsanleitungen verschiedenster Art, die alle die Verinnerlichung und Aneignung der biblischen Texte zum Ziel haben. Dem biblischen Wort ergeht es wie dem eucharistischen Brot: Es will nicht für sich belassen, sondern so aufgezehrt und uns einverleibt werden, daß es in unser eigenes Fleisch und Blut übergeht. Die angegebenen Verarbeitungsformen reichen von den einfachsten Schulbeispielen bis zu subtilen pastoraltherapeutischen Übungen, die natürlich eine spezielle Schulung benötigen. Solche Schulungen bieten wir in unserem „Beratungsorientierten Lehrertraining" an, das auf der Basis der Gestaltpädagogik und der Pastoraltherapie beruht.

Die Gestaltpädagogik fördert, ja fordert für die Aneignung des Stoffes die Eigentätigkeit des Schülers und will sie so kreativ gestaltet wissen, daß die Inhalte vom Schüler ganz persönlich angeeignet werden. Das Ergebnis ist dann nicht nur ein Wissensgut, das der Schüler verwahrt, sondern ein betroffener und veränderter Schüler selbst. Der größte Teil des Buches wird von den praktischen Arbeitsanregungen eingenommen, die verschiedene Schwierigkeitsgrade haben und vom Klassenzimmer bis zur Selbsterfahrungsgruppe verschiedene Lernorte brauchen. Nicht jeder Gruppenleiter wird gleich jede Übung initiieren können, er soll sich darum einüben und schulen lassen. Weil unsere Praxis aus achtzehnjähriger Schul- und Gruppenerfahrung kommt, wissen wir, daß dies möglich und fruchtbar ist, ja sogar einen Teil der inneren Schulreform bilden kann.

Interessenten aus Österreich wenden sich wegen solcher Kurse bitte an
    Institut für Integrative Gestaltpädagogik und Seelsorge
    Baiernstraße 54, A-8020 Graz, Tel. 0316/584515.
In Deutschland vermittelt den entsprechenden Kontakt
    DON BOSCO VERLAG
    Sieboldstraße 11, 81669 München, Tel. 089/48008-249. Fax -256.

Besonders erfreuliche Erfahrungen stammen aus der Bibelarbeit jener Abende, Wochenenden oder Tagungen, die als Ziel und Hoffnung haben, daß nicht nur Wissen vermittelt, sondern auch Wunden geheilt und Herzen aufgerichtet werden. Freilich muß man sich, um dies gut zu können, selbst dafür ausbilden; doch ist von einer meditativ-kreativen Bibelarbeit bis zur therapeutischen Begleitung ein breites Spektrum praktischer Möglichkeiten zu entdecken.
Es fällt immer mehr auf, daß keineswegs der Glaubensschwund die größte Not in der Kirche ist. Denkt man an den Zulauf, den Sekten und fernöstliche Spiritualitäten haben, möchte man von einem großen Interesse an Religion sprechen. Sicher sind aber die Hoffnungsarmut und die Hoffnungslosigkeit in der Kirche eine große Not: Man erwartet sich bei bestem Willen von diesem und jenem nicht mehr viel, keine nachhaltige Veränderung, keine wirkliche Hilfe oder Besserung der Nöte, keine tiefgreifende Stärkung des inneren Menschen. Unsere pastoraltherapeutischen Praktiken wollen darum ganz besonders die Hoffnung der Gläubigen auf Heil und Heilung stärken und das Wort aus dem 1. Petrusbrief (3,15) so anwenden:
    Wir halten den Herrn als den Messias in unseren Herzen (und Gruppen) heilig.
    Wir sind stets bereit, jedem Antwort und Teilnahme zu geben,
    der uns darum fragt und bittet,
    was der Sinn (der Logos) jener Hoffnung ist, die wir in uns tragen.
Da jeder Mensch aus einer Leidensgeschichte kommt, trägt er auch eine Hoffnung in sich, die ihren eigenen Grund und Weg, ihren Sinn und ihr Tao, ihren Logos hat. Hier wird diese Leidensgeschichte unter die heilenden Bilder der Bibel gestellt, in der zuversichtlichen Hoffnung, daß wir und die Menschen in unseren Klassen und Gruppen Hilfe und Heil erfahren, Freude und Mut gewinnen, auf jeden Fall verändert aus einer solchen Bibelarbeit hervorgehen.

Albert Höfer

1. Biblische Botschaft und Gestaltpädagogik

Offenbarung, Gestalt und Transformation

Die Offenbarung Gottes ist seine Selbstmitteilung an die Menschen. Gott teilt sich selbst, sein Innerstes, seinen Geschöpfen mit.

Er will so bei den Menschen sein, wie er bei sich selbst ist. Er spricht sich so vorbehaltlos den Menschen aus, wie sich ein Liebender dem Geliebten ausspricht, ohne etwas von sich zurückzuhalten. Diese Selbstmitteilung Gottes nennt das Johannesevangelium das Wort der Liebe, in dem Gott ganz bei sich, aber auch ganz bei uns ist.

Zur „Offenbarung" wird diese Selbstmitteilung Gottes dadurch, daß er sich auch unserem Bewußtsein mitteilt, damit wir also hören, sehen, fühlen und wissen, daß er ein „Gott mit uns" ist (Jahwe, Immanuel). Dies ist ganz und gar *mystischer* Vorgang, der allein auf Gottes Initiative zurückgeht und zunächst keiner irdischen oder menschlichen Vermittlung bedarf. Jene Menschen, die er trifft, wissen sich von Gott „heimgesucht" – nicht sie haben Gott, sondern er hat sie gesucht. Vor allem den Vätererzählungen des Alten Testaments, des „ersten" Testaments, merkt man die Unmittelbarkeit der Gotteswiderfahrnis an, wenn es einfachhin heißt: Gott rief, Gott sprach, Gott hörte, Gott sah und ließ sich sehen... Wir können dahinter nicht weiter zurückfragen, ob Abraham dieses Wort durch Schallwellen im Ohr oder durch eine innere Gewißheit im Herzen „hörte". Allerdings berühren wir jene Nahtstelle, wo die mystische Unmittelbarkeit Gottes (wie ein Meteor in die irdische Atmosphäre eindringend) dem Offenbarungsempfänger in irgendeiner Weise bewußt werden mußte, damit die Verborgenheit und zugleich die Zugewandtheit Gottes für den so heimgesuchten Menschen „Gestalt" annahm. Die „Gestalt" der Offenbarung besteht in der Begegnung von Gott und Mensch und umfaßt auch die Geschichte dieses Menschen, der durch die Begegnung verändert wird.

Die Offenbarungsempfänger wie Abraham und Jakob, Sara und Hagar und ihre Geschichte mit Gott werden uns in *Geschichten* überliefert. Durch diese Erzählungen teilt Gott sich auch uns mit, diese Selbstmitteilung Gottes vollzieht sich in einem „Gestaltwandel", in einer Transformation, in einer Transformierbarkeit. Das Urereignis fand schon einen Gestaltwandel durch die jahrhundertelange mündliche Nacherzählung, dann durch die verschiedenen schriftlichen Fassungen, teils durch den Jahwisten, teils durch den Elohisten, die ihrerseits wieder in die Schlußredaktion des Pentateuch transformiert wurden. Transformationen sind auch die Übersetzungen ins Griechische und ins Deutsche. Wenn nun die Künstlerin für die Schüler Batikbilder malt und der Religionslehrer die Geschichten nacherzählt, was ist das anderes als weitere Transformation, durch die auch der Schüler zum Offenbarungsempfänger werden soll!

Betrachten wir den Gestaltwandel der Offenbarung an den Jesuserzählungen: Am Anfang steht die geschichtliche Begegnung Jesu mit dem Kranken und dessen heilende Verwandlung (Transformation) durch die Selbstmitteilung Jesu. Wenn in den aramäischen Dorfgemeinden diese Ereignisse weitererzählt wurden, fanden sie ihre Transformation nicht nur in eine mündliche Nacherzählung, sondern auch in die erste, frühe schriftliche Fassung, die auch die Begeisterung und die Glaubenserwartung der Frühgemeinden in der Sprache dieser Volksliteratur erkennen lassen (Formgeschichte), ein Glaube, der für die Frühchristen das gleiche Heil vom Auferstandenen erwartete, wie es dem Erstgeheilten zuteil wurde. Durch die Übersetzung ins Griechische und durch die Sammlungen dieser Texte und ihre Einbeziehung in ein Evangelium (Redaktionsgeschichte) erweitert sich der Kreis der Mitinteressierten und Mitbetroffenen auf eine ganze Kirchenprovinz, die Markuskirche etwa. Die Transformation der Offenbarungsgestalt bezieht jene Menschen mit ein, denen sie gilt und die damit selber zu Trägern und „Gestalten" der so angekommenen Offenbarung werden.

Religionspädagogisch und religionsdidaktisch ist zu fragen:
Durch welche Gestalten und Gestaltungen wird die Selbstmitteilung und Offenbarung Gottes so auf unsere Schüler hin transformiert, daß sie miteinbezogen werden? Von der Jesusbegegnung über die urkirchliche Predigt und Schriftwerdung zieht sich die Transformation durch die Kirche jahrhundertelang bis zu unseren Schülern herauf. Ihnen begegnet zunächst aber nicht ein Buch, sondern dessen Wirkgeschichte in vielfältiger Gestalt: im Glauben und Beten ihrer Eltern und Großeltern, im Kirchenjahr und seinen Familienfesten, im religiösen Gehalt von Kinderbüchern, im religiösen Gehalt von Rundfunk- und Fernsehsendungen, im Glockengeläut und Kirchenlied, im Kirchenbau und in der religiösen Bilderwelt allüberall, in der christlichen Art, zu leben und zu handeln, bis hin zu den Religionslehrern und ihren Religionsstunden. Auf diesem so reichen Hintergrund (der positiv oder negativ erlebt werden kann) hebt sich das Reden und Nacherzählen von biblischen Geschichten ab und bleibt dennoch immer auf ihn bezogen. Es ist anzunehmen, daß der Schüler von der Tradition umso eher betroffen wird, je reichhaltiger, erlebnisstärker und sinnenfroher ihn diese Transformationen miteinbeziehen.

Wer den Religionsunterricht vom Standort des Gestaltwandels aus sieht, bekommt neuartige Akzente: Es geht weniger um die Erklärung der Glaubensüberlieferung als um ihre Aktivierung; weniger um ihr begriffliches Verstehen als um ihr Empfangen. Dieses Empfangen geschieht aber nur durch Transformation so, daß die *eine* Offenbarung in immer neuen Gestalten zur Gestalt des Schülers selber wird. Der Schüler kann dies aber nur werden, wenn er durch alle möglichen Widerfahrnisse und Tätigkeiten ein Mitgestalter ist und so von der Offenbarung selber gestaltet wird.

Der Methodenpluralismus des Religionsunterrichts erhält so durchaus eine theologische Bedeutung. Wie Abraham Gott hörte und sah, wie Jesus die Augen und Ohren derer selig preist, die seine Botschaft empfangen, so heißt es auch im 1. Johannesbrief: „Was von Anfang an war, was wir gehört haben, was wir mit unseren Augen gesehen, was wir geschaut und was unsere Hände angefaßt haben, das verkünden wir: das Wort des Lebens" (1 Joh 1,1). Der Schüler muß also mit allen Sinnen, mit Hand, Herz und Hirn die Offenbarung empfangen, damit er Gott tatsächlich „mit allen Kräften" lieben lernt. Jeder Methodenwechsel bringt also einen Gestaltwandel der Offenbarung, die sich aber durch alle Transformationen durchhält: vom schriftlichen Text zur freien Nacherzählung, vom gehörten Text zum inneren Phantasiebild, vom inneren Phantasiebild zur persönlichen Schülerzeichnung, von der Bildbetrachtung zur persönlichen Identifizierung, vom Glaubensgespräch zum Kirchenlied, von der biblischen Weisung zum pädagogischen Spiel, von der Friedensbotschaft zum Abbau der Aggression, vom äußeren Gotthören zum inneren Glaubensbewußtsein. Selbst die Heilige Schrift ist nur Glaubensmittel; Glaubensziel ist der angesprochene Christ, von dem Paulus sagen kann: „Unverkennbar seid ihr ein Brief Christi, ausgefertigt durch unseren Dienst, geschrieben nicht mit Tinte, sondern mit dem Geist des lebendigen Gottes, nicht auf Tafeln aus Stein, sondern – wie auf Tafeln – in Herzen von Fleisch" (2 Kor 3,3).

Die Begriffe „Gestalt" und „Gestaltwandel" werden hier im Zusammenhang mit den Fragen der Theologie und Katechese gebraucht. Daß dies durchaus berechtigt ist, zeigt schon ein Blick auf die Paulusbriefe. Im Römerbrief spricht Paulus davon, daß wir der Gestalt der Lehre, der Verkündigung *übergeben* worden seien, damit wir nicht mehr Sklaven der Sünde, sondern von Herzen gläubig sind. Die Lehre ist uns nicht einfach in den Kopf hineingegeben zum Durchdenken, zum Durcharbeiten und Weitersagen in Begriffen. Es ist genau umgekehrt. Paulus spricht von der „Gestalt der Lehre" (typos...), der wir übergeben wurden, um ihr von Herzen gehorsam zu sein (Röm 6,17). Was aber kann die Gestalt dieser Lehre anderes sein als der Weg, den Jesus Christus gegangen ist: „Obwohl göttlicher Gestalt (morphe), klammerte er sich nicht daran, Gott gleich zu sein, sondern entäußerte sich selbst und nahm Knechtsgestalt an" (Phil 2,6f). Der Religionsunterricht hat einen Ursprung, von dem er seine theologische *Gestalt* empfängt: „Jesus Christus, von göttlicher Gestalt und menschlicher Knechtsgestalt, die Verlaufsgestalt seines Weges – Menschwerdung, Kreuz, Auferstehung –, dies zugleich als Lebensgestalt des Christseins... Gestalt ist Schöpfung und Neuschöpfung Gottes, und wo der Geist des Menschen schöpferisch („kreativ") Gestalten hervorbringt, hat er Anteil an Gottes schöpferischem Geist" (Klaus Meyer zu Uptrup, Gestalthomiletik, 1986, S.11f).
Der Begriff und das Anliegen „Gestalt" wird auch von der Philosophie, Psychologie, Therapie und Pädagogik behandelt, worauf kurz eingegangen werden soll.

Grundlegendes zur Gestaltpädagogik

„Gestaltpädagogik" ist eine Art gegenwärtiger Reformpädagogik, die zumeist mit Recht insofern mit Gestalttherapie in Zusammenhang gebracht wird, als viele Gestaltpädagogen aus der gestalttherapeutischen Ausbildung hervorgegangen sind.
Der Begriff „Gestalt" hat aber viel weiter reichende Wurzeln im europäischen Erbe (vergleiche: morphe, eidos, character, forma, typos...), die der Gestaltpädagogik wesentliche Impulse geben. Allein schon die Redewendung „etwas nimmt Gestalt an" zeigt, daß es hier um die Verwirklichung von Wirklichkeiten geht. Und so geht es der Gestaltpädagogik im Religionsunterricht darum, daß der Glaube der Schüler Gestalt annimmt, ja, daß sie ihrem Glauben eine Gestalt *geben,* was auf ihre kreative Mitwirkung weist.

Einer der entschiedensten Denker der Gestalttheorie (-philosophie) ist Johann Wolfgang von Goethe, der sich von einer platonischen und idealistischen Weltschau abwendet und sich aufmerksam der konkreten Wirklichkeit zuwendet:

> „Willst du ins Unendliche schreiten,
> geh nur im Endlichen nach allen Seiten;
> willst du dich am Ganzen erquicken,
> so mußt du das Ganze im Kleinen erblicken."

Die Vernachlässigung der konkreten, greifbaren religiösen Wirklichkeiten zugunsten eines übertrieben abstrakten Theoretisierens („Katechismussätze") dürfte auch einer der Gründe sein, daß der Religionsunterricht oft lebensfremd und nicht „gestalthaft" wirklichkeitsnahe ist. Ein ebenso entschiedener Gestaltdenker ist Friedrich von Schiller, wie er es in den Gestalten seiner Dramen und in seinen Gedanken über die Ästhetik bekundet. Es will kein Zufall sein, daß Dramen und Opern als Titel Eigennamen tragen: Wilhelm Tell, Don Carlos, Aida, Boris Godunow..., wobei erst durch die ablaufende Geschichte der Charakter, das Wesen dieser Person sich wie ein Teppich entrollt und zeigt. Auch hier kann der Zusammenhang mit den biblischen „Gestalten" des Religionsunterrichts einsichtig gemacht werden, die als Offenbarungsempfänger und Offenbarungsträger Gottes Wirken im Fortgang ihrer Geschichte aufscheinen lassen. Wer theologische Erkenntnisse von biblischen Gestalten abstrahiert, wird zumindest in der Gestalt Jesu, dem menschgewordenen Logos, wieder auf das Konkrete und Greifbare der Offenbarung zurückverwiesen. Der *gestaltpädagogisch* orientierte Religionsunterricht stellt also die Gegenwart und das Wirken des lebendigen Gottes anhand biblischer Personen vor Augen.

Einen weiteren und sehr wesentlichen Impuls erfährt die Gestaltpädagogik aus der *Gestaltpsychologie,* z.B. durch die Gestaltgesetze aus der Zeit ihrer Anfänge (Christian von Ehrenfels), wonach die Wirklichkeit immer mehr ist als die Summe ihrer Teile. So auch der Glaube des Schülers und Lehrers, der nicht als Summierung von Einzelwissen und Einzelfakten greifbar wird, sondern oft in einer tieferen, schwer faßbaren Ganzheit und Einheit.

Das Gestaltgesetz: „Das Ganze ist mehr als die Summe seiner Teile" zeigt seine Bedeutung vor allem in der Lehrplangestaltung, Stoffauswahl und Didaktik. Man darf keineswegs von einer (Un-) Summe von theologischen Stichwörtern ausgehen und sie dann auf die Jahre und Stunden verteilen. Denn was ist die Wirklichkeit des Religionsunterrichts, die zu vermitteln ist? Die Wirklichkeit der Katechese ist die lebendige *Gestalt* Jesu Christi, die sich weder in theologischen Sätzen noch in vielerlei Einzelwissen aus seinem Leben und Lehren auseinanderlegen läßt. Im Gegenteil: Wenn ein Schüler anhand einer einzelnen Jesusgeschichte die Gestalt Jesu und sein Wirken so in den Blick bekommt, daß er von ihr getroffen ist, hat er tatsächlich von Jesus mehr erfaßt, als ihm eine theologische Summa bieten könnte. Wenn im Ersten (Alten) Testament Gott sich noch nicht leibhaftig darbietet, so gibt er sich dennoch geschichtlich greifbar in seinen Dialogpartnern, seinen Offenbarungsempfängern und seinem Volk. Diese bilden mit ihm zusammen die Gestalt der Offenbarung. Jede Dichtung wie etwa die Odyssee Homers bildet eine so verdichtete Wirklichkeit, daß sie nur entfaltet, aber nie restlos aufgeklärt oder gedanklich in ihre Inhalte zerlegt werden kann. Um wieviel mehr gilt das noch bei der Bibel, in der das unausschöpfbare Geheimnis Gottes Gestalt geworden ist, also anschaulich und zur Begegnung einladend! Für die Sprache der Offenbarung gilt das Pars-pro-toto-Prinzip, d.h., daß sie „das Ganze im Fragment" bietet.

Das zweite, fundamentale Gestaltgesetz ist das „Figur-Hintergrund-Prinzip". Das besagt, daß etwas Konkretes nur dann geschaut, gehört, also wahrgenommen werden kann, wenn es sich von seinem Hintergrund abhebt. Wenn es stockdunkle Nacht ist, kann man den Baum nicht sehen, bis sich sein Hintergrund im Morgengrauen erhellt. Eine Stimme oder Melodie ist nicht hörbar, wenn sie vom Motorenlärm eines Düsenjägers zugedeckt wird. Diese Selbstverständlichkeiten der Wahrnehmungspsychologie werden durch die Übertragung auf die Pädagogik äußerst wirksam. Habe ich Schüler vor mir, so kann ich sie erst recht verstehen, wenn ich ihren „Hintergrund" miteinbeziehe. Dieser ist: ihr Stellenwert in der Klasse, ihre religiösen Vorerfahrungen, ihre Lebensgeschichte... – so wie dies alles auch mein Hintergrund ist. Der Lebenshintergrund ist teilweise bewußt, teilweise aus der Erinnerung abrufbar, überwiegend aber unbewußt. Zeigt ein Schüler ein ungewöhnliches, gar ärgerliches Verhalten, so täte er dies nicht, wenn er nicht dafür „seinen Grund" hätte – auch wenn dieser (Hinter-) Grund mir und ihm selber verborgen ist. Aus der Gestalttherapie, die den Menschen vorwiegend von seinem unbewußten Hintergrund her verstehen will, hat die Gestaltpädagogik viel gelernt. Auch der Religionsunterricht hat mit seinen Methoden und Inhalten seinen Hintergrund: die religiöse Kulturgeschichte eines Landes, das durch alle Einzelerzählungen sich anbietende Heilshandeln Gottes, ja die Gegenwart Gottes selbst. Die Figuren und Gestalten auf diesem Hintergrund sind die Menschen der Bibel, die Selbstdarstellung der Kirche, das Lehren des Religionslehrers, die Schüler. Diese „Figuren" begegnen einander im Unterrichtsgeschehen so, daß hinter jeder ihr Hintergrund hereinspielt, hereinspielen will, damit es auch zu einer Berührung der Hintergründe, zu einer „Horizontverschmelzung" (Gadamer) kommt: Der Schüler darf seine Geschichte vor Gott bringen, und Gottes Geist will in seinen Hintergrund so einströmen, daß er den Schüler „in seinem Grunde" heilt. Auch auf diesem „Hintergrund" betrachtet, bekommt das Geschehen des Religionsunterrichts neue Dimensionen.

Als drittes Gestaltgesetz gilt das „Hier-und-jetzt-Prinzip". Das will besagen, daß jede Wirklichkeit in der Gegenwart wirklich ist und sich in diesem hiesigen Zusammensein vollzieht. Wenn wir nicht für die Schule, sondern für das Leben lernen, dann ist es das Leben, das sich in dieser konkreten Religionsstunde vollzieht. Der Ertrag für die Zukunft ist nur soweit gegeben, als ihn die Gegenwart bereits aufnehmen kann. Es ist doch beachtenswert, daß Erwachsene, wenn sie auf den Religionsunterricht ihrer Kinderzeit zu sprechen kommen, immer zuerst von diesem oder jenem Religionslehrer reden und von dem, was sie bei ihm oder ihr getrieben hätten; erst aus diesen allgemeinen Erfahrungen können dann einzelne Inhalte abgerufen werden. So bildet auch die „Atmosphäre" des Unterrichtsgeschehens die beeinflussende Wirkung, und die Inhalte werden von ihr gesättigt. Das Prinzip der Gegenwart erfährt seine tiefste Verwirklichung von der theologischen Seite her. Thomas von Aquin sagt, daß sich der Glaube des Glaubenden nicht auf die ausgesagten Worte, sondern auf die hinter ihnen liegende Wirklichkeit selbst, also auf Gott bezieht (actus credentis non terminatur ad ennuntiabile, sed ad rem). Die Gegenwärtigkeit Gottes wertet also in jeder Hinsicht das „Hier-und-Jetzt" des Religionsunterrichts auf.
Kardinal Newman weist in seiner Zustimmungslehre allerdings auf eine ausschlaggebende Tatsache hin: Eine Wirklichkeit oder Wahrheit kann in den Menschen nur so weit Eingang finden, als er ihr seinerseits *zustimmt,* wobei der Intensitätsgrad der Zustimmung vom Objekt der Zustimmung abhängt: Einem abstrakten Sachverhalt (zweimal zwei ist vier) kann ich nur eine abstrakte Zustimmung geben, einem ästhetischen nur eine ästhetische (mein Gefallen an einer Symphonie); eine konkrete Zustimmung gebe ich dort, wo ich mich zu einem konkre-

ten Handeln entscheide, und eine *personale* dann, wenn ich auf eine Person treffe. Gottes personale Gegenwart tut sich uns im Spiegel und Gleichnis, in Symbolen und Metaphern (Ricoeur), im Mythos konkret kund und lenkt damit die Aufmerksamkeit darauf, wie wir und die Schüler diese überhaupt begreifen können.

Das Zwei-Kammer-System und die Sinneskanäle

Wenn man im Religionsunterricht die Begegnung mit lebendigen Gestalten sucht, muß man sich ganz im Sinne der Gestaltpsychologie fragen, wie solche ganzheitlichen Gestalten von uns und den Schülern wahrgenommen werden können. Man stößt hier sehr schnell auf die Ergebnisse der Gehirnforschung, die uns vor Augen führen, daß unser Großhirn, bestehend aus den linken und rechten Gehirnlappen (verbunden mit einem kleinen Steg), je verschiedene Funktionen ausübt. Dabei regiert die linke Gehirnhälfte die rechten Körperfunktionen und die rechte Hemisphäre die linken Körperfunktionen (sie überkreuzen sich also wie die Blutbahnen). Der linken Gehirnhälfte werden die Funktionen der Sprache, des logisch-analytischen Denkens, des Argumentierens, Strukturierens und Abstrahierens zugesprochen. Die rechte Hemisphäre hingegen (der Evolution nach vermutlich die archaischere) bewirkt die ganzheitliche Anschauung, Phantasie und künstlerische Kreativität, Intuition und Symbolschau sowie den spielerischen Ausdruck in den Lebensbeziehungen. Während unsere europäische Kultur eindeutig die linke Hemisphäre bevorzugt und kultiviert hat, kann man in der Ausgewogenheit von Yin und Yang der chinesischen Anthropologie ein integrierteres Menschenbild feststellen (vgl. auch S. 93). Ich vermute (nebenbei bemerkt), daß C.G. Jung mit seiner Animus-Anima-Problematik den gleichen Sachverhalt im Auge hat, ihn aber durch die Wortwahl alleine schon unnötigerweise mit der Geschlechterproblematik zusammenfallen ließ, was uns heute noch unnötige Grabenkämpfe im Verhältnis der Geschlechter beschert.

Kurz sei hier auf die Konsequenzen aus dem Zweikammersystem mit den Worten von John Westerhoff eingegangen (Concilium 1984/4, S. 324-328). Er geht davon aus, daß unsere Katechese die rechte, also die intuitive Hemisphäre vernachlässigt: „Sie ist die affektive Dimension des Denkens (!) und eine passive Weise des Bewußtseins. Als solche stellt sie einen subjektiv-experimentierenden Weg zum Wissen dar... Ganzheitlich und sinnlich in ihrem Stil ist sie am besten zur Förderung von Phantasie, Mysterium und Entdeckung geeignet!" Die gegenwärtige religiöse Situation westlicher Kirchen leidet unter einer doppelten Abwertung: Die einen werten die bezeichnenden, begrifflichen und analytischen Aspekte des Lebens ab, die anderen mißachten die symbolischen, mythischen, imaginativen, emotionalen und anderen Aspekte des Lebens. Das christliche Leben besteht in einer grundsätzlichen Polarität (nicht Polarisierung!) von „symbolisch-konzepthaften, mythisch-begrifflichen, imaginativ-analythischen und informativ-emotionalen" Aspekten. Das Ziel der religiösen Erziehung liegt in einer Harmonisierung, besser: in einem Fließgleichgewicht beider Pole, doch ist davon auszugehen, daß am Beginn des Menschenlebens, sowohl beim Kind wie bei der Menschheit, die metaphorische, poetische, symbolische und mythische Beziehung zu Gott die Erstwirklichkeit darstellt. Daraus folgert Westerhoff: „Wir sollten die intuitiven, physischen, empfindenden, mystischen Sensibilitäten, die affektiven Dispositionen also, nicht weniger berücksichtigen als ihr Gegenteil... Da die Katechese eine im wesentlichen rationale Komponente hat, müssen wir darauf achten, daß die wesentliche Mitte des Christentums – die Erfahrung Gottes nämlich – sich nicht in einer Wolke des Rationalismus verliert. Im Herzen des christlichen Glaubens ist ein nichtrationales Element enthalten, das nicht auf den Begriff zu bringen ist oder in diskursive Rede eingebracht werden kann und das dennoch kommuniziert werden muß und kann."

Wenn das Mysterium des Seins und der Gegenwart Gottes auch nie in Begriffen erschöpfend ausgelotet werden kann, so bietet es sich dennoch in Symbolen und lebendigen Gestalten dar, die ihrerseits mit allen inneren und äußeren Sinnen aufgenommen werden. Davon spricht die Heilige Schrift: Gott wird geschaut und gehört, gekostet und betastet. Die Tradition des Christentums wußte um die Bedeutung der inneren und äußeren Sinne für die Aufnahmefähigkeit geistlicher Wahrheiten Bescheid und verfügte auch über vielerlei Wege und Anleitungen zu ihrer Förderung. – Welche Hilfe können wir heute aus den gegenwärtigen Lern- oder Therapieschulen holen?

Die gegenwärtigen Kurzzeittherapien schenken den Lernprozessen in der Schule immer mehr Aufmerksamkeit und bringen dabei interessante Vorgänge ins Spiel: Jeder Mensch nimmt die millionenfachen Eindrücke der Wirklichkeit durch seine verschiedenen Sinneskanäle auf: er sieht, hört, fühlt durch die ganze Haut und durch alle inneren Organe, bewegt seine Glieder oder seine Phantasie usw. Dabei wird anscheinend als Binsenwahrheit hingenommen, daß jeder ein Sinnesorgan als seinen Hauptkanal benutzt, was aber in der Schule schwere äußere Folgen hat. Ist ein Lehrer vorwiegend optisch ausgerichtet, wird er selbstverständlich in seiner Sprache, seinen Medien oder Methoden „optisch-visuell" vorgehen, was den ihrerseits auch wieder optisch ausgerichteten Schülern hilft und ihr Lernen fördert, die sinnlich anders ausgerichteten Schüler aber ungefragt vernachlässigt, ihren Lernprozeß behindert oder sie gar als dumm hinstellt. Hier können wir von den Religionslehrern an den Berufsschulen lernen. Einer, der Tischlerlehrlinge unterrichtet, machte folgende Beobachtung: „Wenn wir die ganze Stunde spannend diskutiert haben, sagten die Lehrlinge trotzdem, sie hätten heute nichts getan; ließ ich sie aber einen Satz von der Tafel abschreiben oder im Buch unterstreichen, dann wußten sie genau zu berichten, was sie *getan* hatten."

Hier entscheidet offenbar der bevorzugte, der handelnde Sinneskanal auch über den Zugang zur Wirklichkeit und Wahrheit. Infolgedessen müßte sich der Religionslehrer darüber klar sein, welchen der Sinneskanäle er bevorzugt und welche er vernachlässigt, damit er diese bewußt erweitert, um nicht weiterhin Gruppen von Schülern zu benachteiligen.

Diese ganzheitlichen Ansätze verstehe ich – zusammen mit anderen – „als engagierte Gegenposition zu den in vielen traditionellen Bildungseinrichtungen noch gängigen wissenschaftsorientierten Lehr-/Lernverfahren. Die Kritik entzündet sich dabei vor allem an den in Lehr- und Lernprozessen geläufigen einseitigen Betonungen kognitiver (sog. „linkshirniger") Aktivitäten" (Winfried Bachmann, Das neue Lernen, 1991, S. 268). Viel Schulüberdruß und die Lernwiderstände von Schülern und Lehrern werden heute „auf eine strategische Überbelastung bzw. methodische Fehlausnutzung des Gehirns zurückgeführt" (ebd.).

Eine weitere Feststellung ist folgenschwer: Über den bevorzugten Sinneskanal treten die Eindrücke in das Bewußtsein des Menschen und sind durch ihn auch wieder abrufbar; er *weiß* also, was er gesehen bzw. gehört bzw. getan hat. Nichtsdestoweniger sind aber alle

Sinneskanäle – auch die nichtbevorzugten – ständig aktiv und nehmen tausendfach Eindrücke der Wirklichkeit auf. Diese Eindrücke treten aber nicht ins Bewußtsein, sondern werden im Unterbewußtsein gespeichert. Wenn nun ein Lehrer seine Schüler anleitet, mit Sinneskanälen tätig zu sein, die ihnen noch fremd sind, dann gelingt es ihm, unbewußte Inhalte abzurufen. Wenn also ein im Gebrauch seiner Hände ungeübter Mensch plötzlich mit weichem Ton modelliert oder mit bunten Farben malt, kann man staunen, welche Inhalte, welche Wissensschätze da aus dem Unbewußten zu Tage gefördert werden, die ihm wirklich nicht bewußt waren.

In den praktischen Anweisungen will ich Lehrern und Schülern der Lerngruppe einen Weg zeigen, wie auch das „Wissen des Herzens" im Religionsunterricht seinen bevorzugten Platz haben darf. Hier berührt der Religionsunterricht den Bereich des künstlerischen und kreativen Schaffens und macht ihn sich legitim zunutze, wie Westerhoff sagt (ebd.): „Funktion des künstlerischen Ausdrucks ist es, die Tiefen des Lebens zu erhellen und uns tiefer in sie hineinzuziehen... denn die Künste und die religiöse Erfahrung sind miteinander verwandt. Die Künste verkörpern unsere Erfahrung von Mysterium, Wunder und Ehrfurcht. Auf diese Weise helfen sie uns, dem Heiligen oder Geistlichen zu begegnen."
In den weiteren praktischen Beispielen wird vor Augen gestellt, wie diese künstlerische Kreativität nicht allein in den Produkten der „hohen" Kunst zu finden ist, sondern jedem Schüler kraft seiner Kreativität machbar wird. Es geht also nicht nur um die Aneignung von Gestalten und Symbolen, sondern gerade darum, sie aus dem eigenen Inneren entstehen zu lassen, aus der Begegnung und Vermischung von Selbst- und Gotteserfahrung, also um „aktives Symbolisieren".

2. Integrativer Bibelunterricht

Die vier Elemente gestaltpädagogischer Bibelarbeit

Der Inhalt gestaltpädagogischer Bibelarbeit ist das Wort Gottes, das Kerygma, das uns zwar im Text der Bibel vorliegt, aber auf dem Weg der Transformation vom Heilsereignis einst bis zum Hörer des Wortes heute „transformiert" werden will, also einen „Gestaltwandel" durchläuft. Wichtige Stationen dieser Transformation bilden nun die Schwerpunkte in der Didaktik und im methodischen Prozeß der Bibelunterweisung, worauf die Gestaltarbeit besonders Rücksicht nimmt. Diese vier Elemente mag man sich wie die Felder eines Fensters vorstellen, das durch ein Kreuz strukturiert wird:

1) Die Beschäftigung mit dem Text bildet den Ausgangspunkt und das Ziel der Bibelarbeit auch dann, wenn dem Schüler oder dem Gruppenteilnehmer dies zunächst gar nicht so in die Augen springt. Denn in den Text vertieft sich: die Künstlerin vor dem Malen, der Theologe vor der Konzeption der Bilderreihen, der Bildinterpret im Zusammenhang mit dem Bild (so meine Kommentare zu den Bildern), der Nacherzähler in seiner Vorbereitung, der Schüler anläßlich seiner Aufgabenstellung am Text, das Gemeindemitglied nach der Bildbetrachtung in seiner persönlichen Lektüre der Bibel, die es mit neuen Augen liest. Beispiele gestaltpädagogischer Texterschließung finden sich bei den einzelnen Kapiteln, z.B. am Anfang des vierten Kapitels zur Erzählung von der Verklärung Jesu.

2) Die Bildbetrachtung ist für den Schüler oder Gruppenteilnehmer gleichsam die Erstbegegnung mit der biblischen Botschaft. Denn der Text begegnet ihm bereits transformiert in einer künstlerischen Darstellung. Die Bilder sind zunächst nicht zur ästhetischen Bildbetrachtung gedacht, sondern als ein Baustein innerhalb eines größeren Prozesses, in dem jedes Bild in die biblische Nacherzählung eingebettet ist, erklärt wird und in eine Arbeit mündet, die auf eine persönliche Verarbeitung und Aneignung des Inhaltes abzielt.

3) Die Nacherzählung des biblischen Textes bildet die Brücke vom Text zum Bild. Sie kann, wie etwa bei Kindern, eine Nacherzählung voll Breite und narrativer Farbigkeit oder mehr eine Erschließung des Bildes durch die Rückerinnerung der biblischen Ereignisse sein. Der Lehrer stellt das Bild dann mehr von der sachlichen Seite her vor: Ihr seht auf diesem Bild drei Personen, die auf dem Weg sind... Es zählt zur Gunst der Stunde, daß heute die theologische Relevanz und die spirituelle Kraft der kreativen Narrativität wieder geschätzt werden; der Religionsunterricht hat sie ja immer betont.

4) Die kreativen Übungen bilden ein Herzstück jeder Gestaltarbeit. Anhand von Thema und Material wird ein kreativer Prozeß in Gang gesetzt, der das Unbewußte des Schülers und das Überbewußte des religiösen Symbols in *einer* Gestalt vereinigt und so beide Dimensionen gleichzeitig anschaubar und zugänglich macht. Methodisch wird dabei der „fruchtbare Moment" genutzt, der der älteren Pädagogik bekannt war (Copei) und der es versteht, das Interesse des Schülers am Text dadurch zu steigern, daß der Schüler für diesen Text eine besondere Aufgabenstellung bekommt (Beobachtung, kreative Umsetzung, gemeinschaftliche Übungen ...). Theologisch gesehen greift der Schüler kraft dieser Übungen auf jene Momente der biblischen Botschaft zurück, die ihn besonders berühren und seine personale Resonanz wachrufen, so daß daran zu merken ist, was Gott gerade ihm heute sagen will. Durch aktives Gestalten wird der Akt der Zustimmung geweckt und gefördert.

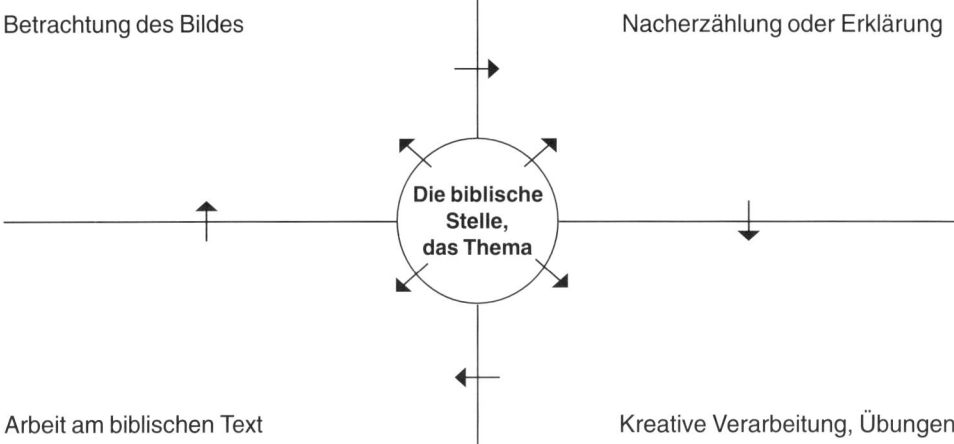

Betrachtung des Bildes	Nacherzählung oder Erklärung
Arbeit am biblischen Text	Kreative Verarbeitung, Übungen

(zentral: Die biblische Stelle, das Thema)

Wer die Geschichte der Hermeneutik kennt, wird in diesen vier Schwerpunkten gestaltpädagogischer Bibelarbeit die Wege und Stoßrichtungen des sogenannten „vierfachen Schriftsinnes" wiederentdecken (ohne daß die vier Tendenzen auf die vier didaktischen Felder gleicherweise zu verteilen wären): vom biblischen Einst (sensus literalis, Textarbeit) zum spirituellen Heute (sensus spiritualis, Vergegenwärtigung); von der Vergegenwärtigung zur persönlichen Betroffenheit und Gotteserfahrung (sensus anagogicus, mysticus) bis zur existentiellen Verwandlung in Gesinnung und Tat (sensus moralis).

Das Bild in der gestaltpädagogischen Bibelarbeit

Die Gestalt Jesu als Ikone Gottes

Unsere katechetische Verkündigung, wie wir sie in diesem Buch anbieten, erfolgt anhand von Bildreihen, welche die Künstlerin Anne Seifert geschaffen hat.
Wir betreiben also eine Katechese durch das BILD.

Das nötigt uns, ein wenig über die Theologie des Bildes nachzudenken. So werden wir über das „Bild" (eikon) wieder zur „Gestalt" (morphe) zurückverwiesen.

Die wertvollsten Anregungen für eine Theologie des Bildes habe ich durch das Buch „Die Christus-Ikone" von Christoph Schönborn erhalten (Christiana Verlag, Stein/Rhein 1984). Diesem entnehme ich auch die Zitate der Kirchenväter.

Schönborn nennt die Ikone eine „Kurzformel des Glaubens" (S. 141), deren Aufgabe es ist, das Gedächtnis des Antlitzes Christi wachzuhalten. „Die Ikone ist ein Ausdruck dieser lebendigen Erinnerung: Sie gedenkt nicht nur eines Menschen aus ferner Vergangenheit, sondern dessen, der als Mensch durch Leid und Kreuz verherrlicht wurde, der jetzt lebt und für uns beim Vater eintritt und dessen Wiederkunft uns verheißen ist" (ebd.).

Mit der Erinnerung an Christus, der die Ikone Gottes ist, wird auch die Erinnerung an die vielen Gestalten der Bibel wachgehalten, die ihrerseits Träger, Vermittler und so Bilder der Selbstoffenbarung Gottes an uns Menschen sind: Maria und die Apostel, Abraham und Jakob, David und Mose, genauso wie der Blindgeborene, die Frau am Jakobsbrunnen, die anonymen Bettler und Geheilten.

Der Weg des Logos vom Schöpfungswort bis zu seiner Menschwerdung ist auch die Geschichte der Heilsgestalten, der Ikonen Gottes (vgl. Hebr 1,1).

1) Die „Geschichte" der Ikone Gottes beginnt vor aller Zeit im Schoß des dreifaltigen Gottes, denn der Hebräerbrief (1,3) sagt von Christus: „Er ist der Abglanz (apaugasma) seiner Herrlichkeit und das Abbild (charakter) seines Wesens."

   Dazu Gregor von Nazianz:
   „Man nennt ihn Bild, weil er gleichwesentlich (mit dem Vater) ist und vom (Vater) kommt, während der Vater nicht von ihm herkommt." Und der hl. Athanasius: „...da die Gestalt und Gottheit des Vaters das Sein des Sohnes ist, so ist folgerichtig der Sohn im Vater und der Vater im Sohne" (Schönborn, S. 24f.).

2) „Er nahm die Gestalt (morphe) eines Knechtes an und wurde den Menschen gleich" (Phil 2,7). Das Unerhörte dieser Aussage besteht darin, daß menschliches Fleisch und Blut, daß das Leben und das Wirken eines Menschen zum vollgültigen Ausdruck, zum Medium und zur Vergegenwärtigung Gottes werden.

   Cyrill von Alexandrien sagt in diesem Zusammenhang:
   „Das Bild des unsichtbaren Gottes, der Abglanz des Wesens des Vaters und sein Prägebild hat Knechtsgestalt angenommen, nicht indem es sich einen Menschen hinzufügte, ...sondern indem es sich selber diese Gestalt gab und doch gleichzeitig dabei seine Ähnlichkeit mit dem Vater bewahrte" (Schönborn, S. 88f.).

3) „Er ist das Ebenbild (eikon) des unsichtbaren Gottes, der Erstgeborene der ganzen Schöpfung. Denn Gott wollte mit seiner ganzen Fülle in ihm wohnen" (Kol 1,15.19).
   Diese Aussage tut ihre erregende Schönheit gerade dann kund, wenn man sie nicht nur als Antwort auf die Wesensfrage nach Christus bezieht, sondern auf jede einzelne seiner Taten, auf die Szenen im Evangelium, ja auf alle Ereignisse aus dem Ersten und Zweiten Testament, die vom Hauch Jesu getragen sind: „Die Liebe ist die Ikone Gottes: Das ist das Herz, die zentrale Aussage unserer ganzen theologischen Betrachtung zur Christusikone.

In ihm wird Gott unseren Augen sichtbar, in ihr können wir mit dem Leben Gottes in Verbindung treten, um zur vollen Ähnlichkeit mit Gott zu gelangen" (Schönborn, S.134).

4) „Wir alle spiegeln mit enthülltem Angesicht die Herrlichkeit des Herrn wider und werden so in sein eigenes Bild (eikon) verwandelt, von Herrlichkeit zu Herrlichkeit durch den Geist des Herrn" (2 Kor 3,18).

Paulus spricht von einer „unverhüllten" Christusbeziehung des Christen, die eine personale, mystische, unmittelbare Begegnung von Angesicht zu Angesicht ist. Er verwendet dabei das Bild des Spiegels, vor dem eine Person steht, deren Gestalt vom Spiegel aufgefangen, dargestellt und zurückreflektiert wird (katoptrizomenoi kann also mit einem Wort allein nicht übersetzt werden): Indem der Christ auf Christus schaut, wird das Auge zum Spiegel, das die Gestalt Christi aufnimmt. Das Bild Christi im glaubenden Menschen bleibt aber keine Spiegelung, sondern Christus selbst wird kraft seines eindrücklichen Bildes im Glaubenden aktiv und verwandelt diesen in sein geschautes Christusbild hinein.
Christus wandelt, transformiert den ihn schauenden Jünger in das geschaute Bild, besser: in die geschaute Christuswirklichkeit. Dieser wirkliche Gestaltwandel ist ein Prozeß, denn er erfolgt „von Herrlichkeit zu Herrlichkeit", von Stufe zu Stufe, von Intensität zu Intensität. Die Kraft der Transformation kommt aber nicht vom Menschen, sondern von Christus selbst, von seinem im Menschen wirkenden Geist. Man wird dem künstlerischen Bibelbild und seiner Betrachtung eine vermittelnde Rolle zubilligen, das Urbild aber ist die Christuswirklichkeit, und dessen reale Abbildung ist der christusförmige Mensch. Dieses Pauluswort gibt einer gestaltpädagogischen Bibelarbeit Begründung und Aufwertung.

5) „Wie wir nach dem Bild (eikon) des Irdischen gestaltet sind, so werden wir auch nach dem Bild (eikon) des Himmlischen gestaltet werden" (1 Kor 15,49).

Unsere Schüler sind getaufte Christen, die in der Taufe dem Gleichbild (homoioma, Röm 6,5) seines Todes gleichgestaltet wurden. Sie tragen in ihrem Leben Dornenkronen und Wundmale, weil der Lebensweg vieler Kinder nur zu oft ein Leidensweg und ein stummer Schrei ist. Die Legende der hl. Veronika setzt diese Erfahrung in eine Erzählung um, denn diese Frau hält Christus eigentlich ihre Seele wie ein Schweißtuch entgegen, in das er – in die er – sein lebendiges Antlitz („vera ikona") einprägt.

Wenn nun die Schüler in ihrer Existenz die Gestalt des irdischen Christus tragen, dann haben auch deren Zeichnungen, sofern sie biblische, religiöse und sehr existentielle Themen darstellen, eine theologische Qualität: Es ist nicht einzusehen, warum deren Qualität um vieles geringer sein soll als die theologische Qualität der Ikonen. Freilich haben Kinderzeichnungen einen anderen ästhetischen Wert als Ikonen oder Kunstbilder, aber sie sind als subjektiver Glaubensausdruck der Kinder zu achten und mit Ehrfurcht zu behandeln.

Zugänge zu den Bildern
Damit die Bilder zu sprechen beginnen... *(Kurt Zisler)*

„Kunst gibt nicht das Sichtbare wieder; Kunst macht sichtbar", schreibt Paul Klee. Er hat damit eine hohe Anforderung an die Kunstschaffenden gestellt, aber auch an die, die Kunstwerke betrachten.
Wer Kunstwerke betrachtet, braucht als erstes Zeit und Bereitschaft, sich auf einen Weg führen zu lassen und sich auf einen Dialog einzulassen.

Der Gang durch das Bild

Bilder sind einer Symphonie vergleichbar. Wie diese entstehen sie aus vielen Elementen. Wenn wir diese wahrnehmen wollen, sind wir eingeladen, in einem geduldigen Weg mit den Augen durch das Bild zu gehen und zu sehen.[1]
Alle Bilder, die in diesem Buch gezeigt werden, sind Bildreihen, die aus je neun Bildern bestehen. Sie stehen zueinander in Beziehung und bedingen einander.

1) Das Format

Das Format der Bildreihe ist rechteckig-hochgestellt; auch jedes Einzelbild trägt dieses Format. Die Betonung liegt daher auf der Spannung von oben und unten, von Welt und Himmel, von Immanentem und Transzendentem.

2) Das Material

Alle Bilder sind der Technik nach Batikarbeiten auf Baumwolle. Das Material des Stoffes trägt den Charakter des Weichen an sich; es ist uns als Kleidung vertraut, und wir verbinden damit Wärme, Schutz und Schönheit. Batikarbeiten sprechen durch diese Wärme und Nähe in einer besonderen Weise. Die Farbqualitäten werden durch den Stoff milde, die Farbkonturen werden weich.

3) Die Farben

Viele Bilder einer Bildreihe haben einen Farbgrundton. Durch diesen Grundton bekommt das ganze Bild eine besondere Qualität.
Die Farben haben alle durch unsere Erfahrungen mit der Natur und dem Leben eine erinnernde Kraft; sie erinnern an Gesehenes und machen dieses in unserer Geschichte Gesehene in allen Tiefen unserer Seele wieder lebendig. In den Farben werden die Kräfte der Seele in besonderer Weise lebendig, auch in dem sehnsüchtigen Blick auf die Zukunft. In den

---

[1] Einführung in die Grundfragen der Interpretation, z.B. in René Berger: Die Sprache der Bilder, Köln 1960; Ingrid Riedel: Bilder in Religion, Kunst und Psychotherapie. Wege zur Interpretation, Zürich 1988; dieselbe: Farben, in Religion, Gesellschaft, Kunst und Psychotherapie, Stuttgart 6. Aufl. 1987; dieselbe: Formen, Stuttgart 1985

Farben trifft in besonderer Weise zu, daß wir „ahnen" können, was wir als „Ahnen" in unserer Geschichte erleben durften. So tragen Farben heilende Kräfte in sich.

Im Schöpfungszyklus z.B. wird die Farbe Blau als Grundton in den Bildern der Flut (links oben) und der wiederkehrenden Taube (rechts oben) verwendet. Die Farbe Blau entspricht den Erfahrungen von Himmel und Wasser; beide sind verbunden mit positiven Qualitäten, so der Himmel mit der Weite, dem Strahlen, dem Umgebenden, aber auch dem Negativen, der Kälte, der Unendlichkeit und damit der Unnahbarkeit und Verlassenheit. Farben bleiben daher immer doppeldeutig.

Im Bild der Flut wird Blau in seinem negativen Elementarcharakter sichtbar. Dies geschieht vor allem durch Komposition und Aufbau. Im Bild der Taube wird der positive Elementarcharakter des Blau sichtbar. Dies geschieht wiederum in erster Linie durch den Aufbau.

Alle Farbqualitäten erscheinen auf den Batikarbeiten grundsätzlich milde und sanft.

4) Aufbau und graphische Gestaltung

Der Aufbau der beiden oben beschriebenen Bilder ist wesentlich unterschieden, obwohl in beiden Fällen grundsätzlich dieselben Farben und dieselben Ausdrucksmittel verwendet werden.

Das Bild der Flut wird durch eine unruhige Auf- und Abbewegung gekennzeichnet, die in der unteren Hälfte noch einmal aufgefächert wird; das Bild der Taube ist durch eine ruhige Streifenanordnung gekennzeichnet. Die Bewegung führt das eine Mal von oben nach unten, wobei in der treibenden Arche die Tendenz nach unten sichtbar wird; das andere Mal ist es eine ruhige Bewegung, die durch die Taube sanft nach oben geführt wird.

Durch die Technik der Batik sind alle Linien weich. Im Vordergrund stehen die Farbflächen.

5) Ikonographie und Thema

Auf manchen Bildern werden eindeutige ikonographische Elemente verwendet, so z.B. im Schöpfungszyklus der Regenbogen, die Taube mit dem Zweig... Schon vorgeprägte ikonographische Elemente verweisen auf einen breiten Hintergrund in der Lebens- und Kunstgeschichte. Wir können mehr vom Bild sehen, wenn wir uns durch ein Lexikon für Ikonographie weiterführen lassen.[2]

Im Christuszyklus verwendet die Künstlerin die Trommel als ikonographisches Mittel für Christus. Dies führt den Betrachter zu einem neuen Verständnis der Christusgestalt.

6) Die Fragen an das Kunstwerk, die Fragen an die Künstlerin

Am Ende des Durchgangs durch das Bild können und sollen auch Fragen ausgesprochen werden. Jeder, der sich bemüht zu sehen, wird solche Fragen haben, die an den Künstler

---

[2] z.B.: Engelbert Kirschbaum (Hrsg): Lexikon der christlichen Ikonographie, Freiburg 1968.

oder das Bild gerichtet, etwa so lauten können: Warum hast Du das so gemalt? Was möchtest Du damit aussagen? Habe ich das richtige wahrgenommen?

Solche Fragen entsprechen dem Verständnis, daß Bilder immer offen bleiben auf verschiedene Dimensionen der Wirklichkeit und der Interpretation. Im Hinblick auf den Inhalt, aber auch auf den Betrachter sind daher immer noch neue und unterschiedliche Aspekte zu entdecken.

Der Weg nach innen

Nach dem sorgsamen Kennenlernen des Bildes ist eine vertiefte Kommunikation zwischen dem Betrachter und dem Bild möglich. Durch das, was mich am Bild besonders anspricht, werde ich auf Entsprechungen zwischen meiner Person und dem Bild gelenkt. Anhand der Farbe Blau des Bildes mit der Taube z.B. kann ich mich zu erinnern beginnen an die tröstende Ruhe... an den ruhigen Strom einer Bewegung, der mich von meiner Geschichte in die Zukunft führt. In der Bildanalyse der Schule des Bauhauses ist die linke Bildhälfte der Innenseite und Innerlichkeit zugeordnet, die rechte Bildhälfte der Außenwelt. So kann mich das, was ich als – zum Teil unbewußte – Geschichte in mir trage, in die konkrete Zukunft führen, der ich mich anvertraue.

Das Bild kann mir so Reifungsangebote in anthropologischer und religiöser Hinsicht eröffnen. Sie gelten für den einzelnen Menschen und bringen gleichzeitig darin zur Sprache, wie es um den Menschen steht. In dem Sinn sind die Bilder Richtungsweiser in die religiöse Dimension, weil sie das Wesentliche aufleuchten lassen.
Dafür bieten die Anregungen dieses Buches reichlich Beispiele.

Zeit der Aufmerksamkeit

„Bilder sagen mehr als 1000 Worte." Diese alte chinesische Weisheit soll immer wieder daran erinnern, daß Bilder Zeit brauchen, wenn wir sie sehen wollen. Wir brauchen uns nur vorzustellen, wie lange es dauert, 1000 Worte zu sprechen oder zu hören. Das wäre schon lange Zeit. Die Zahl Tausend ist aber nicht als numerische Zahlenangabe gemeint, sondern will eigentlich sagen: mehr als alle Worte.
Bilder brauchen also, so will die Weisheit uns sagen, Zeit. Bilder brauchen vor allem aber auch die Aufmerksamkeit des Schweigens. Wo die Worte aufhören, wo dem Hören Aufmerksamkeit geschenkt wird, dorthinein redet das Bild.
In dem Sinn ist es pädagogisch wichtig, sich und anderen für das Bild Zeit zu geben. Wir können aber auch umgekehrt sagen, wenn die Kraft des Bildes uns angesprochen hat, dann werden wir von einer neuen Art von Aufmerksamkeit erfaßt.
In ihr können wir dann einen Weg beginnen, der uns tiefer zu den Themen der Bilder führt und gleichzeitig zu einem tieferen Verständnis von uns selbst und von Gott.

Zur Aneignung der Bilder

Der Zuhörer hat die biblische Nacherzählung im Ohr und das Bild vor Augen. Jedes Bild kann jeweils auch für sich allein für eine Bildbetrachtung eingesetzt werden, die der persönlichen Aneignung des Inhaltes dient.

In einem integrativen Religionsunterricht wird man das, was das Bild aussagt, mit dem verknüpfen, was es im Schüler auslöst. Die Arbeit mit den Bildern kommt so an die Arbeit mit Träumen (Phantasiebildern) heran. Die folgenden zwölf Anregungen, wie man mit Bildern arbeiten kann, beschreiten einen Weg von außen nach innen.

Dabei soll man aber wissen, daß keineswegs die Reihenfolge der Punkte eingehalten werden muß, sondern bei jedem selbständigen Einsteigen verweilt werden kann:

1. Was siehst du alles? (Bildbeschreibung)
2. Was fällt dir besonders auf? (Fokussieren, das wichtige Detail)
3. Was gefällt oder mißfällt dir besonders? (Wertung)
4. Welche Person spricht dich an? (Beziehungsaufnahme)
5. Wenn diese Person sprechen würde, was würde sie gerade sagen oder aus ihrem Leben erzählen? (Kreativität)
6. Wenn du selber die Person wärest – verwandle dich in sie hinein und erzähle in der Ichform von „dir"! (Identifikation)
7. Magst du mit dieser Person im Bild Zwiesprache halten? (Kontaktaufnahme)
8. Gib dem Bild eine Überschrift! (Thematisierung)
9. Schließ die Augen: Was siehst du von dem Bild innerlich, wie siehst du es? (Phantasiearbeit, innere Sinne)
10. Was würdest du, wenn du malen oder fotografieren könntest, auf dem Bild verändern? (Kritische Stellungnahme)
11. Schreib das Bild in eine Geschichte um: „Es war einmal..." (Transformation)
12. Was will das Bild dem heutigen Menschen sagen, zu wem willst du das ganze Bild sprechen lassen? (Aktualisierung)

Diese Formen der Bildbetrachtung gehen von der Voraussetzung aus, daß der Schüler durch die Erzählung des Lehrers und durch seine eigene Bildschau bereits eine persönliche und sehr intensive (wenn auch nicht reflexive) Beziehung zum Bild gewonnen hat. Diese Einstiege und Fragen wollen das heben und bewußtmachen, was an halbbewußter Beziehung zum Bild vorhanden ist, wobei der subjektive Anteil immer beibehalten werden soll: Jeder sieht das Bild mit seinen eigenen Augen! Der Kontakt zum Bild kann aber noch ganzheitlicher, nämlich durch den Einsatz der sogenannten „Körperintelligenz", gewonnen werden.

Beispiele leibbezogener Bildbetrachtung

1) Ich wähle das zweite Bild aus der Serie „Jesusbegegnungen", die Heilung eines Gelähmten. Ich fordere die Teilnehmer auf, die rechte Hand und den Zeigefinger auszustrecken und die Konturen der Personen auf dem Bild nachzuziehen. Sie sollen jedem Impuls folgen, die Linien entdecken, die vor allem die Verbindung von Jesus zum Gelähmten darstellen, und

diese in der Luft mehrfach nachfahren und nachzeichnen. Weiter sollen sie alles, was das Auge entdeckt, mit dem Finger mitentdecken.

2) In einem weiteren Schritt „verwandeln" die Teilnehmer ihren Zeigefinger zu einem „Gravurstift" und ihre linke Handfläche zu einer Silberplatte, in die der Stift das mit den Augen geschaute Bild eingraviert. Jeder, der so etwas gemacht hat, wird überrascht sein, welche Entdeckungen das Zusammenspiel von Auge und Finger macht. Kaum jemand kann sich der „Berührung" entziehen, die durch das Eingravieren des Bildes in die Handfläche geweckt wird. Es ist nicht nötig, daß die Schüler über die Erfahrungen sprechen. Lachen und „Störungen" sind eher Ausdruck dafür, daß sich die Kinder berührt fühlen.

3) Als weitere Möglichkeit ganzheitlicher Bildbetrachtung schlage ich z.B. zum Bild der Heilung der gekrümmten Frau aus der Serie der „Jesusbegegnungen" vor: Ich betrachte das Bild und denke, eine meiner Hände (welche?) würde wie bei einem Puppenspiel Jesus darstellen und die andere die gekrümmte Frau. Wir formen zunächst die Szene so mit den Händen nach, wie wir sie auf dem Farbbild sehen, also statisch. Der Lehrer kann dann entweder an den Verlauf der Geschichte erinnern oder sie, wenn sie wenig bekannt ist, mit langsamen Sätzen und längeren Pausen nacherzählen, wobei die Teilnehmer den ganzen Verlauf der Geschichte mit ihren Händen nachspielen. Auch hier muß man damit rechnen, daß sich das Berührtsein als scheinbare Störung kundtun kann. Dieses biblische „Handpuppenspiel" kann man mit einer unbeschränkten Zahl von Teilnehmern spielen.

Die freie Nacherzählung des Bibeltextes

1) Dramatisieren: Die biblische Erzählung soll von ihrer dramatischen Struktur her aufgerollt werden. Der Lehrer fragt sich: Aus wieviel Mikroszenen setzt sich die Geschichte zusammen? Auf welchen Schauplätzen spielt das Geschehen? Welche Personen treten auf? Was wollen sie voneinander erreichen und wie erreichen sie es? Welche Worte oder Handlungen setzen sie dafür ein? Welche Szenen sind Vorbereitung, welche Höhepunkte? Hat der Lehrer vor seinem inneren Auge die dramatische Struktur der Geschichte, so ist er wohl vorbereitet, die Erzählung in ihrem Handlungsablauf vor den Schülern so abrollen zu lassen, daß auch deren inneres Auge die Erzählstruktur wie ein Geschehen auf der Bühne erfaßt.

2) Visualisieren: Die Dramatik der Geschichte vor Augen, malt der Lehrer den Schauplatz der Szenen so aus, daß in den Kindern ein inneres Bild entsteht. Dabei benützt er seine Kenntnisse aus Geographie, Archäologie und Kulturgeschichte, aber auch seine eigene kreative Phantasie, die er als solche kennzeichnen kann: Ich stelle mir vor, daß David so gekleidet war..

3) Dialogisieren: Was die Personen zueinander sprechen, ist in direkter Rede wiederzugeben. Über die in der Bibel vorfindbaren Gespräche hinaus kann der Lehrer verdeutlichende und erweiternde Gespräche bringen; er kann Gefühle und Einstellungen der Personen (die Tiefenstruktur der Geschichte) in Dialoge umsetzen, die Personen selbst Gespräche führen lassen und auch theologische Deutesätze den Personen in den Mund legen.

4) Kommentieren: Erzählung und Kommentar sollen ineinanderfließen, wobei der Kommentar als theologische Deutung des Geschehens möglichst geschmeidig und am passenden Ort selbst ein Stück der Erzählung wird. Die Deutung des Geschehens hängt natürlich vom Aufnahme- und Bildungsgrad der Zuhörer ab und reicht von einer mehr sachlichen Deutung bei Volksschülern bis zur tiefenpsychologischen Erhellung bei Erwachsenen. Der Erzähler schult sich immer wieder am Bibeltext selbst; er bringt das ein, was der Text in ihm auslöst und was er über den Text an Informationen eingeholt hat. Weil die Zuhörer das Batikbild vor Augen haben, fließen auch dessen Einzelheiten in die Erzählung mit ein: Wie ihr auf dem Bild seht...

Hans Aebli nennt die Erzählung „eine Form der Mitteilung von Ereignissen und Tatsachen, die lebendig ist, unmittelbar anspricht und lebhafte Eindrücke vermittelt, wenn auch das Medium ein ganz und gar sprachliches ist" (Zwölf Grundformen des Lehrens, Stuttgart 1983, S. 34). Die Erzählung ist eine ursprüngliche Art der Begegnung und wird lebendig, „weil sie aus der lebendigen Vorstellung des Erzählers heraus erzeugt wird" (ebd. S. 35). Die Bedeutungserlebnisse, die eine Erzählung transformieren will, teilen sich dem Hörer mit, „wenn dem Erzähler lebhafte Bilder vorschweben, wenn ihm die Zusammenhänge der Geschichte prägnant vor Augen stehen, wenn ihn das Geschehen der Geschichte selbst begeistert oder wenn das, was er nicht richtig findet, in ihm lebhafte Ablehnung weckt" (ebd. S. 35).
Wichtig ist es, die Vorgänge im *Zuhörer* zu beachten, der ja Sound und Rhythmus der Sprache, Bilder und Begriffe des Inhaltes vom Erzähler übernimmt und auf sich wirken läßt. Doch ist nicht zu vergessen, daß der Schüler „jede einzelne Vorstellung und jeden Begriff, jedes Gefühl und jedes Werterlebnis aus dem Grund seiner eigenen Seele hervorrufen muß" (ebd. S. 43). Der Erzähler weckt beim Hörer einen kreativen Vorgang, kraft dessen dieser sich in die Erzählung einfühlen kann, und das umso mehr, je besser sich zuvor der Erzähler in die Welt und Sprache seiner Hörer eingefühlt hat. Gelingt diese wechselseitige Einfühlung, so ereignet sich im Hörer eine echte Teilhabe am Erzählgut, die von Aebli so hoch eingeschätzt wird, daß er sagen kann: „Diese einfühlende Teilhabe des Zuhörens am Erlebnis des Sprechenden verwirklicht die engste Form der Gemeinsamkeit, die die Schule erreichen kann" (ebd. S. 52).

Es folgt eine *Nacherzählung* der Zachäusgeschichte, die ein mehr oder weniger gelungenes literarisches Produkt ist und die ich mündlich in der Stunde wohl nicht so ausführlich nacherzählen würde. Der Leser möge sich nach eigenem Gutdünken von ihr anregen lassen.

Das Haus des Zachäus[1]

An Hand der Symbolik des Hauses wird die Verwandlung eines Menschen und die Botschaft Jesu vom Reich Gottes anschaulich dargestellt: das Haus menschlicher Armut läßt Verlangen nach Reichtum und nach einem Palast erstehen. Reichtum kann aber keine Gemeinschaft ersetzen, die das eigentliche „Haus" des Menschen ist. Weil Jesus Zachäus die Gemeinschaft anbietet, findet dieser die Kraft, das Haus des Reichtums aufzugeben, das arme Haus mit dem Reichtum geschwisterlicher Gemeinschaft zu wählen und darauf zu hoffen, daß Gott einmal die Erde der ganzen Menschheit zum Hause werden läßt: wenn sein Reich anbricht. Die Schüler sollen auf die Fragen im letzten Brief (mündlich, schriftlich oder in Gruppen) eine Antwort geben.

---

[1] aus A.Höfer/K.Zisler: Katechetisches Vorlesebuch I, Verlag Otto Müller, Salzburg, 1972, S. 132f.

Philippus grüßt seinen Freund Zachäus!

Ich weiß nicht, geliebter Zachäus, ob du noch am Leben bist! Und solltest du noch leben, so weiß ich nicht, ob dieses Wachstäfelchen dich erreicht. Mögen die Götter es so fügen! Ich befinde mich mit einer Karawane in deiner Stadt. Wie drängte es mich, dich nach Jahren wieder zu sehen und mit dir einige schöne Stunden zu sprechen. Kaum angelangt, machte ich mich auf und eilte zu deiner schönen Villa. Meine Füße liefen mir davon, so zog es mich zu dir. Und wie groß war mein Schrecken, als ich an das Tor deines Hauses pochte: denn nicht die alte Pförtnerin tat mir auf, sondern ein fremdes Gesicht fragte mich mürrisch nach meinem Begehr. Keiner hieß mich willkommen, und von dir wußten sie kaum den Namen. Was ist geschehen? Afra, die alte Magd, flüsterte mir zu, du seiest in den Hütten der armen Leute am Stadtrand zu treffen. Mehr konnte ich nicht erfahren, denn schon schlugen sie die Tür zu, und Hundegebell verscheuchte mich... Ich suchte dich den ganzen Abend lang unter dem Gesindel der Stadt, und es war mir bang, dich darunter zu treffen. Wie konntest du nur in solches Elend sinken? Oder sollte ich wünschen, daß du gar nicht mehr am Leben seiest? Armut ist schrecklicher als der Tod. Wenn diese Botschaft dich nicht erreicht, so soll sie die Totenklage für dich sein. Bekommst du sie aber zu lesen, so zögere nicht und gib mir Nachricht. Ich will dir helfen, ich will dich aus deinem Elend befreien und dich in mein Haus aufnehmen. Dort sollst du an meinem reich gedeckten Tisch sitzen und deine Armut vergessen. Die Götter sind meine Zeugen, daß ich diesen Schwur wahr mache!

Zachäus an seinen Freund Philippus!

Dein Brief hat mich erreicht, bester Philippus. Du hattest ihn in die rechten Hände gegeben, denn der Junge kannte mich und zählt zu meinen neuen Freunden. Ich bin nicht elend und arm, ich bin reich. Ja, ich bin glücklich, obwohl du mich arm nennen würdest, könntest du meine Behausung sehen. Kein Springbrunnen plätschert mehr in meinem Hof, sondern Kinder schreien und Hunde bellen. Keine mächtigen Bäume spenden kühlen Schatten, sondern unbarmherzig brennt die Sonne hernieder. Und statt des feurigen Weines trinke ich abgestandenes Zisternenwasser. Aber wie solltest du meine Lage verstehen? Wie begreifen, daß ich selbst meine neue Lage verursacht, ja sogar freiwillig gewollt habe? Höre, ich muß dir die Geschichte meines Lebens erzählen, damit du meine Gegenwart verstehst.
Mein Elternhaus stand in den kahlen Bergen Judäas. Was rede ich von einem Haus – es war eine elende Hütte aus getrockneten Tonziegeln. Ein finsteres Loch, in dem meine Eltern mit uns sieben Kindern lebten. Und selbst da drängten sich noch die Ziegen in den kleinen finsteren Raum. Wir jagten sie auch nicht fort, denn im kalten Winter gaben allein sie nachts Wärme und Behaglichkeit. Mein Vater war Hirte. Er besaß selber nur ein paar Ziegen und zwei Schafe, aber er weidete die kleine Herde einiger Bauern. Wir Buben mußten ihm von klein auf helfen. Die Ziegen waren unsere Freunde, und mit den Lämmern hatten wir die größte Freude, sie waren unsere einzigen Spielgefährten. Manchmal gab mir die Mutter in einer Tonschüssel frischen Schafskäse, damit ich ihn in das Haus des Julius trage. Julius war ein alter römischer Beamter, der sich in unserem Dorf niedergelassen hatte. Er hatte sich die schönste Stelle ausgesucht: nahe der einzigen Quelle, wo die einzigen Bäume wachsen und Schatten spenden. Gern lief ich in jenes Haus, denn es zog mich an, so schön und geheimnisvoll war es: die mächtigen Mauern umgaben den Hof und spendeten Schatten. Von herrlich geschmückten Bäumen umgeben, befand sich ein kleiner Garten in der Mitte der ganzen Anlage. Da dufteten Rosen und sangen Vögel. Ein plätschernder Brunnen erfrischte Menschen und Pflanzen. Gern stand ich am Eingang, und sehnlich wäre ich in das Innere des Hauses getreten. Doch wer ließ mich ein? Wenn ich mich vor der Sommerhitze in den letzten Schatten hinter unserer Hütte verkroch, dann träumte ich von diesem Haus, und heute höre ich noch das leise Rauschen des Brunnens. Ich konnte mir nichts schöner und begehrenswerter vorstellen, als in einem solchen Haus wohnen zu dürfen. Eines Tages trat Julius, der Herr, selber auf mich zu. Ich erschrak zu Tode. Er fragte mich, ob ich in seine Dienste treten und mein Elend und meine Armut vergessen wolle. Und ob ich das wollte! Ich erkundigte mich gar nicht lange, was er von mir verlangte und welche Arbeit ich zu tun hatte. Anfangs war es nicht viel: Botschaften von Dorf zu Dorf bringen, zu den Zollstationen laufen, um Befehle zu übermitteln. Ich konnte die Schriftzeichen damals noch nicht lesen. Und mein größtes Glück: Ich durfte in einem der Hinterhöfe des herrlichen Hauses unter den Knechten schlafen. Ich war der einzige Judäer, der eine Knecht kam aus Syrien, der andere von Arabien. Nur mühsam konnten wir uns verständigen. Bald wurden sie meine Freunde.
Aber bald begegnete mir auch Entsetzliches: Stolz, daß ich bei dem reichen Ausländer Arbeit gefunden hatte, lief ich zu meinen ehemaligen Freunden, um ihnen von meinem Glück zu berichten. Als ich ins

Haus des ersten treten wollte und er durch den Türspalt mein Kommen gewahrte, da schlug er wütend die Tür vor meiner Nase zu. Ich rief: „Josef!" Und er antwortete: „Hinweg, du Verräter!" Was war das? Die Juden verkehrten nicht mit den Heiden, das wußte ich. Aber meine besten Freunde? Ich hatte doch nichts getan? Vielleicht war es ein Irrtum, tröstete ich mich, oder war Josef mir neidig, daß ich das Glück gefunden hatte und nicht er? Am Marktplatz traf ich Ezechiel, der mit mir oft die Schafe gehütet hatte. Ich streckte ihm einen Apfel hin, eine jener herrlichen Früchte, die mir ab und zu die Mägde der Küche zusteckten, wenn sie vom Tisch des Herrn übrig blieben. Er biß kräftig ab und fragte: „Woher hast du diesen Apfel?" Ich antwortete: „Aus dem Haus des Julius." Da spuckte er vor mir den Bissen aus, drehte sich wortlos um und sprach nichts mehr mit mir. War ich dazu in das Haus des Julius gekommen, daß mich meine Freunde aus ihrem Haus verweisen? Konnte ich die Reste von seinem reichen Mahl behalten, damit sie mir von unseren Landsleuten ins Gesicht gespuckt werden? Ich war wütend, verzweifelt. Was sollte ich tun? Sollte ich aus dem Haus des Julius wieder fortgehen? Nein, niemals! Konnte ich aber unter meinen Landsleuten bleiben, wenn sie mich aus ihren Häusern fortjagten? Nein, das auch nicht. Und so ergriff ich die nächste Gelegenheit, da mein Herr mir einen Auftrag gab, und fragte ihn: „Herr, könnt ihr mich nicht in einer anderen Stadt verwenden? Ich tu alles für euch!" Er überlegte kurz und schrieb ein Täfelchen an einen Oberzöllner dieser Stadt. Ich überbrachte die Botschaft, und er nahm mich gleich in Dienst.

Der Oberzöllner war ein Jude wie ich. Er war reich, denn er nahm den Leuten mehr Zoll ab, als es nötig gewesen wäre. Den Überschuß behielt er, so kam er zu seinem Reichtum. Er war verschlossen und sprach kaum ein Wort. Nie ging er allein in die Stadt, sondern ließ sich nur von bewaffneten Knechten begleiten. Die Leute wichen ihm aus. Ich verstand: Er wurde von den Juden gemieden und gehaßt. Er arbeitete mit den Römern und wurde darum als Feind des Volkes angesehen. Keiner grüßte ihn, sondern hinter ihm spuckte man aus. Keiner ließ ihn in sein Haus ein. Für die Juden war er ein Volksverräter. Bei den Römern galt er auch nicht viel, für sie mußte er nur Geld eintreiben. Ich faßte Mitgefühl mit diesem verbitterten Mann. Ich konnte sein Los verstehen, denn es erging ihm, wie es mir ergangen war. Die Feindschaft meiner Volksgenossen ertrug ich gern, denn ich kannte ohnedies niemanden in dieser mir fremden Stadt. Unter den Knechten des Zöllners war ich der einzige Jude. Vielleicht wurde er mir deswegen gewogen. Er ließ mich in seinem herrlichen Hause wohnen und machte mich bald zu seinem Vertrauten. Ich durfte ihm beim Zählen des Geldes helfen und seine Schätze in großen Truhen vergraben... Hatte er Befehle an seine Knechte, so sagte er sie mir, daß ich sie weitermelde. Er sprach wenig mit mir, und nie sagte er ein gutes, freundliches Wort. Doch die Verachtung der Römer und die Feindschaft unseres Volkes verbanden uns stillschweigend. Er hatte weder Kinder noch Verwandte. Als er, von einer todbringenden Krankheit überfallen, im Sterben lag, gab er mir die Schlüssel des Hauses und seiner Schatztruhen. Nun wußte ich: Er machte mich zum Erben seines Reichtums. Vor dem Tode ließ er sich in einer Sänfte zum Stellvertreter des römischen Statthalters tragen. Ich mußte ihn begleiten und vor dem Hause warten. Da rief mich eine Magd in das Innere des Hauses: Und wieder sah ich die Herrlichkeiten eines römischen Hofes mit Blumen, Vögeln und lebendigen Wassern. Ich verbeugte mich tief vor dem römischen Herrn. Er sagte nicht viel, reichte mir einen Siegel und erklärte: „Ab heute bist du der Oberzöllner und stehst im Dienste des Kaisers. Dein Herr wird dich in das Amt einführen. Doch wisse: Untreue und Betrug des Kaisers werden mit dem Tode bestraft!" Ich konnte es nicht glauben. Aber heute weiß ich, warum die Römer bei den Juden wiederum nur Juden als Zöllner einsetzen: Die eigenen Landsleute sollen ihr Volk aussaugen. Ich tat, was mein Vorgänger mir gezeigt hatte: Ich erpreßte die Durchreisenden, ließ die Hunde auf Säumige hetzen, schlug auf arme Händler ein und verbreitete Schrecken und Unterwürfigkeit um mich. Mein Reichtum mehrte sich so, wie die Feindschaft meiner Volksgenossen wuchs. Sie haßten mich bis auf das Blut. Kam ich mit meinen Knechten, so wichen sie auf der Straße vor mir aus. Die Kinder verschwanden lautlos, als begegneten sie einem Aussätzigen.

Aber was machte mir das! Ich hatte ein Haus geerbt, das in einem herrlichen Garten lag. Ich besaß Truhen von Gold, von denen keiner etwas wußte. Jetzt konnte ich den Traum meiner Knabenjahre wahr machen. Ich ließ Handwerker kommen, kaufte Sklaven und lud Künstler zu mir. Sie sollten mir ein Haus bauen, wie es kein schöneres in meiner Stadt gab. Sie brachten Marmor und Zedernholz. Sie gruben nach Wasser und pflanzten im Innenhof die seltensten Gewächse. Mein Haus war groß, mein Haus war herrlich, schöner nach als das Haus der Römer in der Stadt. In einem überdachten Innenhof ließ ich aus Marmorstein einen Tisch errichten, der mit Rosen umrankt war. Bunte Stoffe schirmten die Sonne ab, Polster luden zur Ruhe ein und Wohlduft strömte aus herrlichen Gefäßen. Jetzt wollte ich aller Welt zeigen, daß Zachäus reicher war als alle, die ihn verachteten. Ich wollte ein Fest geben. Ich schickte meine Sklaven aus und lud sie ein: meine Volksgenossen. Nicht die Armen, sondern einige reichen Kaufleute, die ebenfalls bei den Römern ein und aus gingen. Die Sklaven der Küche mußten die edelsten Gerichte bereiten. Weine aus Syrien und süße Früchte aus Ägypten sollten den Gaumen und die Kehle erfreuen. Und als der Abend kam und ich die Gäste erwartete, konnte ich meine Aufregung kaum verbergen – doch ich wartete Stunde um Stunde – keiner kam. Ich wurde rot vor Zorn und wieder bleich. Sollte ich die Römer einladen? Meine Herren? Sie, die mich verachteten? Nein! Keiner sollte mich mehr beschämen. Ich warf den Hunden das Fleisch vor, ich gab die edelsten Früchte den Tieren: Kein Mensch sollte genießen, was diese verachteten, die Volksgenossen, die Söhne Abrahams, die mich aus ihrer Mitte ausgestoßen hatten. Von diesem Tage an irrte ich in meinem Hause umher. Niemand getraute sich, mich anzusprechen. Die übrigen Zöllner der Stadt? Sie neideten mir den Reichtum. Mit ihnen wollte ich nichts zu tun haben. Oder sollten sie auf meine Verstecke aufmerksam werden und erfahren, wie ich zu meinem Reichtum gekommen war? Aber die Verachtung war unerträglich. Traurig dachte ich manchesmal an die arme Hütte meiner Eltern zurück, wo ich mit meinen Brüdern herumtollte und mit den Ziegen spielte. Meine Einsamkeit hielt ich mit dem Geld nieder.

Wenn ich in die Nähe meiner Sklaven kam, verstummten sie. Einmal saß ich versteckt hinter einer Säule. Zwei Mägde, die den Marmorboden spiegelblank putzten, erzählten von ihm, dem Rabbi aus Galiläa. Er sei viel bei den Hirten und den einfachen Leuten. Er sage ihnen, daß die Armen jetzt alle reich würden und die Kranken alle gesund. Mancher sei schon gesund geworden, von einem Blinden berichteten sie, der wieder sehend geworden sei, und von einem Krüppel, der jetzt wieder gehen könne. Unter seinen engsten Anhängern sei sogar ein ehemaliger Zöllner – einer wie ich! Ob er diesen nicht verachtete und ausschloß? War er nicht ein frommer Jude? Ein Rabbi, der das Gesetz hielt und doch einen Zöllner unter seinen Schülern duldete?

Und dann brach jener denkwürdige Tag an. Der Rabbi aus Galiläa kommt, riefen die Leute und eilten aus den Häusern. Meine Sklavinnen vergaßen, mich zu fragen, und stürmten auf die Straße. Und er kam daher. Viel Volk begleitete ihn. Doch ich konnte ihn nicht sehen. Ich bin klein von Gestalt, das weißt du, und die Menschen standen vor mir, als sähen sie mich nicht. Kurz entschlossen erkletterte ich den untersten Ast eines Feigenbaumes. Ich wollte den Rabbi vorüberziehen lassen, ohne wenigstens einen kurzen Blick auf ihn geworfen zu haben. Und dann, dann blieb er gerade unter meinem Baum stehen und schaute zu mir hinauf, als suche er ausgerechnet mich. Mir stockte das Blut in den Adern. Und ich traute meinen Ohren kaum, er sprach mich an, als kenne er mich, und sagte nur: „Zachäus, steig eilends herab vom Baum, denn ich will heute mit meinen Freunden zu Gast sein bei dir!"

Schneller, als ich auf dem Baum oben war, war ich unten: Mein Haus sollte nun endlich voll werden? Gäste, Juden, Genossen meines Volkes kommen zu mir und stoßen mich nicht mehr aus? Ich lief in mein Haus. Meine Knechte eilten verwundert hinter mir her. Wie sollten sie mich auch verstehen. Und nun trieb ich selber die Mägde und Sklaven an – ein Fest sollte es werden, ein Fest, wie man es noch nie erlebt hatte. Und ich lud auch meine Arbeitsgenossen ein, die Zöllner waren wie ich. Abends nun kam der Rabbi mit seinen Schülern. Müde war er von der Reise, müde vom Gedränge des Volkes. Doch er begrüßte mich, den Zöllner, als Gastfreund.

Und als ich nun mein Haus voll sah – endlich voll sah –. da war es mir, als befände ich mich wieder im Hause meines Vaters, mit meinen Brüdern, um den Tisch. Was tat's, daß dieser nur mit wenig Schafskäse und Brotfladen gedeckt war: Um ihn saßen Freunde und Brüder. Ist das nicht mehr als ein Haus aus Marmor und ein Mahl, bei dem sich die Tische biegen? Nein, ich wollte nicht mehr ausgestoßen sein. Ich wollte wieder mitten unter Freunden und Brüdern sein. Ich schämte mich meines Stolzes und meiner Betrügereien. Ich versprach und schwor, den Armen zu geben und den Betrogenen es vierfach zurückzuerstatten, obwohl das Gesetz das nur zweifach verlange. Ich wollte wieder dabei sein, einer meines Volkes, ein Sohn Abrahams wie die anderen alle.

Verstehst du nun, daß ich mein Haus verkaufte, den Erlös den Armen gab und selber einer der Ihren wurde? Nun lebe ich wieder in einer Hütte wie einst als Knabe, nun habe ich aber auch wieder Freunde und Brüder gewonnen wie einst als Knabe. Ich arbeite hart, um mein Brot zu verdienen. Aber allabendlich treffen wir uns in dem Haus eines der Brüder. Und wir reden viel über ihn, den Rabbi aus Galiläa. Heute weiß ich, daß ich mit schuld an seinem entsetzlichen Tode war. Denn die Führer unseres Volkes haben ihn erhängt, weil er zu uns Zöllnern und Ausgestoßenen gegangen war und mit uns gegessen hatte. Sie nannten ihn einen Gesetzesbrecher. Und doch hat er mir das Leben gegeben, das wirkliche Leben! Wenn wir beisammen sind, dann wissen wir, daß er unter uns ist, verborgen, aber er ist da! Sein Geist ist da, seine Gedanken, sein Andenken, er selber ist da, wir wissen es und wir leben davon. Und wir wissen auch, daß einmal die ganze Erde wie ein großes Haus sein wird, in dem alle Menschen Platz finden und keiner ausgeschlossen sein wird. Da wird dann jeder zu essen haben, und alle werden Brüder sein in diesem Hause. Er hat es selber so gesagt, und darum wird es so sein. Und für jetzt weiß ich: Nicht das Haus aus Stein, sondern das Haus aus Menschenherzen ist es, das wir alle brauchen. Nur in diesem Haus sind wir nicht einsam. Ich weiß nicht, Philippus, ob du mich verstehst, ob du meine Worte und meine Handlungen verstehst. Aber ich konnte nicht anders handeln. Ich mußte es tun!

Philippus grüßt seinen Freund Zachäus!

Dein Brief hat mich in großes Erstaunen versetzt! Ich kann dich wirklich nicht verstehen. Aber ich fühle, daß du wenigstens nicht unglücklich bist, und das tröstet mich. Doch beantworte mir die Fragen: Wer war jener Rabbi, und warum bist du von ihm so begeistert? Was meinst du mit dem Haus aus Menschenherzen? Wo gibt es dieses Haus? Wo könnte ich es selber finden? Oder wer garantiert dir, daß einmal die ganze Welt ein großes Haus sein wird, in dem alle Platz haben? Was willst du damit sagen, daß euer toter Rabbi bei euren Treffen dabei ist? Was müßte ich tun, damit ich so glücklich sein könnte wie du? Vor deiner Lebensart scheue ich zurück, aber um dein Glück beneide ich dich!
Dein Gott und meine Götter mögen mit dir sein, Zachäus!

Die kreativen Übungen zur Bibelarbeit

Eine schülernahe Didaktik verlangt neben der Anschaulichkeit und Konkretheit des Stoffes die Eigentätigkeit der Schüler. Diese ist gleichsam die Hand, mit der die Schüler den Gegenstand ergreifen und sich zu eigen machen. Auch die drei großen „H" (Hand-Herz-Hirn) in der Pädagogik Pestalozzis gehen auf den Grundsatz zurück, daß die Annahme der Wahrheit ein Tun ist. In diesen Zusammenhang brachte vollends die Einstellungspsychologie Licht und Einsicht, die davon ausgeht, daß der Mensch nur handelnd mit der Wirklichkeit in Kontakt treten kann, woraus dann jene positiven oder negativen Erfahrungen und Affekte wachsen, die den verborgenen inneren Boden für die geistige Aufnahme oder Ablehnung einer Wahrheit legen. Der Mensch erkennt also immer schon interessensbezogen. Eine Einstellung kann demnach weniger durch logische Argumente als vielmehr durch neue Erfahrungen geändert werden. Sind diese Wahrheiten sehr personbezogen, wertgeladen und existentiell, so spielt der Bereich des Herzens und Gemütes jene Schlüsselrolle, die darüber entscheidet, ob und wie sich der Mensch der sich ihm darbietenden Wirklichkeit öffnet. Hier sei auf die Zustimmungslehre Kardinal Newmans verwiesen, in der er fordert, daß die konkrete Entscheidung und Zustimmung des Hörers genauso zu bedenken ist wie die Tatsache, daß die Offenbarung ebenfalls anschaulich und konkret dem Menschen dargeboten werden muß.
Auf den Modellcharakter der biblischen Personen habe ich schon früher hingewiesen: Mit ihnen soll der Schüler sich identifizieren, um aus dieser Identifizierung heraus in einem kreativen Sprachverhalten seine Person mit der biblischen Gestalt verschmelzen zu lassen, damit er von ihr lernt: „Jeder soll selbst wählen, welche Gestalt (nicht mehrere) er als Modell seines Gebetes nimmt... Der Schüler soll (anhand der Gestalten) *beschreiben* können (und nicht definieren!), was glauben heißt. Wir lassen jeden Schüler das von ihm vermutete mögliche Dankgebet schreiben, das jene Gestalten (Maria, Thomas, Abraham...) in der Situation gesprochen haben könnten" (Albert Höfer, Biblische Katechese, Handbuch für die siebte und achte Schulstufe, 1967, S.161 f.).

Durch die Begegnung mit der Gruppendynamik und Psychotherapie wuchsen uns ab 1973 eine Fülle von Übungen zu, die weite Bereiche der menschlichen Fähigkeit und Kreativität miteinschlossen. Wir haben viele davon geprüft und in die Methoden des Religionsunterrichts mitübernommen. Auf die Anfrage, die wir selbst und andere uns stellten, wie legitim ein Transfer von der Therapie in die Pädagogik sei, ist zunächst mit der interessanten Tatsache zu antworten, daß viele therapeutische Interventionen ihre ursprüngliche Heimat in der Pädagogik haben und von dieser in die Therapie übernommen wurden. So hat J. L. Moreno im Wiener Burggarten unentwegt die Kinder bei ihrem Spiel beobachtet, mit arbeitslosen Jugendlichen kreatives Theater gespielt und dann aus all diesen Erfahrungen sein „Psychodrama" entwickelt. Oder wer bedenkt schon, wieviel Gruppendynamik in einem Kinderspiel wie „König (Kaiser), wie viele Schritte darf ich tun?" steckt, wieviel Angstbewältigungsritual in „Ist die schwarze Köchin da?". Alle Methoden des Spiegelns und Doubelns gehen auf die Ur-situation der Mutter-Kind-Beziehung zurück, vor allem wenn diese ihr Kleines beim Wickeln mit Mimik und Lauten nachahmt und so die Person durch die Person erweckt wird. Man wird wenig therapeutische Übungen finden, deren Sitz im Leben nicht aus dem Alltag oder dem Ritual kommt. Es ist Aufgabe der Pädagogen, das von den Therapeuten Geschätzte und Entdeckte wieder zu re-pädagogisieren und der Lernsituation adäquat anzupassen.

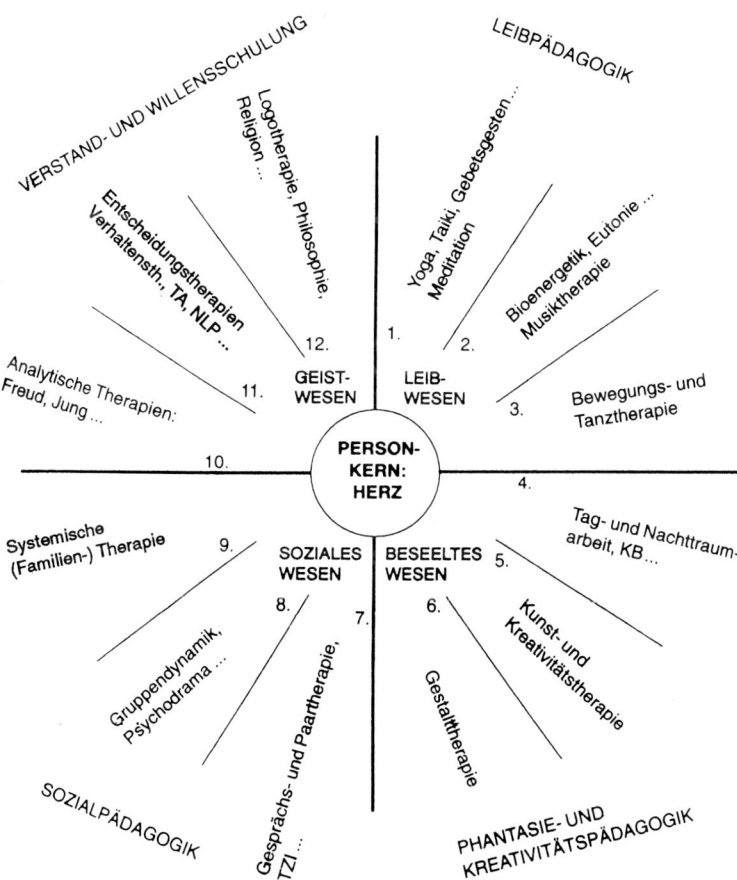

Wer sich mit Psychotherapie beschäftigt, wird sogleich mit vielen Therapieschulen und unüberschaubaren Therapierichtungen konfrontiert. Wie soll sich da der Laie zurechtfinden, zumal sich die Schulen oft bekämpfen? Evidenz und Klarheit gewinnt man nur dadurch, daß man die verschiedenen Therapien auf ihr Menschenbild hin hinterfragt, besser noch, daß man von einem ganzheitlichen Menschenbild ausgeht und von ihm her den Stellenwert der therapeutischen Richtung erkennt. Denn wenn der Mensch ein mehrschichtiges Wesen ist, kann er auch in seinen je verschiedenen Schichten verschieden erkranken und braucht darum auch eine je verschiedene Methode der Heilung. Das Schaubild auf S. 35 entfaltet den ungeteilten Wesenskern des Menschen in seine Leiblichkeit (zoon somatikon), seine Beseeltheit (zoon psychikon), in seine soziale Bestimmung (zoon politikon) und in seine Geistbegabtheit, seine Rationalität (zoon logikon): Auf diesem Hintergrund wird die Verschiedenheit der Therapien plötzlich einsichtig und notwendig!

Mit der pädagogischen Herkunft und pädagogischen Verwendung vieler kreativer, heilender Übungen ist die Frage noch nicht beantwortet, welche Bedeutung sie für den Religionsunterricht haben. Diese ergibt sich aus der Symbolerziehung, aus der Symbolbildung und aus der Symbolerschließung. Wenn eine Äußerung der Seele zum Medium wird, das das Unbewußte des Menschen zum Ausdruck bringt, dann haben wir das sogenannte „tiefenpsychologische" Symbol vor uns, das wie eine Quelle frisches Wasser oder wie ein Vulkan glühende Lava aus der Herzmitte in die Umwelt ergießt. Die soziale Umwelt ist es auch, die dem Unbewußten des Menschen Ausdrucksformen anbietet, wodurch sich Menschen in der Tiefe ihrer Seele verständigen können. Solche Ausdrucksformen können sein: bildende Kunst und Spiel, Kampf- und Liebesrituale, Körpersprache und religiöse Gesten usw. Unter all diesen „Transformatoren" hat nun die Religion ihren wichtigen Platz. Auch in ihr offenbart sich Un-Bewußtes und Über-Bewußtes in Symbolen. Strömt nun Gottes Geist in die leibhaftige Seele ein, so schafft er sich dort ein Haus, ein Symbol; und umgekehrt beheimatet sich die Seele in den Symbolen der Religion und macht sie zu ihren eigenen Symbolen. Wir beobachten hier eine Symbolbildung eigener Gestalt, ein aktives Symbolisieren, das der Fleischwerdung des Logos nicht fremd gegenübersteht.

Aus der Schichtung des menschlichen Wesens ergibt sich eine Typologie der kreativen Übungen, die für den pädagogischen Alltag wie für die heilpädagogische Sondersituation verschiedener Fertigkeiten und darum auch verschiedener Schulung des Lehrers bedarf. Die bessere Berücksichtigung des Leibes ist ein Desiderat der Pädagogik, das man längst schon einlösen könnte. Kreatives Schreiben, Malen, Spielen und Tanzen ist die Mutterlauge, aus der sich vor allem die religiösen Symbole bilden. Die sozialen Übungen und Spiele sind das stärkste Lernmedium für die Moralerziehung. Und die Geistigkeit des Menschen wird sich mit Verstand und Willen immer so an das Überbewußte wenden müssen, daß sie ihre Wurzeln im Unbewußten nicht vergißt oder gar abschneidet. Die bei den folgenden Kapiteln angegebenen Übungen haben einen verschiedenen Intensitäts- und Schwierigkeitsgrad: der Lehrer und die Lehrerin müssen selbst entscheiden, was sie sich und ihren Schülern zutrauen!

Es besteht kein Zweifel, daß die kreativen Übungen den Schülern die Möglichkeit bieten, das Lerngut intensiver und vor allem persönlicher durchzuarbeiten und es sich als für sie bedeutsam anzueignen. Für den Religionsunterricht bringt das zusätzlich eine *theologische* Gewichtung: Denn der Schüler wird das herausgreifen, verarbeiten und kreativ gestalten, was auch für seinen Glauben subjektiv bedeutsam ist. Bei jedem Gottesdienst, bei jeder Schriftlesung oder Meditation wird ja jeder von uns so berührt, daß er auf das aufmerksam werden kann, was hier und jetzt gerade ihm gilt. Man erinnere sich an die Lebenswendung des Heiligen Augustinus, die das „zufällig" gehörte Kinderwort: „Tolle, lege – nimm und lies!" ausgelöst hat.

Was hier an Kreativität und Ergebnissen vom Schüler geboten wird, ist eine Mischung von objektiver Wahrheit und subjektiver Betroffenheit, eine Mischung von Bibelweisheit und Lebenserfahrung. Gerade in kreativen Produkten wird auch sehr viel unbewußtes Lebensmaterial heraufgeschwemmt, was selbstverständlich für eine pädagogische oder therapeutische Arbeit bereitliegt. Man darf aber hier nicht den Vorwurf erheben, daß die Bibelarbeit nur zum Anlaß für therapeutische Selbsterfahrung benützt würde (was natürlich auch möglich ist), weil ja das ganz Persönliche von der religiösen Botschaft sozusagen geortet und ans Tageslicht gefördert wird. Und an den Tag gebracht, bleibt das subjektive Lebensmaterial vom Licht der biblischen Wahrheit umspült und umhüllt., so daß es innerhalb dieses neuen Rahmens betrachtet, beeinflußt und verwandelt werden kann. Der Verwandlungsprozeß selber wiederum geschieht auf verschiedenen psychischen Ebenen und Stufen.

Die vier Stufen der Tiefung

1) Die obere und allen zugängliche Ebene (Stufe) der Bearbeitung ist die Ebene des Bewußtseins: Die Aufmerksamkeit des Lehrers und Schülers lenkt sich auf das, was objektiv am Text, am kreativen Produkt oder an der persönlichen Erfahrung wahrnehmbar, beschreibbar und zu beurteilen ist: Was siehst du? Was fällt dir daran auf? Was hast du noch im Ohr? Was an der Bibelstelle hast du so noch nie bedacht? Was fällt euch an der Zeichnung eures Mitschülers auf? Woran denkt ihr dabei? Was aus der Erzählung hat er herausgegriffen? Woran erkennst du, was wichtig ist? Was willst du verändern? Usw.

2) Die Stufe der Phantasie: Was auf der ersten Stufe mit den äußeren Sinnen und mit hellem Bewußtsein betrachtet wurde, wird nun in den Bereich der inneren Sinne, der Phantasie, der Empfindungen und Assoziationen, der Erinnerung oder der Zukunftsprojektionen verlegt. Diese Stufe der Phantasiearbeit greift auf viele gespeicherte Erfahrungen zurück und holt die Erinnerung in die Gegenwart. Das Gegenwärtige wird innerlich auf seinen wahren Geschmack hin geprüft, und es wird treffender spürbar, welche Bedeutung es für einen persönlich hat. Weiter haben Träumereien und Zukunftsvisionen, genauer die projektive Phantasie die Möglichkeit, Veränderungswünsche nicht nur zu denken, sondern in diesem Bereich der Verinnerlichung (dem Bereich der Alphawellen der Gehirnströme) schon Wirklichkeit werden zu lassen. Für Erwachsene und Jugendliche der oberen Klassen werden viele Übungen in der Realität nicht durchführbar sein – wohl aber sind sie „imaginierend" durchführbar, d.h., anstelle der vollzogenen Aufgabe oder Übung wird lediglich ihre Vorstellung geweckt; es wird phantasiert: Was könnte man hier zeichnen? Welche Farbe würdest du verwenden? Wenn wir dieses Spiel machten, was könnte dabei herausschauen?... Gerade wenn Jugendliche ihren persönlichen Bereich schützen wollen, spreche man im Konjunktiv und von der ganzen Klasse oder noch besser von „Irgend einem anderen"; man verlegt also das persönlich Bedeutsame ins Dort und Dann, in Phantasieprodukte und Metaphern, die nicht weniger wirksam sind. Ansonsten ist aber die Stufe der Phantasiearbeit der Bereich der Meditation, der Tagträume, der Weckung der Kreativität, der Erspürung des für mich Wichtigen. Diese ersten zwei Stufen der Tiefung sind Phänomene des Schulunterrichts, während die nächsten beiden der Selbsterfahrung und der therapeutischen Begleitung zuzurechnen sind.

3) Die Stufe der Involvierung: Gemeint ist jene Tatsache, daß Erlebnisse aus der Vergangenheit so tief wiederempfunden werden können, daß sie wie gegenwärtig erlebt werden. An und für sich ist diese Erfahrung allen vertraut, man denke an Träume, an Tränen, die unwillkürlich bei einer musikalischen Stelle ausbrechen, an den Verlust der Selbstbeherrschung oder an unerklärliche Ängste. Treten solche Erlebnisse sehr massiv auf, so wird man darauf mit einer alltäglichen „Krisenintervention" antworten oder dem Menschen Mitgefühl und Ehrfurcht bezeugen. Im geschützten Raum der Selbsterfahrung wird diese Vergegenwärtigung des Vergangenen aber bewußt angestrebt, damit das Vergangene in der Gegenwart neu bearbeitet und einer befriedigenderen Lösung zugeführt wird. Diese Methode darf nur der einsetzen, der dafür geschult ist. Weil aber Aufbrüche aus der Vergangenheit jedes Kind und jeden Erwachsenen, gerade auch bei religiösen Erlebnissen überfallen können, muß man auch im pädagogischen Alltag darauf reagieren. Man denke daran, daß es im alten Meßbuch ein Formular „Um die Gabe der Tränen" gegeben hat – sollten wir uns vor solchen Gnadengaben fürchten?

4) Die Stufe der autonomen Körperreaktion: Vor allem durch das Neurolinguistische Programmieren (NLP) wird uns gelehrt, daß jeder noch so geistige Vorgang im Menschen prägnante Körperreaktionen auslöst, auf die man achten kann, wenn man dem Schüler gerechter werden will. Man soll den „Stier" aber nicht leichtfertig reizen, anders formuliert: Autonome Körperreaktionen können zu den tiefsten Ereignissen in den Veränderungsprozessen der Therapie zählen und bedürfen einer fachlichen Begleitung. Für das Kleingeld des pädagogischen Alltags heißt das jedoch, daß die unwillkürlichen Körperreaktionen der Schüler viele Signale und Bitten um Aufmerksamkeit an den Lehrer sind; je besser er sie zu lesen versteht, umso mehr kann er den Schüler helfen.

Man kann die vier Stufen der Tiefung nicht so verstehen, daß die „tiefste" am meisten brächte, denn im Lern- oder Therapieprozeß hat jede ihre eigene Zeit. Das Geschehen des Unterrichts wird sich sicher meist auf der Ebene des Bewußtseins abwickeln, man soll aber die Phantasie mehr hereinnehmen, auf die Involvierung besser achten und auch mit autonomen Körperreaktionen rechnen.

3. Hintergrund der Gestaltpädagogik

Die ersten beiden Kapitel befaßten sich mit dem theoretischen Hintergrund für die Gestaltarbeit im Religionsunterricht. Der Leser ist nun vielleicht interessiert, in einer kurzen Zusam-
menfassung die geschichtlichen Herkünfte zu überblicken, denen die Gestaltpädagogik ihre
Impulse verdankt. Die Skizze einer Vorderansicht eines griechischen Tempels hilft uns dabei.
Der weitausladende Giebel sammelt alles unter seinem Dach, was als „Gestalt" erscheint. In
drei Säulen zeigen sich die drei historischen Herkünfte der Gestaltpädagogik: die Gestaltphi-
losophie, die Gestaltpsychologie und die Gestalttherapie. Diese drei Säulen ruhen auf dem
Sockel auf, den wir die Gestaltpädagogik nennen und der in drei Stufen zur Ebene des Alltags
führt.

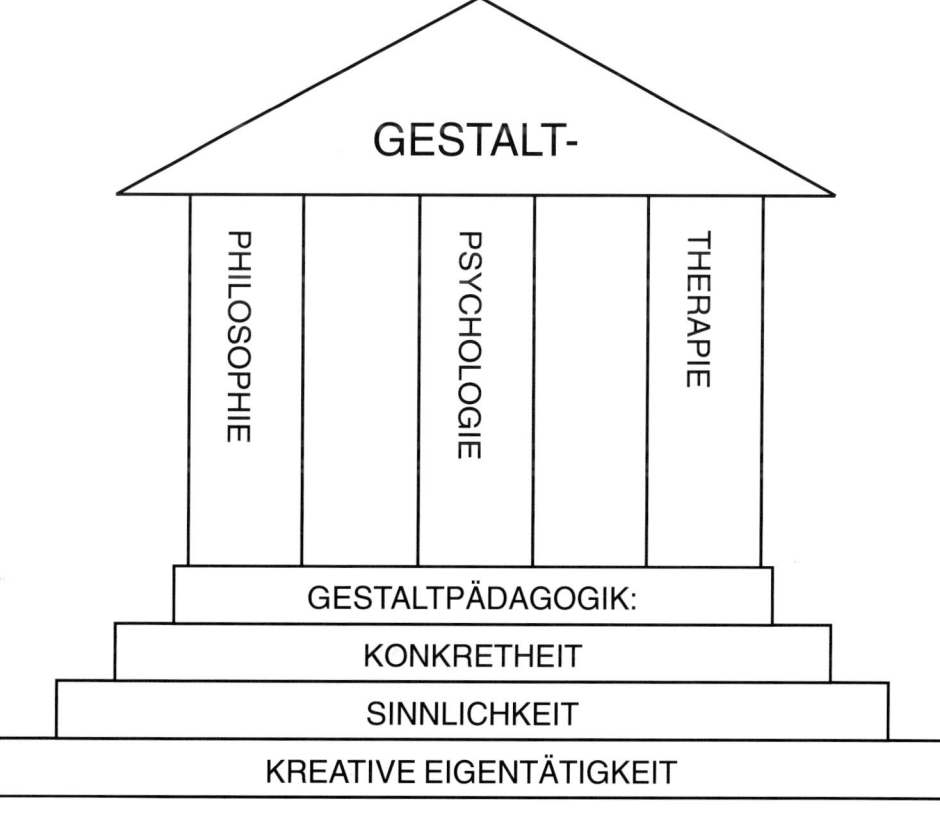

Die Gestaltphilosophie

Schon die klassische griechische Philosophie befaßte sich mit dem Begriff der „Gestalt", worunter sie ein konkretes seiendes Ding verstand, im Unterschied zur abstrakten Idee oder zum allgemein gültigen Wesen der Dinge. Schon die Vielzahl der Worte, die für den Begriff „Gestalt" verwendet wurden, läßt auf den Reichtum seines Inhalts schließen: morphe (sichtbare Gestalt), eidos (Bild, Eindruck, Abbild), eikon (Bild, Abbild, Prägung), typos (charakteristische Form), charakter (in den Umrissen skizzierte Gestalt, geprägte Form), phainomenon (das sich Zeigende, das Gegebende, das Phänomen) – diesen Worten gegenüber stehen die Begriffe „Idee", „Wesen" und „Natur" (physis, aidia). Das Wort „konkret" kommt vom lateinischen Zeitwort „con-cresco", das heißt: zusammenwachsen, ich wachse, ich bilde mich. Das „Konkrete" ist also das einmalig Gewachsene, die gewachsene Gestalt, das so und so Wirkliche, die einmalige Wirklichkeit eines Dinges, einer Person, einer Situation usw. Alles philosophische Bemühen geht entweder von den konkreten, wahrnehmbaren Wirklichkeiten aus und führt zu übergeordneten Begriffen und Ideen oder geht von diesen aus und sucht den „Sprung" zur Wirklichkeit. Wie aktuell der Begriff „Gestalt" für das ontologische Denken ist, soll ein etwas schwieriger Text von Karl Rahner zeigen:
Bekannt ist, daß Karl Rahner in seiner Ontologie des Symbols den Gestaltbegriff aus der Tradition der klassischen und scholastischen Philosophie entwickelt hat, nach dem jedes Seiende sich aus seinem Wesensgrund heraus notwendig zu einer Selbstverwirklichung in einer „Gestalt" ausdrückt. Er hat gezeigt, „daß die beiden äußersten Punkte dieser Spannweite, nämlich erscheinende, anblickbare ‚Gestalt' (eidos und morphe zusammengenommen) einerseits und gestaltbildendes ‚Wesen' andererseits, echt die Sinnfülle eines Begriffes zusammenschließen, weil eben der gestaltbildende Wesensgrund eines (zunächst materiellen) Seienden wirklich, um sich selbst zu setzen und zu vollziehen, die anblickbare Gestalt als sein Symbol, seine (ihn selbst da-sein lassende, in die Existenz bringende) Erscheinung aus sich heraussetzt und gerade so (‚Im-Andern-Bei-Sich') behält... Das Formgeben des Formgrundes, die ‚formatio actualis' der Potenz durch die (substantielle) Form, bewirkt das Geformte, die Gestalt" (Schriften zur Theologie; IV, S. 286).
Eine Wirklichkeit widersetzt sich grundsätzlich dem abstrakten Begreifen und dem begrifflichen Erfassen: nämlich die Einmaligkeit der jeweiligen Person. Kann man das Wesen des Menschen und selbst den Begriff der Person definieren, so ist eine wirklich existierende Person so einmalig und konkret, daß sie nur durch ihren „Namen" ausgedrückt und angerufen und in ihrer „Gestalt" beschrieben werden kann. Weil Person Subjekt in Freiheit ist, verwirklicht sie sich in den freien Setzungen ihrer Geschichte, und diese kann nur nachvollzogen und in „Geschichten" nacherzählt werden. Jede Pädagogik muß darum wesentlich „Gestaltpädagogik" sein, insofern sie es mit einmaligen Personen und nicht mit abstrakten Begriffen und Idealen oder mit Nummern eines Kollektivs zu tun hat.
Neben der menschlichen Personwürde und Freiheit ist das Mysterium Gottes am radikalsten und damit grundsätzlich dem begrifflichen Zugriff entzogen. Gott kann nicht de-finiert werden, weil es für ihn kein *Finis,* keine Begrenzung gibt. Alles Sprechen über Gott ist analog, symbolisch, sakramental und personal. Müssen die theologischen Disziplinen auch mit exakten Begriffen arbeiten, so dürfen sie die grundsätzliche Analogie dieser Begrifflichkeit, soweit sie Gott meint, nie aus dem Blick verlieren (Katechese darf nicht zu einem Verschiebebahnhof leerer Begriffswaggons werden).

Die Gestaltpsychologie

In der Zeit von der Jahrhundertwende bis zum Zweiten Weltkrieg gab es in der „Gestalt-psychologie" eine wichtige experimentell-psychologische Forschungsrichtung. Sie wurde als solche mit dem Namen Christian von Ehrenfels bekannt, der zunächst in Graz und dann in Prag lehrte und die wesentlichen „Gestaltgesetze" formulierte: Das Ganze ist mehr als die Summe seiner Teile (so ist ein vierbeiniger Tisch auch dann sofort als ein vierbeiniger erkenn-bar, wenn ihm ein Bein fehlt). Jede Gestalt ist auch dann erkennbar, wenn sie in ein anderes Medium transponiert wird (wenn etwa eine Melodie von C-Dur nach F-Dur transponiert wird, dann bleibt sie doch als solche erkennbar). Das „Figur-Hintergrund-Gesetz" besagt, daß ein Ding nur dann wahrgenommen werden kann, wenn sich seine Figur gegen einen (helleren oder dunkleren) Hintergrund abhebt (der „Hintergrund" für die Taten eines Menschen sind seine Geschichte und die Geschichte seiner Herkunftsfamilie, die Geschichte seiner Religio-sität etwa). Auch die „Tendenz zur guten Gestalt" wirkt bis in die Pädagogik hinein, denn sie besagt, daß die Wahrnehmung des Menschen die Tendenz hat, alles Defekte zu ergänzen (manche nennen das „Gewissen", „die Tendenz zur guten Gestalt") usw. Als Zentren der Gestaltpsychologie bildeten sich Berlin (Köhler, Koffka, Wertheimer) und Leipzig (Graf Dürckheim, Ferdinand Weinhandl) heraus. Ihr vor allem experimentelles Forschen kreist um die Möglichkeiten und die Bedingungen der Wahrnehmung der sinnlichen Wirklichkeiten und das Wesen der Sinneswahrnehmung. Im Bemühen um die „Ganzheitlichkeit" des Lebens oder um das „Systemische" taucht das Anliegen der Gestaltpsychologie heute wieder auf.

Die konkreten, existierenden Wirklichkeiten sind dem menschlichen Geist durch das Vermö-gen der Einbildungskraft präsent. Die äußeren Dinge werden durch die Sinneseindrücke ver-mittelt. Innerpersonale Vorgänge und Stimmungen steigen in den „Seelenbildern" auf, und künstlerische, moralische und arbeitsmäßige Setzungen von Wirklichkeit werden durch die projektive Phantasie vorbereitet und ausgelöst. Das Schlüsselwort hierfür ist „Anschauung". Die große Bedeutung der aktiven Phantasie für die Religionspädagogik beginnt erst wieder entdeckt zu werden.

Die Erkenntnis einer „Gestalt" ist das Erkennen von konkreten Wirklichkeiten. Ihr Wesen kann begrifflich erfaßt, ihre Tatsache aber nur entgegengenommen und ihre Eigenart nur beschrieben werden. Das Erkennen von Gestalten gehört zum Bereich der Phänomenologie und erfordert eher die Sprachform der Beschreibung als die der Definition, die aus der auf-merksamen Wahrnehmung (awareness) des Konkreten erfolgt. Entsprechend der Wirklich-keitsebene ist auch die Sprachform gegeben: exakte Beschreibung naturwissenschaftlicher Experimente genauso wie poetische Bildsprache seelischer und personaler Phänomene. Gefordert ist, daß die Sprachform (das Sprachspiel) der jeweiligen Wirklichkeit ent-spricht.

Die Gestalttherapie

Das aus Frankfurt emigrierte Arztehepaar Fritz und Lore Perls und mit ihnen zusammen B. Goodman gelten als die Begründer der Gestalttherapie. Fritz Perls war Psychoanalytiker Freudianischer Schule. Er suchte in einem Blitzbesuch von seinem südafrikanischen Exil aus S. Freud in Wien auf, wurde aber von diesem in der nur einige Minuten dauernden Begegnung sehr enttäuscht. Dieses Erlebnis und die Erfahrungen seiner Praxis brachten Perls dazu, sich von der psychoanalytischen Methode sehr energisch abzuwenden und vor allem ihr Analysieren und ihr dauerndes Interpretieren in einem vorgefaßten (Psycho-)Rahmen zu bekämpfen. Statt dessen griff er das „Ausagieren" der Emotionen und Gefühle auf, weil er erkannte, daß nur so wirkliche Bewegung und Veränderung in der Psyche des Klienten und vor allem in seinen unbewußten Bereichen ermöglicht wird. Lore Perls berichtet, daß sie ihre Therapie darum zunächst „Gestaltungs-Therapie" nennen wollten. Die Gestalttherapie wird bis heute durch ihre Spontaneität und Kreativität charakterisiert. Sie wendet sich gegen erstarrte vorgefaßte Normen und will die Kräfte des menschlichen Lebens wieder in Fluß bringen – Heilung durch Kreativität. Das vorausgegangene Kapitel hat gezeigt, welche Bewegung in die Pädagogik kommt, wenn sie die vielen Initiativen und Interventionen, die aus den verschiedensten therapeutischen Richtungen kommen, aufgreift und „re"-pädagogisiert. Da sich selbst die Gestalttherapie weiterentwickelt und erweitert hat, nennt sie sich heute „Integrative Gestalttherapie" oder kurz „Integrative Therapie". Es sei nochmals betont, daß es nicht darum geht, die Pädagogik durch Psychotherapie zu ersetzen oder zu unterwandern. Unüberhörbar aber ist der Ruf nach den „heilenden Kräften" in der Pädagogik und der Religionspädagogik!

Die Gestaltpädagogik

Die „Gestaltpädagogik" oder „Integrative (Gestalt-) Pädagogik" oder „confluent education" oder „ganzheitliche Pädagogik" versteht sich als eine Art gegenwärtiger Reformpädagogik. Sie bezieht ihre Impulse aus dem, was wir die „drei Säulen" nannten. Aus der Gestalt*philosophie* übernimmt sie das Anliegen, sich im Unterricht dem Konkreten zuzuwenden: einem konkreten Lehrstoff, dem je einzelnen Schüler und den Wirklichkeiten des Schulsystems. Der Gestalt*psychologie* verdankt sie ihre hohe Sensibilität für die „Sinnlichkeit" des Unterrichtsgeschehens. Damit ist zunächst gemeint, daß die Lehrinhalte anschaulich, erlebnishaft und greifbar sein müssen; daß aber auch die Sinnesorgane der Schüler geschult und ihre ganze Sinnlichkeit und Leibhaftigkeit ernst genommen werden müssen. Aus der Gestalt*therapie* kommt der Blick für das Unbewußte im Menschen und das Ernstnehmen menschlicher Defekte und Störungen und der heilende Umgang mit ihnen. Noch kräftiger aber ertönt der Ruf nach der Eigeninitiative, der Eigentätigkeit und der Kreativität des Schülers. Zu Lernendes wird nur dann in die eigene Wirklichkeit einverleibt und integriert, wenn der Schüler selber dabei *tätig* wird. Diese Aktivität setzt aber die persönliche Initiative des Betroffenen voraus, so daß der Lehrer immer mit der Freiheit des Schülers rechnen und sie wachrufen muß. Eine Tätigkeit in Freiheit und aus Freiheit ist in ihrem Kern aber *schöpferisch* und darum wahre

Kreativität. Die Erfahrungen der Gestaltpädagogik und der europäischen Reformpädagogik liefern sehr viele Impulse zu kreativem Handeln, das mit dem Wörtchen „gern" zutiefst verbunden ist: Nur was der Schüler gern tut, tut er aus Freiheit. Deren Kennzeichen ist zugleich die Freude. Der Doppelsinn des Wörtchens „gern" besagt: was aus Freiheit getan wird, wird in Freude getan.

Der Personwürde des jeweiligen Ich (des Schülers, des Lehrers und der Gruppe) will auch Ruth Kohn durch ihre „Themenzentrierte Interaktion" gerecht werden, indem sie eine Ausgewogenheit unter diesen Größen im Zusammenhang mit den Lehrinhalten fordert. Auch die Montessori-, Freire- und Freinet- Pädagogiken sind von gleichen Anliegen getragen und setzen verwandte Methoden ein, um das Menschenkind zu fördern, das wachsen und Gestalt annehmen will. In der Praxis sind die Unterrichtsgeschehen verschiedener Richtungen einander oft so ähnlich, daß ihr gemeinsames Ziel und ihre verwandten Wege von *einer* großen pädagogischen Reformbewegung zu sprechen erlauben.

Die Gestaltpädagogik, so wie sie gegenwärtig im deutschsprachigen Raum praktiziert wird, knüpft unmittelbar an die reformpädagogischen Bemühungen an und ist mit Namen wie Pestalozzi und Kerschensteiner, Montessori- oder Neulandschule verbunden. Die „confluent education", wie sie von B. Goodman entworfen wurde, hat in ihrem Protest gegen erstarrte Schulsysteme fast anarchische Züge und ist eher einer extremen Alternativpädagogik vergleichbar, die aber meines Wissens im deutschen Sprachraum keine Nachahmer gefunden hat.

„Gestaltpädagogik" ist vom Wesen her eine Pädagogik der „Begegnung", weil ja Wirklichkeit auf Wirklichkeit, Existenz auf Existenz trifft. Das beginnt mit der ganzheitlichen Wahrnehmung (Ch. von Ehrenfels), führt zur gegenseitigen Annäherung (R. Guardini), ermöglicht eine wechselseitige Erschließung (J.W. v. Goethe) und kann so zu existentieller Betroffenheit (O.F. Bollnow), zum persönlich bedeutsamen Lernen (J. Bürmann) werden, daß der Mensch aus einer solchen Begegnung verwandelt hervorgeht (es sind hier unschwer die Abläufe eines Korrelationsprozesses zu erkennen). Die Begegnung ereignet sich am elementarsten als Intersubjektivität (F. Ebner, M. Buber, G. Marcel). Wir „begegnen" aber ebenfalls in der Kunst den menschlichen Wertschöpfungen, wie wir aus der „Begegnung" mit einem sterbenden Baum eine veränderte Einstellung zur Natur gewinnen können.

Kardinal J.H. Newman hat uns darauf aufmerksam gemacht, daß jedes Erkennen und Anerkennen der Zustimmung bedarf, die wiederum von ihrem Gegenstand abhängig ist: Ein Begriff ermöglicht nur eine begriffliche Zustimmung (ohne „Realisation"); Wirklichkeiten ermöglichen eine wirkliche Zustimmung. Eine theologische Begriffswelt ermöglicht eine begriffliche Zustimmung, die noch keinen Glauben nach sich ziehen muß. Will die Katechese aber Glauben wecken, muß sich die Zustimmung an den Wirklichkeiten, also an den „Gestalten" des Glaubens entzünden: an Gott dem Vater, dem Sohn und dem Heiligen Geist, an der Schöpfung, an den Heiligen des Alten und Neuen Bundes, an den Religionen der Erde, und dies inmitten der versammelten Schülergemeinschaft. Begriffe ermöglichen hier das Denken, aber nicht das An-Denken.

Wenn das päpstliche Rundschreiben über die Katechese (1979) in der Forderung nach der „doppelten Treue", nämlich nach der Treue zu Gott und nach der Treue zum Kind, gipfelt, dann wird damit nicht eine abstrakte Lehre in den Mittelpunkt gestellt, sondern eine „Treue", die das persönliche Engagement des Lehrers fordert und die konkreten Personen „Gott" und das „Menschenkind" meint. Es wird demnach richtiger sein, nicht von „der" Gestaltpädagogik zu sprechen, sondern von allem „Gestalthaften" in jeder menschenwürdigen Pädagogik.

Das Anliegen der „Gestalt" und der „Gestaltpädagogik" vollzieht sich im Religionsunterricht auf verschiedenen Ebenen: Das Wichtigste ist, daß jeder Schüler als einmalige Gestalt und nicht als eine Nummer gesehen wird. Katechetisch steht im Vordergrund, daß das Mysterium Gottes in der Gestalt des Messias Jesus und in den Gestalten der Offenbarungsträger und Offenbarungsempfänger in die Geschichte eingegangen ist. Außerdem hat die Anordnung des Lehrstoffes in einer Konzeption zu erfolgen, die für den jeweiligen *Adressaten* als klare und bewegende Gestalt erkennbar ist. Gestalt*pädagogisch* wird die Begegnung von Lehrern und Schülern, wenn sie auf die einmaligen Wirklichkeiten der Personen und Situationen treffend eingehen kann. Gestalt*didaktisch* wird schließlich der Unterricht, wenn er die Wirklichkeit des Schülers und das Bildungsgut als Wirklichkeit so zusammenführt, daß daraus Begegnung, Wachstum und Verwandlung geschieht. Will man also über „Gestalt" in Katechese und Religionsunterricht sprechen, muß man sich darüber klar sein, welche Wirklichkeitsebenen hier ins Spiel und damit auch zur Sprache kommen.

Paulus schreibt in 1 Kor 15,49:

Wie wir
nach dem Bild des Irdischen
gestaltet wurden,
so werden wir auch
nach dem Bild des Himmlischen
gestaltet werden.

4. Der kosmische Christus und die Religionen der Welt

Die Verklärung Jesu (Mk 9,2-8)

Die Annäherung an den Text durch Transformation

Wir wollen uns nun von verschiedenen Seiten her in gestaltpädagogischer Weise an die Erzählung von der Verklärung Christi herantasten:

1) Man kann einen Text nicht nur dadurch erschließen, daß man seine einzelnen Begriffe oder Sätze erklärt, sondern auch dadurch, daß man ihn in ein anderes sprachliches Medium transformiert. Da jeder biblische Text ein persönliches Wort Gottes an den Menschen ist, bietet es sich vor allem an, aus der dritten Person der Erzählform in die zweite Person der Du-Anrede zu transponieren. Der Schüler wird angeleitet, sich in die Person des Hauptakteurs zu versetzen, ihr den eigenen Namen zu geben und den sonst gleichbleibenden Text in der Ich-Du-Form an Jesus zu schreiben. Das lautet dann so:

> Sechs Tage danach nahmst du, Jesus,
> mich (Elisabeth, Florian, Franz...),
> Jakobus und Johannes beiseite
> und führtest uns auf einen hohen Berg,
> aber nur uns allein.
> Und du wurdest vor unseren Augen verwandelt;
> deine Kleider wurden strahlend weiß, so weiß,
> wie sie auf Erden kein Bleicher machen kann.
> Da erschien vor unseren Augen Elija und mit ihm Mose,
> und sie redeten mit dir, Jesus.
> Ich sagte zu dir: Rabbi, es ist gut, daß wir hier sind...

Wenn ein Schüler diesen Text mit eigener Hand schreibt, dann eignet er ihn sich schon durch das Schönschreiben an. Liest er ihn sich selbst still murmelnd oder laut vor anderen vor, so ist es, als würde eine Partitur aufgeführt. Die Kraft des Gebetes wird spürbar.

2) Eine weitere interessante Möglichkeit der Transformation tut sich auf, wenn man den Text in eine freie Nacherzählung verwandelt, diese aber vom Standort der Landschaft aus schildert, in der das Geschehen stattfindet. Die Phantasie des Schülers muß natürlich zunächst angeregt werden, sich diesen Ort lebhaft vorzustellen, etwa: Ich bin der Nil, ich bin... Auf mir liegt ein Körbchen mit einem Kind...; ich bin ein großes Zelt aus Kamelhaaren, ich bin... Unter mir liegt schlafend der Vater Jakob... Plötzlich spüre ich, wie...

Die Landschaft wird so zum „Behälter", der das ganze Geschehen der Erzählung enthält. Gleichzeitig wird aber auch der Schüler zu diesem „Behälter", denn es ist ja seine eigene Phantasie, die diese Landschaft produziert. Weil dem schöpferischen Spiel und der Kreativität des Schülers keine Grenzen gesetzt sind, ereignet sich so eine intensive Durchdringung von biblischem Wort und menschlicher Aufnahme dieses Wortes.
Im Falle unseres Textes könnte eine Nacherzählung so beginnen:

> Ich bin ein sehr hoher Berg. Ich stehe im Norden des Landes Israel.
> Auf mir wachsen Akazien, Weinstöcke und sonstiges Buschwerk.
> Ich bin sehr steinig, und es ist sehr heiß. Es ist schon Abend geworden.
> Plötzlich spüre ich die Tritte von vier Männern auf mir.
> Acht Füße treten behutsam auf meine Steine...

3) Weitere Aktualisierungen eines jeden biblischen Textes können durch *Verfremdungen* aller Art vorgenommen werden. Verfremden heißt, einem Text eine Gestalt geben, die er von Hause aus gerade nicht hat, ja, die sogar im Widerspruch zu ihm zu stehen scheint. Eine beliebte Form der Verfremdung liegt vor, wenn man Vergangenes in die „Kleider" der Gegenwart steckt.

4) Der *„Fragepsalm"* stellt alles Erzählte in Frage. Indem er das tut, beschäftigt er sich natürlich sehr intensiv mit dem Text. Jede aufgeworfene Frage wird zu einer Spurensuche in die Gegenwart, weil sie nach einer Antwort verlangt. Über die möglichen Antworten kann eine Diskussion entstehen, die die ganze Gruppe auf ihre Weise wieder in den Text hineinzieht, vieles beantwortet, aber auch manches offen läßt. Die Fragen sollen sich sehr genau an den vorgegebenen Text halten:

> Wann sind heute die „sechs Tage danach"?
> Wen führt Jesus heute auf einen hohen Berg?
> Wo ist überhaupt so ein „hoher" Berg?
> Wo ist er inmitten unserer Großstädte und Elendsviertel?
> Wer ist heute Petrus, Jakobus und Johannes?...

Oder etwas persönlicher formuliert:

> Jesus, wann verwandelst du dich vor *unseren* Augen?
> Wann zeigst du dich *meinem* Auge?...

5) Der *„Stichwortpsalm"* greift aus einer Erzählung nur die dem Schüler wichtigen Stichworte auf und reiht sie neben- bzw. untereinander. Es entsteht so eine sprachliche Gestalt, die einem modernen Gedicht ähnelt:

> Kleider, strahlend weiß, schmutziger die Kleider auf Erden.
> Drei Hütten bauen für Mose, Elija und Jesus.
> Hier sein, gut sein, es gut sein lassen.
> Wolke, Schatten einer Wolke,
> Stimme aus einer Wolke: Sohn, *mein* Sohn!
> Hören..., auf *ihn* hören.

6) Ein *Glaubensbekenntnis:* Biblische Texte sind Glaubenszeugnisse und können vom Leser ihrerseits in die sprachliche Gestalt eines Glaubensbekenntnisses übersetzt werden. Die Schüler können ganz einfach das formulieren, was der Text aussagt:
„Ich glaube, daß Jesus die drei Jünger mit auf einen hohen Berg genommen hat..."
Das Glaubensbekenntnis kann den Text als gegenwärtig bekennen:
„Ich glaube, daß Jesus Menschen auf einen hohen Berg führt, daß sie dort eine Gotteserfahrung machen..., daß Gott sich auch heute noch zeigt..."
Der Schüler kann das Bekenntnis auch sehr persönlich formulieren:
„Ich glaube, daß Jesus auch mich führt... die lichte Wolke auch mich einhüllt... Gott auch mir etwas sagen will..."

Bildbetrachtung (Abb. S. 49; vgl. S. 67 ff.)

Wir sehen die Nachbildung einer russischen Ikone aus dem 18. Jh. Sie stellt die Verklärung Jesu auf dem Berg dar und ist deutlich in zwei Hälften gegliedert: oben die Welt der Erscheinung, Jesus mit den Propheten Mose und Elia, auf drei Berggipfeln stehend, vor dem tiefblauen Hintergrund der Ewigkeit und Christus im kosmischen Ring, der voll von Strahlen und Sternen ist. Die untere Hälfte zeigt die drei Jünger Petrus, Johannes und Jakobus auf dem Berg, getroffen von der Erscheinung und den drei Feuerzacken, die die himmlische mit der irdischen Welt verbinden. Wir betrachten zunächst die obere Hälfte allein:

Jesus ist in ein strahlend weißes Kleid gehüllt, wie es auf Erden niemand machen kann, und ganz verwandelt: ein Mensch, der von Gottes Licht durchleuchtet wird, ganz durchsichtig auf Gott hin, und Gott, der in einem Menschen aufleuchtet, voll Güte und Klarheit, Gott mit einem so menschlichen Antlitz: *der Gottessohn.*

Der kosmische Christus wird uns von der Ikone vorgestellt. Er kommt aus dem Dunkelblau der Ewigkeit: der Schöpfungslogos, das Schöpfungswort Gottes, das mit seiner Macht das All trägt und allem Geschaffenen Grund und Ziel gibt.

Der messianische Jesus, der mit Mose (dem Kämpfer für die Freiheit der Menschen) und mit Elia (dem Eiferer für den wahren Glauben an den einzigen Gott) spricht. Beide Propheten sind für ihn ein Programm: die Befreiung der Menschen und ihre Vertrauensbindung an Gott.

Nun betrachten wir wieder das ganze Bild:
Der Berg und die Feuerwolke markieren die Berührungslinie zwischen dem irdischen und dem göttlichen Bereich, die Aufgipfelung zu Gott und das Licht des Ewigen, das sich zu uns herunterläßt.

Petrus ist der linke Jünger, der zu Christus hinaufschaut und seine Hand zu ihm erhebt mit der Absicht, den drei großen Gestalten Hütten zu bauen, damit ihre Welt unter uns bleibende Wirklichkeit werde. Er symbolisiert den glaubenden Beter, der seinen Herrn betrachtet und anruft: *Christus vor mir und über mir!*

Johannes ist der Jünger in der Mitte unten, der in der Bildsymbolik seinen Kopf zum Herzen beugt, in dem er die Gegenwart Christi spürt. Er ist der Mystiker: *Christus in mir.*

Jakobus ist vom Gottesglanz getroffen, kniet aber mit dem Kopf nach außen gewendet. Er stellt den Jünger dar, der aufstehen und vom Berg hinuntergehen wird, um den Menschen in der Dunkelheit vom Licht zu erzählen. Er ist der Mystiker der Tat: *Christus steht hinter ihm.*

Die Bildreihen in Übersicht

Russsische Ikone aus dem 18. Jahrhundert:
Die Verklärung auf dem Berg: Mk 9,1-13

Adam und Noah – so ist der Mensch
(vgl. dazu auch den 2. Teil des Davidzyklus)

7. Die Flut und die rettende Arche: Gen 7,17-8,17	**9.** Der Friede mit Gott: Gen 8,13-9,20	**8.** Die Taube als Hoffnungszeichen: Gen 8,6-12
6. Der drohende Untergang – der Archebau: Gen 6,5-7,16	**5.** Da formte Gott den Menschen aus Erde: Gen 2,4b-9	**4.** Der Brudermord: Gen 4,1-16
1. Ein Leben im Paradies: Gen 2,8-24	**2.** Der Sündenfall: Gen 3,1-7	**3.** Aus dem Paradies vertrieben: Gen 3,8-24

Der Glaubensweg Abrahams

7. Hagar und Ismael: Gen 21,9-21	**8.** Das Opfer Abrahams: Gen 22,1-10	**9.** Die Engel und die Verheißung: Gen 22,11-19
6. Sara und Abrahams Söhne: Gen 12,10-20; 16,1-6; 18,10b-15; 21,1-8	**4.** Gott zu Gast bei Abraham: Gen 18,1-33	**5.** Abraham, der große Fürbitter: Gen 18,16-19,29
1. Abrahams Berufung: Gen 12,1-9	**2.** Der Vater Abraham: Gen 13-14	**3.** Gottes Bund mit Abraham: Gen 15,1-21

Der Bekehrungsweg Jakobs

7. Jakobs Trennung von Laban: Gen 31,1-32,1	**8.** Jakobs Kampf mit Gott: Gen 32,2-33	**9.** Jakobs Versöhnung mit Esau: Gen 33,1-20
5. Jakob trifft Rahel: Gen 29,1-14	**4.** Jakobs Traum: Gen 27,41; 28,10-22	**6.** Rahel und Lea: Gen 29,13-30,24
1. Geburt Esaus und Jakobs: Gen 25,19-26	**2.** Verkauf des Erstgeburtsrechts: Gen 25,27-34	**3.** Jakob raubt den Erstgeburtssegen: Gen 27,1-40

David – Bilder biblischer Partnerschaft

1. Samuel salbt David: 1 Sam 16,1-13	**2.** David spielt vor Saul: 1 Sam 16,14-23; 18,1-8. 12-16	**3.** David und Jonathan: 1 Sam, 20,1-21,1
4. Michal rettet David: 1 Sam 19,8-17	**6.** David tanzt vor Jahwe	**5.** David, der Friedensbringer: 1 Sam 26,1-25
7. Davids Sünde: 2 Sam 11,1-27	**8.** Gottes Zorn und Davids Buße: 2 Sam 12,1-25	**9.** Abschaloms Tod und Davids Klage: 2 Sam 18,6-19,9

Jesusbegegnungen

2. Die Erlösung des Gelähmten: Mk 2,1-12	1. Die Heilung eines Blinden: Mk 8,22-26	3. Die Heilung der gekrümmten Frau: Lk 13,10-17
4. Die Erlösung von Besessenheit: Mk 5,1-20	6. Der auferstandene Christus	5. Jesus und die Ehebrecherin: Joh 8,1-11
7. Der Seesturm – Rettung aus Todesangst: Mk 4,35-41	8. Die Auferweckung eines jungen Mannes: Lk 7,11-17	9. Die Hochzeit in Kana: Joh 2,1-12

Jesu Passion einst und heute

8. Maria von Magdala: Joh 20,1. 11-18	**7.** Der Auferstandene inmitten seiner Jünger: Joh 20,19-23	**9.** Christus und Thomas: Joh 20,24-29
6. Jesu Heimgang zum Vater: Lk 23,33-46	**1.** Das gekreuzigte Kind: Joh 3,16	**5.** Der Kreuzweg Jesu: Lk 23,26-33
2. Jesus in der Presse: Gal 2,20	**4.** Jesu Hingabe beim Abendmahl: 1 Kor 11,23-24	**3.** Den Menschen ausgeliefert: Mk 14,10-11

Meine Christusmystik

Die heute viel beschworene Mystik des Christen ist gewissermaßen die Innenseite seines Glaubens und lebt von der Überzeugung, daß Gott in einem jeden Menschen unmittelbar wirkt. Die Christusfrömmigkeit umfaßt das ganze Feld meiner Christusbeziehung: von der religiösen Sozialisation in Elternhaus und Schule über meine Beschäftigung mit Christus in der Bibelarbeit, über die Aktualisierung meiner Christusbeziehung in Gebet und Kontemplation bis hin zum Handeln aus dem Glauben in der Nachfolge Jesu. Die theologisch so dichte Ikone von der Verklärung Jesu bringt all das zusammen ins Bild und stellt es durch lebendige Personen dar. Wer diese Ikone in ihrer Aussagekraft entdeckt und sich in sie vertieft, entdeckt und vertieft seinen Christusglauben:

> Ich glaube an Jesus,
> diesen wunderbaren Menschen aus Nazareth.
> Ich bewundere seine Art, Mensch zu sein,
> so offen und engagiert, so zärtlich und gottverbunden.
> Ich spüre in diesem Menschen Gottes Nähe
> und glaube daran, daß Gott mir in ihm selber begegnet:
> ein Gott mit menschlichem Antlitz,
> der sich auf uns einläßt
> und für jeden ein fühlendes Herz und eine helfende Hand hat.
>
> Ich glaube, daß Jesus, dieser wunderbare Mensch,
> aus der Tiefe Gottes selber kommt
> als das Licht vom ewigen Licht,
> als das göttliche Schöpfungswort,
> durch das das All des Kosmos geschaffen wurde.
> Ich glaube an Jesus, diesen wunderbaren Menschen.
> Er ist der Sohn Gottes,
> der am Herzen des Vaters ruht.
> Er hat uns Botschaft gebracht von Gott,
> die Botschaft des Vertrauens und der Befreiung,
> die Botschaft des Lebens,
> das stärker ist als der Tod.
>
> Ich glaube, daß Jesus lebt und uns gegenwärtig ist,
> daß von ihm eine göttliche Kraft ausgeht,
> die uns Licht und Energie spendet.
> Ihn will ich betrachten und vor Augen halten.
> Ihn trage ich in meinem Herzen
> und zu ihm rufe ich.
> In der Kraft seines Geistes
> und in den Fußstapfen seiner Nachfolge
> gehe ich mit allen Menschen
> den langen Weg zur ewigen Heimat.

Die Akklamation, die Christusrufe

Wenn wir Christus anrufen, dann beleben wir unsere Beziehung zu ihm. Alte Gebets- und Meditationsschulen kennen das Mantra, die Gebetsformel, die ständig wiederholte Anrufung. Das Rosenkranzgebet ist im christlichen Abendland eine gelebte Meditationsform, die sich in jeder Hinsicht mit ähnlichen Traditionen des Ostens vergleichen kann.

In außerchristlichen Religionen findet sich mehrfach die Verwendung einer Gebetsschnur als Andachtsmittel. Ihre weiteste Verbreitung gewann die Gebetsschnur in den Religionen Indiens; dort ist ihr Gebrauch schon im 1. Jh.n.Chr. nachweisbar. Im Hinduismus wird sie bei Anrufungen der Götter Vischnu und Shiva verwendet. Auch der Buddhismus kennt die Gebetsschnur, in Tibet verbunden mit dem Mantra „Omani patme hum" – „oh Geheimnis in der Lotosblume". Im Islam setzte sich der Gebrauch der Gebetsschnur seit dem 9. Jh.n.Chr. im Sufismus durch. Sie sollte es den Betern erleichtern, bei den Anrufungen Allahs keinen von dessen 99 Namen zu übersehen. Seit dem 11. Jh. lernten die Kreuzfahrer die Gebetsschnur bei den Muslimen im Heiligen Land kennen. Die Christen verbanden sie mit Anrufungen an Maria, und die Rose wurde anstelle der Lotosblüte zur heiligen Blume des Abendlandes, die das Geheimnis birgt.

Diese *eine* Meditationsform mit der Schnur verbindet vier Weltreligionen! Was man früher am Rosenkranzgebet manchmal belächelt hat, entdeckt man nun als seine Stärke: der rhythmisch fließende Atem, der eintönige Singsang mit seiner tranceartigen Wirkung, die Abkehr vom rationalen Denken und die Hinwendung zur Versenkung und Schau, der Energiekreis der Gruppe, die Abwechslung von Vorbeter und Gemeinde, das Beschwören eines meditativen Bildes oder Geheimnisses vor dem inneren Auge, und nicht zuletzt die Beteiligung der Finger beim Perlenzählen und das meditative Hocken. Das wiederholte Singen von Antiphonen oder Refrains übernimmt die gleiche Meditationsform und -wirkung.

Übung: Wir stellen uns im Kreis auf und pendeln von einem Bein auf das andere. Wir wiegen uns leicht in den Hüften wie eine Birke im Wind. Wir drücken die Zunge an den Gaumen und bilden ein „nü". Das „n" bringt die Stirn bei der Nasenwurzel zum Fibrieren, das „ü" hebt und weitet den Ton. Wer mit seiner Stimme in die Tiefe gehen will, bildet im Gaumenraum ein „moa", wobei das „o" oben summt und das „a" sich in den Bauchraum absenkt. Die ganze Gruppe summt und schwingt im Atemrhythmus, bis sie ein einziges oszillierendes Energiefeld wird.

Der Vorsänger singt die erste Stimme der Antiphon, dann die zweite und die dritte, wobei die ganze Gruppe jede Stimme einstimmig wiederholt. Erst wenn jede Stimme sicher fließt, wird die Antiphon mehrstimmig gesungen und dabei jedesmal wiederholt. In den ausklingenden Akkord der Gruppe singt der Vorsänger bereits seinen Psalm hinein, wie auch die Gruppe in seinen letzten Ton bereits miteinstimmt. Dieses Hin und Her von ständig wiederholtem Kehrvers und das fortschreitende Gebet des Vorsängers, der allein ein Buch gebrauchen darf, ist seiner Wirkung nach wie ein Rosenkranzgebet und seinem Inhalt nach eine Einübung in die Christusmystik.

Eine gleichartige Gebetsform finden wir auch bei den Negro-Spirituals:

Ein Vorsänger leitet die Gruppe (sie bestand aus Analphabeten!), die immer und immer wieder ihre Rufe wiederholte, z.B.: Nobody knows the troubles I have seen: „Oh, my Lord!" – das ist der ständig wiederholte Zwischenruf.

Die älteste Tradition für das meditative Murmelgebet finden wir im Herzensgebet der Ostkirche, das laut, leise oder schweigend ständig in Verbindung mit dem Atem und dem Herzschlag wiederholt: „Herr, Jesus Christus, du Sohn des lebendigen Gottes, erbarme dich meiner!"

Kehrverse – Anrufungen für die Gemeinde zur Auswahl

Morgengebet des heiligen Patrick (gest. 493 in Irland)

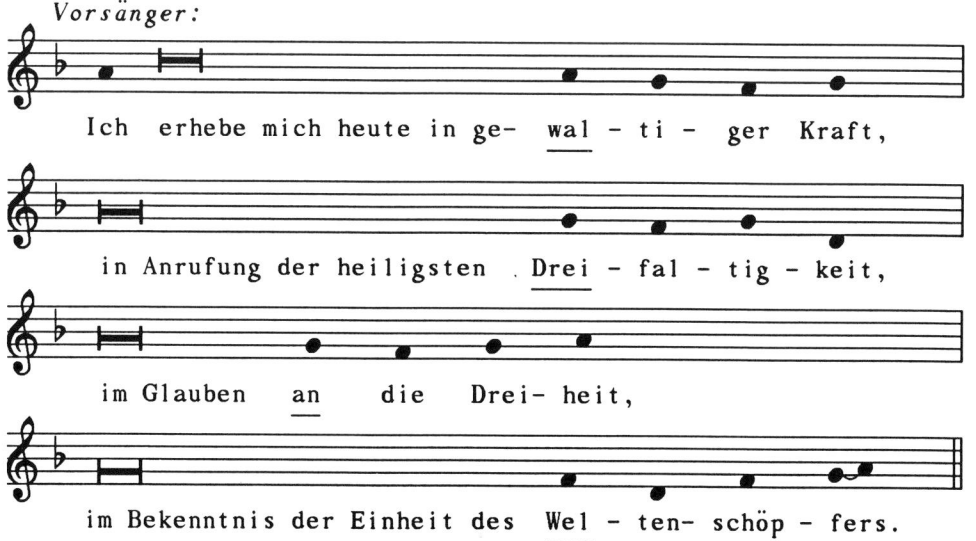

Vorsänger:

Ich erhebe mich heute in ge- wal - ti - ger Kraft,

in Anrufung der heiligsten Drei - fal - tig - keit,

im Glauben an die Drei- heit,

im Bekenntnis der Einheit des Wel - ten- schöp - fers.

2. Ich erhebe mich heute kraft der Geburt Christi und Seiner Taufe,
   kraft Seiner Kreuzigung und Grablegung,
   kraft Seiner Auferstehung und Himmelfahrt,
   kraft Seiner Wiederkunft zum Jüngsten Gericht.

3. Ich erhebe mich heute inmitten der Kräfte des Himmels und der Erde,
   im Licht der Sonne und im Glanz des Mondes;
   im Leuchten der Feuersglut und im Sprühen der Blitze,
   im Brausen der Stürme und im Fluten der Meere!

4. Ich weihe mich heute Gottes mächtiger Führung und wachendem Auge,
   Gottes lauschendem Ohr und Gottes schützenden Händen,
   Gottes fürsprechendem Wort und Gottes leitender Weisheit,
   Gottes offenen Wegen und Gottes bergendem Schild.

5. Er schütze mich heute vor jeder erbarmungslosen und grausamen Gewalt,
   die meine Seele oder meinen Leib bedroht.
   Er schütze mich heute vor den Einflüsterungen falscher Propheten.
   Christus sei die Kraft, Christus sei mein Friede.

6. Christus sei mit mir und Christus sei in mir,
   Christus sei vor mir und Christus sei hinter mir,
   Christus sei unter mir und Christus sei über mir,
   Christus zur Rechten und Christus zur Linken.

7. Christus sei, wo ich liege, und Christus sei, <u>wo</u> ich stehe,
   Christus sei, wo ich sitze, und Christus sei, <u>wo</u> ich gehe,
   Christus in der Tiefe und Christus <u>in</u> der Höhe,
   Christus <u>in</u> der Weite.

8. Er sei im Munde eines jeden, <u>der</u> von mir spricht,
   Er sei im Auge eines jeden, <u>der</u> auf mich sieht,
   Er sei im Ohr eines jeden, <u>der</u> auf mich hört,
   Christus mein Herr, Christus <u>mein</u> Erlöser!

9. Ich erhebe mich heute in ge<u>wal</u>tiger Kraft,
   in Anrufung der heiligsten <u>Drei</u>faltigkeit,
   im Glauben <u>an</u> die Dreiheit,
   im Bekenntnis der Einheit des <u>Welt</u>enschöpfers.

Die Seligpreisungen

1. Selig sind die Ar<u>men</u> im Geiste,
   denn ihrer ist <u>das</u> Himmelreich.
   Selig sind, <u>die</u> da trauern,
   denn sie sollen ge<u>trös</u>tet werden.

2. Selig sind die <u>Ge</u>waltlosen,
   denn ihnen wird das <u>Land</u> gehören.
   Selig sind die, die hungern und dürsten nach <u>Ge</u>rechtigkeit,
   denn sie sollen ge<u>sät</u>tigt werden.

3. Selig sind die <u>Barm</u>herzigen,
   denn sie werden Er<u>bar</u>men finden.
   Selig sind, die da rei<u>nen</u> Herzens sind,
   denn sie werden <u>Gott</u> anschauen.

4. Selig sind, die da <u>Frie</u>den stiften,
   denn Söhne Gottes wird <u>man</u> sie nennen.
   Selig sind, die Verfolgung leiden für die <u>Ge</u>rechtigkeit,
   denn ihrer ist <u>das</u> Himmelreich.

5. Selig seid ihr, wenn sie euch schmähn <u>und</u> verfolgen,
   den guten Namen euch rauben um <u>mei</u>netwillen.
   Freuet euch, ja ju<u>belt</u> vor Freude,
   denn euer Lohn ist <u>groß</u> im Himmel.

   (Melodie wie S. 65)

Paulinischer Christuspsalm

1. Gepriesen sei der Herr, der <u>Gott</u> Israels,
   denn er hat sein Volk besucht und ihm Erlö<u>sung</u> geschaffen.
   Er hat uns der Macht der Finster<u>nis</u> entrissen
   und in das Reich seines geliebten <u>Soh</u>nes versetzt. (Kol 1,13)

2. Denn Gott, der da sprach: „Aus Finster<u>nis</u> werde Licht!"
   Er hat auch in unserem Herzen sein Licht auf<u>ge</u>hen lassen,
   daß wir seine Herrlich<u>keit</u> erkennen
   auf dem Antlitz <u>Je</u>su Christi. (2 Kor 4,6)

3. So fangen wir nun wie in einem of<u>fen</u>en Spiegel
   die Herrlichkeit des <u>Herrn</u> in uns auf
   und werden in dieses <u>Bild</u> verwandelt
   von Herrlichkeit zu Herrlichkeit <u>durch</u> seinen Geist. (2 Kor 3,18)

4. So lebe ich nun – doch nicht <u>mehr</u> ich lebe,
   sondern Chris<u>tus</u> lebt in mir –
   er, der mich <u>so</u> sehr geliebt
   und sich für mich dahin<u>ge</u>geben hat. (Gal 2,20)

5. O herzliches Erbarmen un<u>se</u>res Gottes:
   laß aufstrahlen über uns das leuchtende Licht <u>aus</u> der Höhe –
   alle zu erleuchten, die in Finsternis und Todes<u>schat</u>ten sitzen,
   und lenke unsere Schritte auf den <u>Weg</u> des Friedens. (Lk 1,78)

(Melodie wie S. 65)

Christus und die Weltreligionen

Zur Bildbetrachtung: Aus einem Papier ein Oval ausschneiden, das so groß ist, daß es die Figur Christi auf der Folie zudeckt, und darauflegen. Betrachten wir nun das Bild von der Verklärung, so sehen wir den Himmelskosmos, die Geistwolke und die Berge, die Propheten und die Jünger in ihrer Gebetshaltung – nur Christus selbst sehen wir nicht.

Stellen wir gedanklich die Ikone in den Großraum der Weltreligionen und betrachten wir ihre Figuren und Symbole als Bilder für jene Weltreligionen, die Christus nie kannten, nicht kennen oder nicht anerkennen: Welche Bildbetrachtung ist nun (aber durchaus vom Standort des christlichen Glaubens aus) möglich? Für uns bleibt die Glaubenstatsache, daß Christus das Alpha und das Omega der ganzen Schöpfung ist, also ihr Grund und ihr Ziel, wenn er auch als solcher nicht erkannt und geschaut wird. Für die Nichtchristen tritt an die Stelle Christi der dunkle Hintergrund des Mysteriums, den jede Weltreligion anders interpretieren wird.

Die Gipfel der Berge galten und gelten den Naturreligionen (aber auch einem Abraham) als Berührungspunkte zwischen Himmel und Erde, als ein Ort, an dem der Mensch den Göttern näher ist.

„Dies ist die Einsiedelei,
Schloß der Erleuchtung genannt.
Oben türmte sich der hohe und
weiße Gletscherberg machtvoller Götter,
unten finde ich zahlreiche
gläubige Spender von Gaben.
Im Rücken verhüllt ein weißseidener
Vorhang den Berg."   *(Altes Tibet)*

Die Berge ragen.
Im Sturm von den Höhen her,
der mit wirbelnden
Blüten den Mond verschleiert,
graut am Himmel der Morgen.   *(Japan, 12. Jh.)*

Petrus wird zur Symbolgestalt für alle Menschen und Religionen, die zum Himmel aufschauen und für die der Himmel zum Gleichnis für die Götter, für das göttliche Geheimnis wird. Die Assyrer verehrten die Gestirne als ihre Götter, die Ägypter vor allem die Sonne; die Griechen und die Hindus sehen in den Sternbildern die Figuren jener Mythen und Götter, an die sie glauben. In der chinesischen Religion ist das Wort „Himmel" ein Gleichnis für das Wort „Gott". Aber auch in unserer abendländischen Lyrik leuchtet uns im Himmel und seinen Gestirnen das ewige Geheimnis entgegen.

Das Wort „Zeus patér" geht auf die indische Wurzel „diaus pitar" zurück, d.h. „Licht – Vater" und ist auch in „Ju-piter" aufgenommen. Wenn in Indien, Ägypten, Griechenland und Rom die Sonne als Lichtsymbol eines Vatergottes, von dem alles Leben stammt, verehrt wird, dann dürfen wir annehmen, daß sich Gott selbst in diesem Symbol den Menschen offenbart, so daß diese zu Recht zu „ihm" hinaufschauen und (wie auf der Ikone Petrus) ihn anrufen:

Du erstrahlst so schön im Lichtberg des Himmels,
Du lebendige Sonne, die zuerst zu leben anfing.
Du leuchtest auf im östlichen Horizont
Und erfüllst alle Lande mit deiner Schönheit.
Du bist schön und gewaltig, glänzend und hoch über allen Landen.
Deine Strahlen umarmen die Länder bis zum letzten Ende deiner Schöpfung.
Du bist fern, und doch sind deine Strahlen auf der Erde.
Du bist im Angesicht der Menschen, und doch kann man deinen Weg nicht sehen.

Gehst du zur Rüste am westlichen Horizont,
So ist die Welt in Finsternis wie im Tode.
Die Welt liegt in Stille, denn der sie schuf, ist zur Ruhe gegangen.
Im Morgengrauen leuchtest du wieder auf und glänzest aufs neue als Sonne am Tage.
Es weicht die Finsternis, sobald du deine Strahlen spendest.
(Pharao Echnaton, Ägypten 1370 – 1352 v. Chr.)

Und Joseph von Eichendorff, 1788 – 1857:

> Es war, als hätt der Himmel
> Die Erde still geküßt,
> Daß sie im Blütenschimmer
> Von ihm nun träumen müßt.
>
> Die Luft ging durch die Felder,
> Die Ähren wogten sacht,
> Es rauschten leis die Wälder,
> So sternklar war die Nacht.
>
> Und meine Seele spannte
> Weit ihre Flügel aus,
> Flog durch die stillen Lande,
> Als flöge sie nach Haus.

Johannes, der Mystiker, ist eine Symbolfigur für den Weg der Religionen nach innen. Bei Buddha und bei Laotse ist festzustellen, daß die unendliche Vielfalt des Polytheismus Indiens und die Naturmagie des altchinesischen Schamanismus durch das Feuer der Religionskritik, durch die Religionsphilosophie hindurchgegangen sind.

Buddha verlegt den Begegnungsort mit dem Geheimnis von „außen" nach „innen", von den Natursymbolen und Göttern in die Leere des Herzens. Dieser Weg der Inwendigkeit, der Abkehr von Symbolen, Göttern und Begriffen wird von der Mystik aller Religionen beschritten. Wie vielfältig ihre Wege auch seien, sie münden alle in die dunkle „Wolke des Nichtwissens".

> Könnten wir weisen den Weg,
> Es wäre kein ewiger Weg.
> Könnten wir nennen den Namen,
> Es wäre kein ewiger Name.
>
> Was ohne Namen,
> Ist Anfang von Himmel und Erde;
> Was Namen hat,
> Ist Mutter den zehntausend Wesen.
>
> Wahrlich;
> Wer ewig ohne Begehren,
> Wird das Geheimste schaun;
> Wer ewig hat Begehren,
> Erblickt nur seinen Saum.
>
> Diese beiden sind eins und gleich.
> Hervorgetreten, sind ihre Namen verschieden.
> Ihre Vereinigung nennen wir mystisch.
> Mystisch und abermals mystisch:
> Die Pforte zu jedwedem Geheimnis.   *(Lao-Tse, China, 6. Jh.v.Chr.)*

Jakobus wendet dem dunklen Mysterium seinen Rücken zu und ist wie auf dem Sprung zur Tat, zu der ihn die „Gotteswiderfahrnis" antreibt. Er symbolisiert in sich die prophetischen Religionen, die es zur Tat der Verkündigung oder Nächstenliebe treibt wie: Mose und das Judentum, Mohammed (in Elia symbolisiert?) und das Christentum, das sich auf Jesus beruft. Es wird auch viele Menschen geben, die sich selbst nur für Humanisten oder Agnostiker halten in der Meinung, sie hätten mit einem Gott nichts zu tun; dennoch kann ihr Wirken so im Willen und in der Kraft Gottes geschehen, daß sie so etwas wie „anonyme Gläubige" sind, von denen Christus auch im Weltgericht sagt, sie hätten ihn nicht gekannt und ihm doch Gutes getan.

> Du bist der Herr, ich der Diener;
> du bist es, der besitzt, ich, den du besitzest.
> Du bist der Hochmächtige, und ich bin niedrig;
> du bist der Reiche, und ich bin arm;
> du bist der Lebendige, und ich bin tot;
> du bist der Ewige und ich vergänglich;
> du bist der Wohltäter und ich der Übeltäter;
> du bist der Vergebende und ich der Sünder;
> du bist der Barmherzige und ich der Irrende;
> du bist der Schöpfer und ich das Geschöpf.
> *(Ali ibn Abi Talib)*

Die Religionen der Schöpfung

Die Kirchenväter der ersten Jahrhunderte haben in dem Bund, den Gott mit Noah und seinen Söhnen geschlossen hat (Gen 9, 8-17), den Grund und die Begründung für die Religionen gesehen, die es in der Welt unter den Völkern gibt. Es ist ein wirklicher Bund Gottes mit allen Menschen und der außermenschlichen Natur, der ihren Bestand garantiert und im Regenbogen das Zeichen der Beständigkeit dieses Gottesbildes, dieser Selbstverpflichtung Gottes vor Augen stellt. Die Religionen außerhalb des Bundes Gottes mit Abraham und Christus und vor ihm dürfen also nicht abgewertet werden, weil sie ebenfalls einem Gottesbund entspringen und dadurch auch Wege zu Gott hin sind.

Dieselben Kirchenväter bekennen, daß in Christus jenes Schöpfungswort Gottes menschliche Gestalt und Geschichte angenommen hat, durch das alles erschaffen ist. Wer immer auch Christus begegnet, dieser ist ihm schon zuvor entgegengekommen als das Wort göttlicher Liebe, als wirkliches Leben und jenes Licht, das in der Welt strahlt, um tatsächlich jeden Menschen zu erleuchten (Joh 1,9). Freilich sagt der Johannesprolog, daß die Finsternis das Licht nicht ergriffen hat, nicht ergreifen will oder kann. So werden auch alle Religionen der Schöpfung eine Mischung von Licht und Finsternis bleiben. Das soll die Menschen aber nicht hindern, den Spuren des Lichtes zu folgen, die auch in ihrer Religion vorhanden sind. Die Kirchenväter wieder sagen, die Samenkörner des Heiligen Geistes (spermata pneumatika) seien durch den Logos, durch das Schöpfungswort in alle Völker und Religionen verstreut.

Die Skizze stellt ein Quadrat dar, das archetypisch die allumfassende Schöpfung darstellt: geordnet (Kosmos), aber endlich und begrenzt.

In der Mitte des Weltquadrates befindet sich das Zeichen für die Endlosigkeit: der gestrichelte Kreis. Er stellt den Schöpfungslogos dar, der die geheime Mitte der Welt ist, die Sonne des Heiles, und der die Schöpfung trägt. Die Kreise an den Ecken symbolisieren die Religionen als die Übergänge von der Welt zu Gott, von den „Ecken" zum göttlichen Kreis. Die gestrichelten Kreise der verschiedenen Religionen meinen diese spermata pneumatika, jene Samenkörner des Logos, die auch in ihnen wirken.

Im Kreis links oben sind alle Naturreligionen zusammengefaßt, in dem rechts oben alle polytheistischen Religionen, deren Götterbilder auch als symbolische Entfaltung des Ur-Einen betrachtet werden dürfen. Die Kreise unten stellen die durch Religionskritik vergeistigten und verinnerlichten Religionsgestalten dar, die mehr mystisch-wortlos als bildhaft-narrativ sein wollen. Man kann sich die Übergänge von Kreis zu Kreis sehr fließend denken, was der Wirklichkeit des Lebens entspricht.

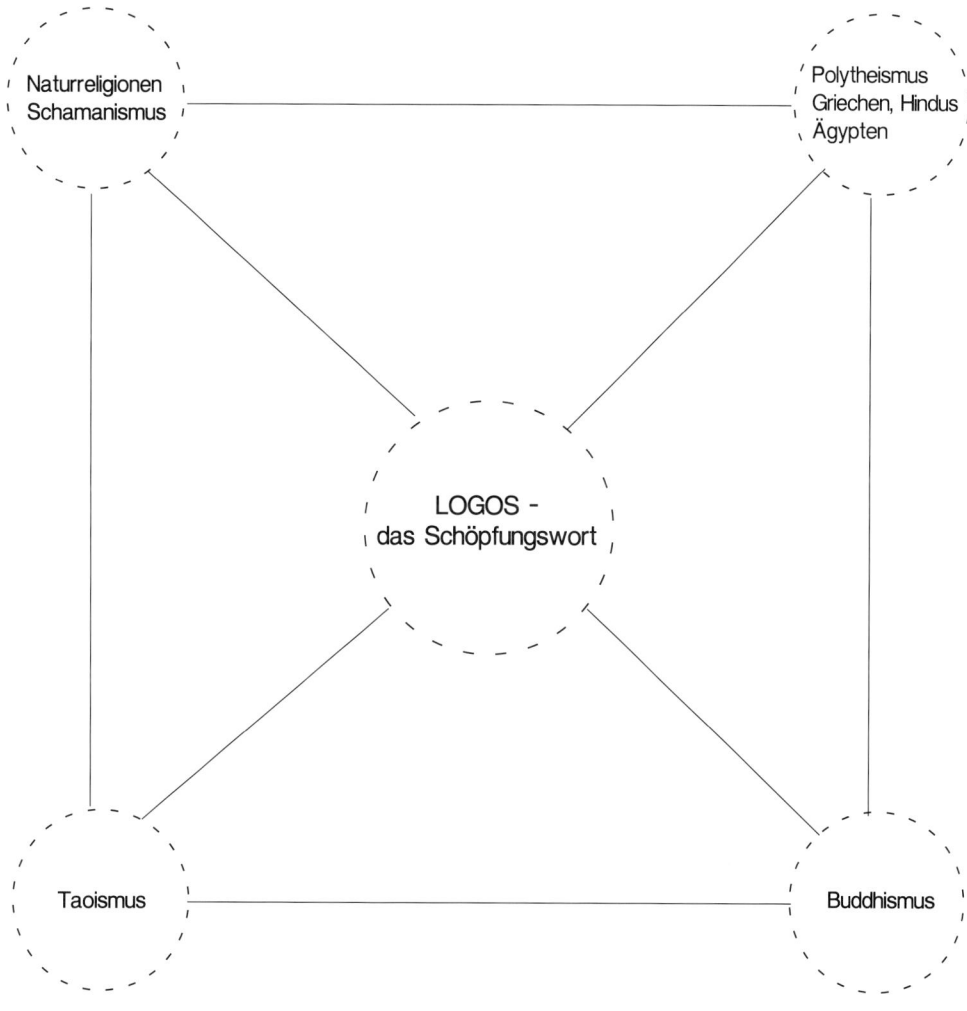

Die prophetischen Religionen

Die Urgeschichte von Adam und Noah will weniger eine Zeit *vor* der Abrahamsgeschichte sein als vielmehr deren ständiger Hintergrund. Die Bibel will sagen: So kommen die Menschen immer aus Gottes Hand, so wenden sie sich von ihm ab und ihrem Unglück zu. Er aber hält allen Menschen aller Zeiten und Zonen wie Noah die Treue. Aus diesem Völkerhorizont ruft er Leute wie Abraham, um mit ihnen einen neuen Weg einzuschlagen. „Abraham", als Kollektivperson verstanden, meint das Volk und die Religion des Ersten Testaments, denen sich Gott innerhalb der Geschichte zuwendet und zu erkennen gibt. Er gibt ihnen auch *für* die Geschichte einen Auftrag und eine Verheißung. Als „von oben" kommend steht zunächst für diese Religion das Dreieck, in dem sich Gott von der Spitze her der „Basis" der menschlichen Welt zuwendet, so sehr, daß er selber in Christus Mensch wird.

An der Spitze des Dreiecks symbolisiert der Kreis den Abrahamsbund, die Religion des Judentums und die bleibende Bedeutung des Ersten Testaments. Der Kreis rechts unten (oder außen) stellt die geschichtlich greifbare Menschwerdung des Offenbarungsgottes in Jesus dar und mit ihm die Religion der Christen, ganz an der Basis menschlicher Wirklichkeit („Basisgemeinde").

Der Kreis links außen stellt als dritte prophetische Religion, die auf den Bund Abrahams zurückgeht, den Islam dar. Die Muslime glauben, daß Gottes Wort als *Buch* (Koran) in die Geschichte eingegangen ist. Die drei monotheistischen Weltreligionen sind alle „Abrahamskinder".

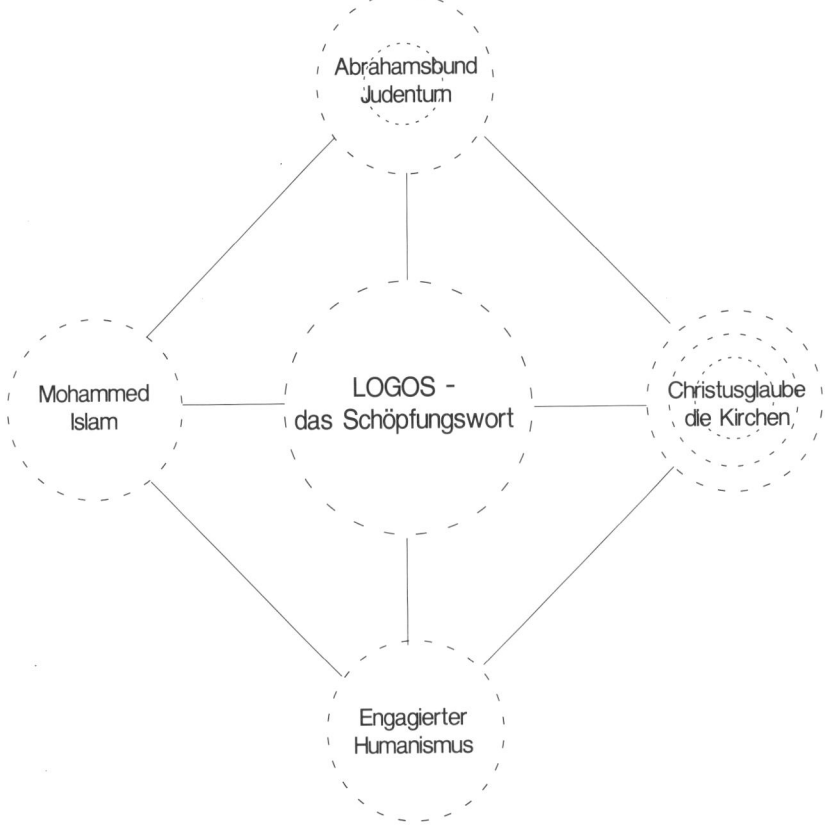

In der Mitte des auf der Spitze stehenden Quadrates ist als Bild für den unendlichen Schöpfungslogos der gestrichelte Kreis, denn durch das Wort Gottes ist alle Welt und damit auch jede Religion getragen.

Der Christuskreis enthält den gestrichelten Kreis mehrmals.

Das will andeuten, daß der Logos Gottes in diesem Menschen absolut gegenwärtig ist. In Jesus hat sich Gott so vorbehaltlos ausgesprochen, wie er in sich selber ist. Der Christusglaube besteht darin, daß er bekennt: Jesus, der Mann aus dem Volk Abrahams, und der Logos, die Selbstübereignung Gottes, sind hier identisch (was die Muslime nicht nachvollziehen können).

Klappt man das Dreieck von oben auch nach unten, so entsteht ein Quadrat, das auf der Spitze steht und dessen untere Spitze von der obigen am weitesten entfernt scheint. Der Kreis dort unten symbolisiert die Menschen, die an keinen Gott glauben können oder wollen, zu denen aber Christus auch „hinabgestiegen" ist. Sind sie auch ohne Religion, so wird der Weltenrichter sie doch in sein Reich einlassen, weil alles, was sie den Geringsten getan haben (guter Humanismus) Gott gilt.

Die Religionen der Welt

Werden beide Skizzen ineinander und übereinander gefügt, das liegende Quadrat der Schöpfungsreligionen und das auf der Spitze stehende Quadrat der prophetischen Religionen, so entsteht ein Oktogon (Achteck),das seinerseits wieder ein archetypisches Symbol für ganzheitliche Fülle ist. Die Religionen werden hier in ihrer Erscheinungsform auf geschichtlicher Ebene betrachtet, auf der sie ja tatsächlich nebeneinander und ineinander verzahnt auftreten und gelebt werden. Ihr Nebeneinander, das ihnen die Skizze zuteilt, mag dem Betrachter sinnvoll und nicht zufällig erscheinen:

a) Vom Monotheismus der Spitze geht eine gewisse Bewegung nach rechts: vom Judentum zu einem Hinduismus, dessen viele Götternamen als „unendliche" Symbolfülle des Ewigen verstanden werden können;

b) vom Hinduismus, für den die Inkarnation der Götter in Menschengestalt kein Problem ist, zum Christentum, das die Menschwerdung Gottes bekennt;

c) vom Christentum über Buddha geht zum Humanismus eine Bewegung, die Gott nicht mehr erkennt, aber dem Menschen viel Würde zuschreibt;

d) vom Monotheismus des Judentums geht nach links eine Bewegung über den einen „Großen Geist" der Naturreligionen zum strengen Transzendenzglauben des Islam, aber auch zum Sinnglauben des Tao in der Welt, der dem Logosgedanken des Johannesprologs am nächsten kommt.

Durch die Betrachtung der Kreise und ihres Zueinander lassen sich viele religionsgeschichtliche Vergleiche anstellen.

Der gestrichelte Kreis in der Mitte und bei den einzelnen Religionen betrachtet vom Standort des Christusglaubens aus den Schöpfungslogos Gottes als Grund und Ziel jeder innerweltlichen Religion. Diese Aussage ist eine Glaubensaussage der Christen, die die Samenkörner des Pneumas Christi in allen Religionen annehmen dürfen. Als menschgewordener Logos wird Christus von seinen Gläubigen darum auch als der *kosmische Christus* angerufen. So dürfen wir auf der Ikone der Verklärung Christus wieder sichtbar machen und in den Jüngern die Vielfalt der Religionen symbolisiert sehen, die ihren Herrn anbeten, auch wenn sie ihn noch nicht kennen.

Die verborgene Gegenwart des Logos-Christus in jeder Religion wird durch den kleinen strichlierten Kreis innerhalb eines jeden Religionskreises ausgedrückt.

Im Kreise des Christentums ist die Gegenwart des Logos durch drei strichlierte Kreise bezeichnet, die den Glauben an die volle Menschwerdung des Logos bekunden, zwei strichlierte Kreise im Judentum deuten auf die Vorbereitung der Menschwerdung hin.

Zeichenübung: Übertrage die folgende Skizze auf ein großes Blatt und bemale sie mit Farben und Symbolen, die jeder Religion entsprechen. Zeichne die Verbindungslinien vom Logos-kreis zu den Religionen zuletzt (hier noch weglassen), aber wie ein Gebet. Gib deinem Gemälde einen Ausdruck, der ganz deiner persönlichen Empfindung entspricht! Vergleicht und besprecht eure Blätter!

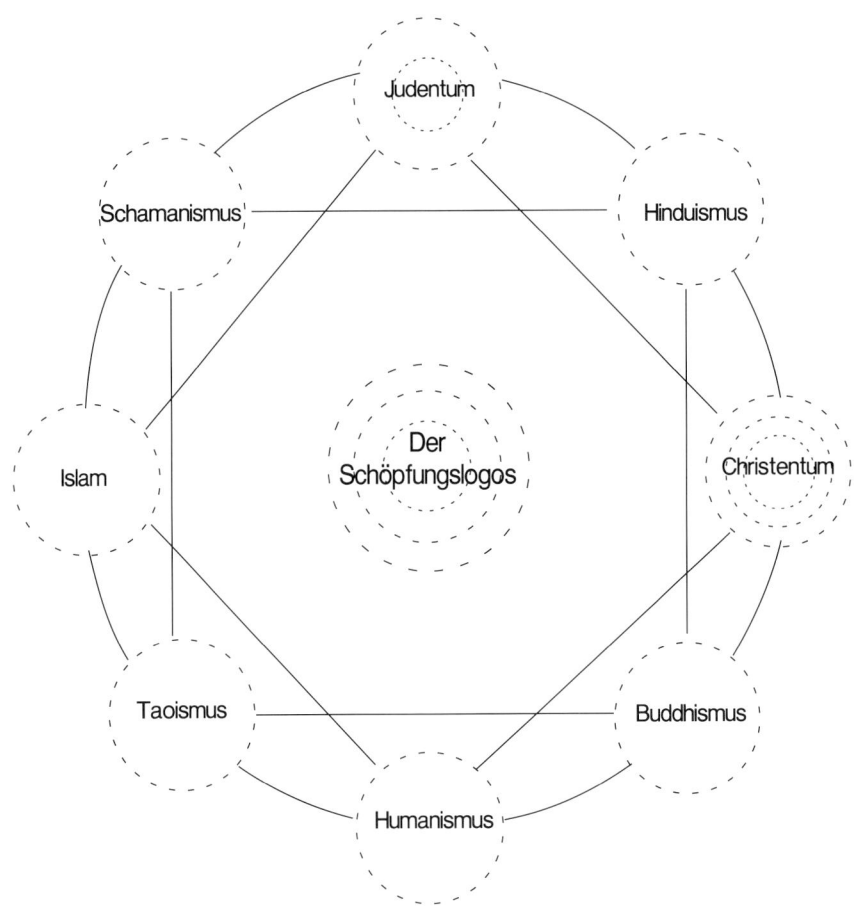

Der Hymnus vom Wort

Die Strophen werden von einem Vorsänger nach der Melodie S. 65 deutlich vernehmbar vorgesungen, die Gruppe singt zwischen den Strophen eine der dort angegebenen Antiphonen.

1. Im Anfang war Er, das Wort,
   und Er, das Wort, war bei Gott,
   und Er, das Wort, war selber Gott;
   schon im Anfang war Er bei Gott.

2. Durch Ihn, das Wort, ist alles geworden,
   und ohne Ihn ward nichts vom Gewordenen.
   Ihn Ihm war das Leben,
   und das Leben war das Licht der Menschen.

3. Und Er, das wahre Licht, das jeden Menschen erleuchtet,
   ist in die Welt gekommen.
   Und das Licht leuchtet in der Finsternis,
   aber die Finsternis hat es nicht ergriffen.

4. Er kam in sein Eigentum,
   aber die Seinen nahmen Ihn nicht auf.
   Allen aber, die Ihn aufnahmen,
   gab Er Macht, Kinder Gottes zu werden.

5. Und Er, das Wort, ist Fleisch geworden
   und hat unter uns gewohnt.
   Und wir haben seine Herrlichkeit gesehn,
   die Herrlichkeit des einzigen Sohnes vom Vater.

6. Keiner hat Gott je geschaut,
   doch Er, der am Herzen des Vaters ruht, hat Kunde gebracht.
   Und aus seiner Fülle haben wir alle empfangen:
   Gnade über Gnade.

Phantasiereise: Der Besuch der Waldkapelle

Bei jedem der folgenden Kapitel wird eine sogenannte „Phantasiereise" angeboten, die dem Inhalt nach im Zusammenhang mit dem biblischen Thema steht. Vom Vorgang her führt eine Einstimmung wie beim Autogenen Training oder bei Meditationsübungen so zur Entspannung, daß aus dem Grunde der Phantasie Bilder aufsteigen. Was hier aus dem Bilderreich der Seele aufsteigt, gibt dem Schauenden sicher Auskunft über die Befindlichkeit seiner Seele hinsichtlich der gerufenen Thematik; darum sind diese Phantasiereisen am Vorabend einer Schwerpunktarbeit sehr fündig und hilfreich. Die Bilder geben dem Schauenden aber auch Hinweise darüber, was die biblische Thematik in ihm auslöst. Die kommenden Anleitungen können für jede Phantasiereise verwendet werden und umfassen drei Bereiche: a) die Einstimmung, b) das Aufsteigen der Bilder, c) die Nachbereitung und Aufarbeitung.

a) Die Einstimmung zur Phantasiereise

Man kann für die Phantasiereise wenigstens drei Situationen und darum auch drei Körperhaltungen ins Auge fassen: In der Schule können Kinder ihren rechten Arm auf die Bank oder den Tisch legen und darauf ihren Kopf betten. In der Kirche, bei einem Vortrag oder in einem Sitzkreis lehnt sich der Teilnehmer an die Sessellehne, hat die Sohlen breit am Boden und spürt am Sessel sein „abgelagertes" Gewicht. In einer Meditations- oder Selbsterfahrungsgruppe liegen die Teilnehmer in einem abgedunkelten Raum kreisförmig am Boden auf dem Rücken mit den Füßen nach außen, sie berühren aber einander nicht. Der Leiter spricht mit ruhiger Stimme und gibt nach jeder Anweisung etwas Zeit, eine Pause, die immer länger dauert.

Stell dir vor, du liegst auf einer Sommerwiese oder im heißen Sand am Meer... du spürst, wie deine Fersen den Sand berühren und sich in ihn eingraben...auch deine Gesäßbacken mulden sich in den Boden ein... deine Schultern liegen breit und weich da... es ist, als würde von deinen Schultern ein Gewicht herunterrollen... die Arme entlang... und sich im Schoß sammeln... das Zentrum deiner Bauchdecke wird ganz warm... und deine Arme liegen schwer und warm neben deinem Leib (oder: in deinem Schoß, oder: auf dem Tisch)... dein Atem steigt und fällt, steigt und fällt wie ein Springbrunnen... nur über deine Stirn huscht ein kühler Hauch... deine Gedanken kommen und gehen wie die Wolken... alles darf kommen, alles wird auch wieder gehen... (jeder Satz der Anweisung kann sogleich ein- oder mehrmals wiederholt werden).

b) Das Aufsteigen der Bilder

Das Wecken der Bilder hängt von der angegebenen Thematik ab und ist von Thema zu Thema verschieden. Hier schaltet der Lehrer leise Meditationsmusik ein, die dem Stil der jeweiligen Gruppe entspricht.
Wir werden jetzt eine Kapelle besuchen, die auf einer Lichtung tief im Walde liegt... Wir gehen durch eine Sommerwiese... Wir spüren den Duft von Blüten oder von Heu... Der Weg mündet in den Wald... Er führt auf moosigem Grund unter hohen Bäumen hin... Wir spüren die Kühle des Waldes,... den harzigen Duft der Bäume... Der Weg führt uns auf eine Waldlichtung... Wir sehen vor uns eine kleine, alte Waldkapelle... Du gehst an die Kapelle heran und suchst die Tür... Die Schwelle ist vielleicht ausgetreten,... die Tür von altem Holz,... mit dicken Eisenbeschlägen... Vielleicht läßt sich die Tür nur mühsam öffnen... Du spürst die Kühle des Kirchenraumes... Du trittst ein... Das Licht ist dämmerig... Sonnenstrahlen dringen durch Fensterscheiben... Du gewöhnst dich an die Dämmerung und schaust dich um... Vielleicht entdeckst du an den Wänden schöne Bilder,... alte Fresken mit Motiven aus dem Alten und Neuen Testament... Du staunst, was du alles entdeckst:... ein Altarbild,... eine Heiligenfigur... An welchem Platz in der Kapelle magst du dich niederlassen?... Was umgibt dich da alles?... Wie riecht der Raum?... Wie fühlen sich Stein oder Holz an?... Was hörst du durch die Tür vom Wald draußen?... Atme die Atmosphäre tief in dich hinein... Genieße sie........

c) Die Aufarbeitung

Die Teilnehmer sind aus ihrer Versunkenheit behutsam herauszuholen. Ihnen ist ein Weg vorzuschlagen, der dem geschauten Bild entspricht:
... Du wirst jetzt aufstehen... Du schaust dich noch einmal in der Kapelle um... Du wendest dich der Tür zu... Du schreitest über ein paar Stufen ins Freie... Du – bist – jetzt – da!
Schluckt kräftig, reibt euch die Hände wie bei einer Waschbewegung, gähnt tief, blinzelt mit den Augen, schaut zueinander!... (Es kann auch gut sein: Ballt eure Hände zu Fäusten und schlagt damit sechsmal auf den Bizeps: eins, zwei, drei...)
Entsprechend der Situation kann auch die Aufarbeitung verschieden sein: eine Zeichnung des geschauten Bildes (der Bilder); oder eine Mitteilung in die Gruppe hinein; oder ihr wendet euch je zu zweit einander zu und sprecht über das Erlebnis.
Mit der phantasierten Waldkapelle und ihren Bildern steigt jedem jene religiöse Bilderwelt auf, von der seine Religiosität momentan lebt.

Mein Gottesbild

Eigentlich soll man weniger von einem Gottes*bild* als vielmehr von den *Wirkungen* all dessen sprechen, was sich in unserer religiösen Sozialisation unter der „Vorstellung", dem „Vorwand" von Gottes*eindrücken* in uns angesammelt hat. In diese wirkende „Ansammlung" sind Impulse von Eltern (die ja für das Kleinkind „Götter" sind) genauso eingegangen wie das religiöse Brauchtum oder die direkte religiöse Unterweisung, also die „Wirkung" des Religiösen auf uns. Die folgende Zeichnung (S. 78) soll dazu dienen, Lebenssituationen zu orten und uns in Erinnerung zu rufen, um von ihnen her eine „Witterung" von Gott aufzunehmen, besser von dem, was wir für „Gott" halten. Das nachsinnende Gespräch in der Gruppe über unsere Zeichnung kann uns in vielem „die Augen öffnen".

Zeichnung zur Gotteserfahrung

Teilt ein großes Blatt mit Strichen in vier Felder und zeichnet in der Mitte, wo sich die Linien kreuzen, einen großen Kreis. In das erste eckige Feld links oben malt ihr aus tiefer Erinnerung heraus eine Einzelsituation oder eine Atmosphäre zum Thema: Meine Suche nach Gott, meine Lebensorientierungen. In das Feld rechts oben: Begegnungen im Leben, Erfahrungen von Gnade. In das dritte Feld rechts unten: Schicksalsschläge und Fügungen. Links unten: unverzeihliche Dummheiten oder Schuld von mir. Wenn ihr die Eckfelder ausgemalt habt, schaut ihr auf die vier Teile des Kreises und setzt dem Eckthema aus eurem Leben jeweils ein entsprechendes Ereignis aus der Bibel oder ein religiöses Symbol so gegenüber, daß es wie eine Antwort oder eine Reaktion auf eure Lebensgeschichte erscheint. Welche Rolle spielt das, was wir „Gott" nennen oder damit meinen, in deinem Leben? Was sagt da dir oder den anderen deine Zeichnung?
Mir fällt auf... wenn ich länger hinschaue, dann... meine Augen zieht es dahin... ich frage mich... wenn ich das erlebt hätte... mir fällt dazu ein...(der Gruppenleiter gibt immer wieder solche Impulse in die Gruppe hinein). Welche Überschrift würdest du der Zeichnung geben?

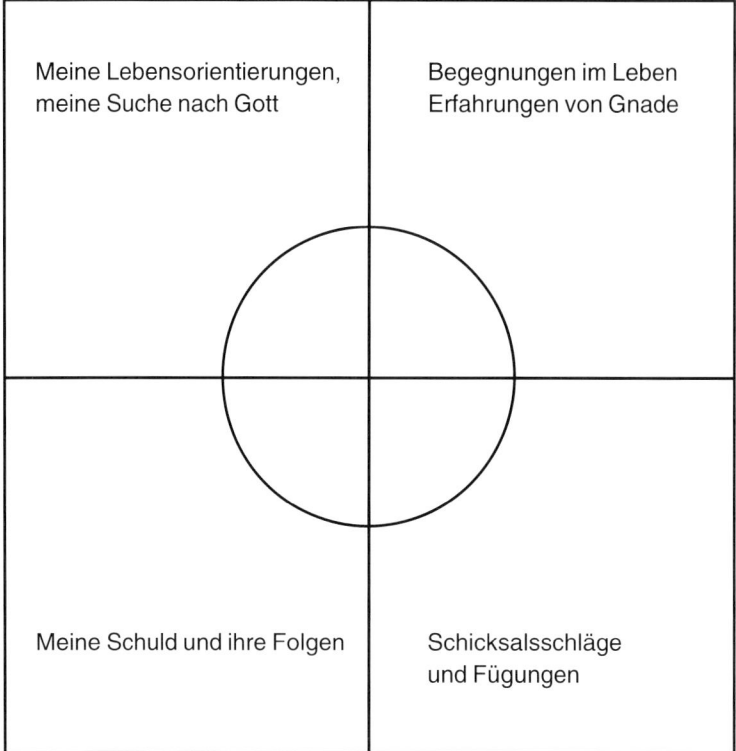

Der Hymnus

Der Hymnus oder Preisgesang auf einen Gott (die Eulogie, Eucharistie oder Berecha) ist die höchste und intensivste Gebetsform, zu der sich eine Religion aufschwingen kann.

Ein Hymnus ist kein Klage- oder Bittgebet, in dem ein Mensch von sich und seiner Not ausgeht und sich hilfesuchend an Gott wendet, denn im Hymnus geht der Mensch von Gott aus und besingt, was er von ihm weiß. Der Hymnus ist auch kein Dankgebet, in dem der Beter für die Überwindung seiner Not dankt, denn im Hymnus steht nicht der Mensch, sondern Gott im Mittelpunkt: seine Größe, seine Herrlichkeit und seine Liebe, von denen der Mensch so entflammt und begeistert ist, daß er sie besingen muß. Im Hymnus ist der Mensch wie ein Verliebter, der von der Person seiner Liebe so entzückt ist, daß er gar nicht anders kann, als von ihr zu schwärmen und zu singen. Der Hymnus ist am ehesten mit dem Glaubensbekenntnis zu vergleichen, in dem auch das in den Mittelpunkt rückt, was der Bekennende von seinem Gott weiß und aussagen will. Dabei ist schon die gemeinsame altdeutsche Sprachwurzel von glauben und loben aufschlußreich: lieben – loben – geloben – glauben. Der Liebende lobt und gelobt und ist insofern ein Glaubender.

Das Singen von Hymnen ist das Fließen und der Ausdruck einer *Beziehung:* Weil ich von der Lichtherrlichkeit Gottes mit Wärme, Leben und Liebe überschüttet bin, wende ich mich meinerseits ihm zu. Weil es hier um ein Hin- und Herfluten einer Beziehung geht, ist das *Singen* die am besten entsprechende Gestalt dafür auf religiös-kultischer Ebene. Nicht dieser oder jener Inhalt an Gedanken oder Worten steht im Mittelpunkt, sondern die Tatsache gegenseitiger Zuwendung. Wie eine Knospe, die von der Wärme der Sonne überschüttet wird, gar nicht anders kann, als sich ihr zu öffnen, so wendet der Sänger sein Herz und sein Gesicht der Sonne zu, wie eine Sonnenblume, die dem Weg der Sonne über den Himmel folgt, weil sie nicht von ihr lassen will. Es ist nur zu verständlich, daß das Entzücken der Liebe dann oft auf Worte verzichtet und sich in einem einzigen Laut verströmt, so wie im letzten „a" des Alleluja oder im tibetanischen „om". Der Hymnus ist nicht nur ein Beten, sondern ein An-Beten, nicht nur ein Denken, sondern ein An-Denken, nicht nur ein Reden, sondern ein An-Reden und ein An-Schauen, wobei das Vorwort „An" die Hin-Wendung ausdrückt, eben die Beziehung.

Worüber soll der Hymnensänger aber sprechen, was in Worte fassen? Er wird von dem reden, was sein Herz von seinem Gott erahnt und was sein Gott ihm von sich aus geoffenbart hat; wie er sich ihm zeigt.

Gott offenbart sich den Menschen in den Träumen seiner Sehnsucht, in den Wundern der Natur, in der Führung seines Schicksals und in der Weisheit der Völker genauso wie in der Bilder- und Symbolwelt der Religionen. Sind diese Formen der Offenbarung Gottes wie die „rosenfingrige" Morgenröte, welche die aufgehende Sonne selber von sich aus vorausschickt, so tritt die Selbstmitteilung Gottes in seinem Sohn Jesus als helles Licht in die Geschichte.

Wer an Christus glaubt, erkennt und erschaut in ihm das Angesicht Gottes und ist von ihm entzückt. Der Inhalt der christlichen Hymnen ist demnach das Angesicht Gottes, das er uns in Jesus zuwendet. Wir besingen die Taten Gottes, sein Wirken in der Geschichte, seine greifbar gewordene Gestalt im Menschen Jesus, seine Gesinnung in den Taten seines Christus, seine Wirkung auf uns im Wirken seines Geistes. Die Hymnen sind demnach der Reflex der Offenbarung selbst, ihr Widerschein in den Worten derer, bei denen sie angekommen ist. Wir geben singend Gott das Wort zurück, das wir von ihm empfangen haben. Der Hymnus schmilzt den Inhalt unseres Glaubens in lauteres Loben wie in lauteres Gold ein. Das Eucharistische Hochgebet ist darum das dichteste Wort der Christen, denn es ist „in Wahrheit würdig und recht", Gott zu besingen und ihn für alles zu preisen, was er an uns getan hat.

Der Hymnus ist nicht dem Priester vorbehalten. Paulus nimmt im 14. Kapitel des ersten Korintherbriefes, das eine Liturgieordnung darstellt, wie selbstverständlich an, daß dort, wo sich Christen versammeln, ein jeder etwas mitbringt: der eine einen Psalm, der andere einen Hymnus, der dritte eine Offenbarung (14, 26).

Eine Religion ohne Hymnengesänge ist wie eine Taube mit gestutzten Flügeln, wie ein Geliebter, der an seiner Geliebten nichts mehr zu besingen weiß, kein Entzücken mehr an ihr findet. Eine solche Religion wäre ohne Faszination und Anziehungskraft. Verströmt sie sich aber, indem sie sich wie eine Lerche über sich selbst erhebt und jubelnd zu Gott aufsteigt, dann, so sagt Paulus, werden die Ungläubigen betroffen sein, auf ihr Angesicht fallen und bekennen: „Wirklich, in eurer Mitte ist Gott!" (14, 25). Das sich verströmende Gotteslob übt also die größte missionarische Kraft aus, denn es nimmt die Zuhörer schon mit hinein in diese Bewegung auf Gott hin. Das zu Gott zurückflutende Wort trägt uns selbst ihm entgegen.

Ein Religionsunterricht und eine Bibelarbeit mit Wort, Bild und Übungen finden demnach erst dort ihr Ziel, wo sie wie von selbst in Preisliedern ausmünden. Die persönliche Betroffenheit darf nicht bei der Person stehenbleiben, auch nicht im mystischen Schweigen, sondern wird sich (mit dem Logos vereint) mit diesem von Gott ausgehenden Wort wieder zu Gott als zu seinem Ursprung zurückwenden. Wir haben im unerwarteten Frühling des geistlichen Liedes der letzten Jahrzehnte einen Erweis von Geist und Kraft, wie sich Gottes Wort selbst den Weg zum Vater zurückbahnt – unbeschadet, ob das nun immer den ästhetischen Kategorien von Kunst und Kitsch gerecht wird. Was ist vor Gott schon Kunst oder Kitsch? Die stärksten Glaubensepochen der Kirchengeschichte sind durch ihren Reichtum an Hymnen und Liedern erkennbar: die apostolische Zeit mit den herrlichen Hymnenfragmenten in den Briefen und im Johannesevangelium; die zwielichtige Gnosis, als die hellenistischen Religionen Christus zu entdecken begannen; die große Zeit der Kirchenväter und Mönche mit den Hymnen Ephraims und vieler anderer Mönche; das abendländische Mittelalter mit den Sequenzen; das Kirchenlied des Volkes von der Reformationszeit an; die leid- und hoffnungsvollen Spirituals der amerikanischen Negersklaven – und das heutige geistliche Lied der Jugend.

Wir wollen uns dieser Bewegung ganz bewußt anschließen und beenden jedes Kapitel biblischer Betrachtung mit einigen Hymnen, in denen das Geschaute, Gehörte und Empfundene von der anwesenden Gemeinschaft auf Gott zurückgewendet wird. Sie sollen als Höhepunkte der Bibelarbeit gesehen werden, die man natürlich auch durch andere Lieder ersetzen kann, vor allem wenn man mit Schülern oder Jugendgruppen arbeitet. Die herrliche und durchaus anspruchsvolle Liturgie von Taizé kann uns aber ermutigen, nicht zu kurz zu greifen.

Christusikonen singen

Wir beschließen jedes Kapitel mit einem Christushymnus oder auch mit mehreren.
– Diese sind aus den Themen und Metaphern der entsprechenden biblischen Reihe genommen und bilden so ein Stück biblischer Poesie.
– Sie übertragen die Themen und Bilder der Reihen auf Christus, z.B. als den „neuen Adam", „den wahren Paradiesesbaum", den Heiland oder Helfer in Not, das Licht der Welt. So konzentriert sich das universale Heilsgeschehen auf die Person des menschgewordenen Logos, in den alle Wege Gottes mit den Menschen münden.
– Diese Hymnen sind gedacht als Gebete, die man persönlich liest, und mehr noch als Lieder, die man in der Gruppe singt (für Schüler ist ihre Sprache wohl zu abgehoben). Dadurch wird erreicht, daß die biblischen Reihen nicht nur erschlossen und betrachtet werden, sondern in ein Gebet und dadurch in den Dialog mit Christus münden – wodurch die Absicht der Bibel zu ihrem eigentlichen Ziel kommt.
– Die Hymnen haben alle dieselbe Strophenform, darum kann jede angegebene Melodie grundsätzlich mit jedem Text verbunden werden. Wir unterlegen darum der Melodie auch die letzte Strophe, die Doxologie, die in jedem Text gleich ist. Da jede Melodie eine eigene Tonart besitzt, kann sie nur mit Antiphonen verbunden werden, die dieselbe Tonart besitzen – die Antiphonen sind darum bei den zutreffenden Melodien angegeben und müssen zusammen mit diesen mit den anderen Texten verbunden werden.

Ikonen – aus Worten gemalt

Hymnus im 6. Ton (Dur)

Dir, der ist und der ge-we-sen, der auch wie-der-kom-men wird

und der al-les, was da le-bet, aus dem Nichts her-auf-geführt:

Dir die Weis-heit, Macht und Eh-re in die E-wig-keit ge-bührt.

Kehrverse

A4

Ma - ra - na - tha ____. O komm, Herr Je - sus,

und er- bar- me dich un - ser.

A5

Al - le gu - te Ga - be kommt her von

Gott, dem Herrn. Drum dankt ihm, dankt, drum

dankt ihm, dankt und hofft ____ auf ihn!

Dem Licht der Welt

In der Symbolik von Licht und Sonne nennt die 1. Strophe Christus das göttliche Licht und darum auch den Herrn und Tag der Geschichte. Die 2. Strophe besingt die Schöpfungstat als immer noch fortdauernden Sieg des Lichtes über die Finsternis. In der 3. Strophe werden Tod und Auferstehung Jesu als Sonnenuntergang und -aufgang besungen, woran sich dann in der 4. Strophe die Bitte um die Neuschöpfung als Erleuchtung anschließt. Die 5. Strophe besingt die Wiederkehr Christi, welche die Vollendung bei Gott als den Tag ohne Abend bringt.

1. Jauchzen wollen wir und singen,
   Menschensohn dir, unserm Herrn!
   Licht bist du vom ewgen Lichte,
   Abends Glanz und Morgenstern:
   Fürst des Tages, dem die Völker
   huldigen aus nah und fern.

2. Blitzend wie des Schwertes Schneide
   stieß dein Strahl ins Firmament
   und verscheuchte Todes Schatten:
   Glanz, der unvergehend brennt
   und gleich einem hellen Jauchzen
   Finsternis vom Tage trennt!

3. Einmal doch, o hehre Sonne,
   sankest du von deinen Höhn
   in die kalte Nacht des Todes.
   Siegend aber, strahlend schön
   stiegst du wieder auf am Morgen:
   nimmer wirst du untergehn!

4. Der den Sternen du geboten
   und ihr Flammenmeer entfacht;
   der du schuldverschloss'ne Herzen
   huldvoll wieder licht gemacht:
   überschütte auch, o Schönheit,
   Blinde uns mit deiner Pracht!

5. Sei der Tag uns des Frohlockens,
   dem man keinen Abend nennt,
   sei die Sonne sel'gen Heiles,
   die den Untergang nicht kennt:
   und wir werden dich erheben,
   dich lobpreisen ohne End.

6. Dir, der ist und der gewesen,
   der auch wiederkommen wird
   und der alles, was da lebet,
   aus dem Nichts heraufgeführt:
   Dir die Weisheit, Macht und Ehre
   in die Ewigkeit gebührt!

Dem Spender des Geistes

„Pfingsten" wird in diesem Lied ganz im Sinne der Pfingstpredigt des Petrus als die Mitteilung des Geistes Jesu an seine Jünger gesehen. Sein Herz ist die Quelle des Geistes, er ist nach 2 Kor 3,17 der verschwenderische Herr des Geistes; Bilder dafür sind für die Kirchenväter der sich verströmende Duft der Blumen oder die Glut des Feuers. Zum auferstandenen Herrn beten heißt also, von seinem Geisthauch erfaßt werden, der in uns autonom zu wirken beginnt (5. Str.).

1. Jauchzet und frohlockt und singet,
   über allen Himmeln thront
   unser Herr, in dem die Lohe
   lichterfüllten Geistes wohnt!
   Hebet auf zu ihm die Hände:
   er das Lied dem Sänger lohnt.

2. Schönster du, wie eine Lilie
   bist du köstlich aufgeblüht,
   deinen süßen Duft verbreitend.
   Wie ein Feuer, das versprüht,
   willst du deine Glut verschwenden,
   bis auch unser Herz erglüht.

3. Du die Quelle allen Lebens,
   du der Herr des Geistes bist;
   du das Haupt, von dem er nieder
   bis zum Saum des Kleides fließt
   und in unsre müden Herzen
   Hoffnung und Frohlocken gießt.

4. Tränke denn uns mit Erbarmen,
   das aus deinem Herzen quillt
   wie aus unversiegten Brunnen.
   Gib den Geist, der uns erfüllt
   mit dem Wasser der Erquickung
   und den Durst für immer stillt.

5. Sei gepriesen, der uns Lahme
   wie die Lämmer springen heißt
   auf dem Weg von Gottes Willen!
   Löse unsre Zungen, Geist,
   daß ein jeder Gott mit Jauchzen
   und mit Vater-Rufen preist!

6. Dir, der ist und der gewesen,
   der auch wiederkommen wird
   und der alles, was da lebet,
   aus dem Nichts heraufgeführt:
   Dir die Weisheit, Macht und Ehre
   in die Ewigkeit gebührt!

Dem Menschensohn und Richter

Das Lied greift die großartige Vision des Menschensohnes aus dem 1. Kapitel der Johannes-Apokalypse auf. Die weiteren Strophen schildern das Kommen des Gottesreiches nach Apk 14 und den Gleichnissen Jesu als die große Ernte und bitten darum, daß wir reife Früchte dieser Erde werden.

1. Jesu Christe, Sohn des Menschen,
   wie bist du, o strahlend Bild,
   mit der Sonne Glanz umkleidet,
   in des Purpurs Pracht gehüllt!
   Haare trägst du ewgen Alters,
   Feuer deine Augen füllt.

2. Und ein Schwert dir, großer König,
   flammend aus dem Munde dringt.
   Wer bist du, der mit dem Worte
   alle Feinde niederzwingt?
   Dessen Rede wie das Rauschen
   tosender Gewässer klingt?

3. Wer bist du, der gleich dem Blitze
   auf die Erde niederfährt
   und in Flammen sie entzündet?
   Preis der Glut, die uns verklärt;
   Preis dem Zorn, der das Gemächte
   unserer Kümmernis verzehrt!

4. Richten wirst du alle Menschen,
   wägen eines jeden Tat.
   Ernten werden wir die Früchte
   unsrer Erdentage Saat.
   O Erbarmer, laß uns reifen
   zu dem Tage deiner Mahd.

5. Wandle uns zu Korn die Ähre,
   dann erst mag der Schnitter nahn.
   Fülle, Christus, unsre Traube
   mit dem Wein der Gnade an,
   da vor deinem Angesichte
   keiner sonst bestehen kann.

6. Dir, der ist und der gewesen,
   der auch wiederkommen wird
   und der alles, was da lebet,
   aus dem Nichts heraufgeführt:
   Dir die Weisheit, Macht und Ehre
   in die Ewigkeit gebührt!

Dem Hirten der Völker

Christus ist, ob erkannt oder noch nicht erkannt, das geheime Ziel aller Religionen (2. Str.). Er ist die Sinnmitte der Welt (mehr als das Tao), ihm (und nicht Shiwa) gilt der kosmische Tanz, und von ihm (mehr als von Buddha) kommt alle Erleuchtung (1. Str.). Hat er Israel in der Geschichte schon zu seinem Volk gemacht (3. Str.), so bitten wir in den weiteren Strophen, daß er dies allen Völkern gewähre. Wie durch die Weisen aus dem Morgenland soll er von den Völkern als Gott (Weihrauch), als ihr König (Gold) und ihr Erlöser (Myrrhe) erkannt und anerkannt werden.

1. Erstgeborner vor der Schöpfung,
   Herz der Welt voll Sinn und Pracht:
   Dir nur tanzen alle Sterne,
   beugt der Tag sich und die Nacht;
   Weisheit ruht in deinen Händen,
   Licht, das uns erleuchtet macht!

2. Dich ersehnen alle Wesen,
   Gottes Sucher zu dir fliehn.
   Sie, die dich noch nicht erkennen,
   singend vor dein Antlitz ziehn,
   tragen singend deinem Throne
   ihres Lobes Gaben hin.

3. Israel, das Volk der Väter,
   hast du dir heraufgeführt
   aus der Finsternisse Knechtschaft:
   Rufe nun, o großer Hirt,
   alles Volk der Menschenkinder,
   das in weiten Wüsten irrt.

4. Brich entzwei den Bann des Bösen,
   der im Joche niederhält
   das Gebilde deiner Hände.
   Wecke auf die tote Welt,
   führ sie durch des Sternes Strahlen
   vor dein königliches Zelt!

5. Betet an und bringet wieder
   Weihrauch unserm großen Gott.
   Huldigt ihm mit reinem Golde,
   welches man dem König bot.
   Weiht der Myrrhe heilge Gabe
   seinem Grab und seinem Tod!

6. Dir, der ist und der gewesen,
   der auch wiederkommen wird
   und der alles, was da lebet,
   aus dem Nichts heraufgeführt:
   Dir die Weisheit, Macht und Ehre
   in die Ewigkeit gebührt!

5. Adam und Noah – so ist der Mensch

(Bildübersicht S. 50f. Alle im folgenden besprochenen Bildnummern beziehen sich jeweils auf diese Übersichten und damit auch auf die entsprechenden Foliennummern.)

1.Teil

Da formte Gott den Menschen aus Erde
(Gen 2,4b-9 / 5. Bild)

Ich sehe vor mir einen Mann sitzen: Er dürfte ein Handwerker sein, denn seine Arme und Hände sind kräftig, auch trägt er eine einfache, leichte Sommerkleidung. Behutsam hält er in seinen Händen eine Figur – er wird wohl ein Töpfer sein, der nachdenklich und nachsinnend auf das Werk seiner Hände schaut. Ein Töpfer, sein Wirken und sein Werk, wird den biblischen Schriftsteller wohl auch an Gott, an *sein* Wirken, an *sein* Werk erinnert haben: Gott, ein Schöpfergott – ein Töpfer, der gerade dabei ist, den Menschen zu formen.
Du bist also mein Schöpfergott, der mich geformt und getöpfert hat, wie es mir die Bibel sagt: Da formtest du, Gott, mich, den Menschen, aus Erde vom Ackerboden (ein „Erdling" bin ich also). Dann hast du in meine Nase den Lebensatem geblasen. So wurde ich, der Mensch, zu einem lebendigen Wesen. Dann legtest du, Gott, in Eden, im Osten, einen Garten an und setztest mich dort hin, mich, den Menschen, den du geformt hattest. Und du Gott, mein Herr, ließest aus dem Ackerboden allerlei Bäume wachsen, verlockend anzusehen und mit köstlichen Früchten, in der Mitte des Gartens aber den Baum des Lebens. Darum will ich mit dem Psalmisten zu dir beten:

> Du hast mein Inneres geschaffen,
> mich gewoben im Schoß meiner Mutter.
> Ich danke dir, daß du mich so wunderbar gestaltet hast.
> Ich weiß: Staunenswert sind deine Werke.
> Als ich geformt wurde im Dunkeln,
> kunstvoll gewirkt in den Tiefen der Erde,
> waren meine Glieder dir nicht verborgen.
> Deine Augen sahen, wie ich entstand,
> in deinem Buch war schon alles verzeichnet;

meine Tage waren schon gebildet,
als noch keiner von ihnen da war.
Wie schwierig sind für mich, oh Gott, deine Gedanken
wie gewaltig ist ihre Zahl!   *(Ps 139, 13-17)*

Es ist ungewöhnlich, aber wohltuend, sich Gott mit aufgekrempelten Hemdsärmeln als Töpfer vorzustellen, der mich mit seinen starken und warmen Händen formt und mich lebendig macht, indem er mir seinen eigenen Lebensatem in die Nase bläst: Mit seinem Atem lebe ich, mit seinem Atemrhythmus atme ich mit: ein lebendiges Wesen aus seiner Hand!

Mich als Geschöpf Gottes erleben

Schüler malen sich als jene Tonfigur, die aus Gottes Händen kam

Zeichne zuerst den schematischen Umriß eines (nackten) Mannes oder einer (nackten) Frau, die einer Tonfigur ähneln. Bemale die Umrißzeichnung mit nur zwei verschiedenen Farbstiften, wobei du mit diesen Farben ausdrücken kannst, was dir wichtig ist, z.B. auch innere Organe wie das Herz. Male am Ende um die Figur mit einer dritten Farbe einen Kreis oder Hintergrund, der dich daran erinnert, daß du aus Gottes Händen kommst und daß sein Atem dich lebendig macht. Was sagt das Bild dir und anderen darüber, wie du dich als leibhaftiges Geschöpf Gottes erlebst? Was ist kräftig, was schwach, was gesund, was krank?

Sich als Gefäß formen

Als der Prophet Jeremia zusah, wie ein Töpfer auf seiner Töpferscheibe Gefäße formte, wie er den Ton zusammenpreßte und wieder von vorn begann, wenn ihm die Gefäße nicht gleich gelangen, da sagte Gott zum Propheten: Kann ich nicht mit euch verfahren wie dieser Töpfer, Haus Israel? (Jer 18,3-6)
Betrachtet Gefäße wie Geschirr oder Vasen, auch Urnen alter Völker: Fühle dich als ein von Gott geformtes Gefäß, in das er seine Gaben legt und an dem er heute noch formt. Nehmt Plastilin, Knetwachs oder Ton und formt euch bei leiser Musik (mit offenen oder geschlossenen Augen) als „Gefäße aus Gottes Hand". Sprecht über eure Gebilde und darüber, was sie aussagen!

Traumreise: „Die Museumsfigur"

Auch deine innere Phantasie kann dich als Gestalt, die von Gottes Hand gebildet wurde, wahrnehmen. Ihr könnt für diese Meditation sitzen und die Hände in den Schoß legen; den rechten Arm auf die Bank und darauf den Kopf betten oder euch auf dem Rücken liegend auf dem Boden in Gestalt eines Kreises niederlegen, Köpfe nach innen, Füße nach außen. Der Lehrer gibt Anleitungen zur Entspannung der Muskeln, zu langsamer Atmung, zum Vorüberziehen der „Gedankenwolken" und zur Aufmerksamkeit für die Körperwärme... leise Meditationsmusik...
a) Ich führe euch jetzt in ein Museum, es ist Nacht, der Mond scheint durch die Fenster in die Halle. Dort stehen auf Sockeln und Säulen viele Figuren, unter denen auch du bist: aus Stein, Holz oder Bronze..., aus älterer oder neuerer Zeit... ganz erhalten oder beschädigt... nackt oder bekleidet... mit oder ohne Gegenstände... Wie oder wer bist du?

b) Du hörst, wie sich vom Gang her eine Gruppe nähert und die Halle betritt. Eine Führerin schaltet das Licht ein und geht von einer Figur zur anderen, um sie der Gruppe zu erklären. Du wartest gespannt, bis sie zu dir kommt. Was sagt sie über dich? Sie kann dich beschreiben, von deiner Herkunft und deinem Fundort reden, deine Beschädigungen erklären und darüber phantasieren, was (Gott –)der Schöpfer mit dir vor hatte... Wie weit verwirklichst du die Absicht deines Schöpfers? Was will verbessert werden? Wie geht es dir dabei, so erklärt und betrachtet zu werden?

c) Die Führerin und die Gruppe gehen zu anderen Figuren und verlassen den Raum. Nach dem Löschen des Lichtes bescheint euch nur noch der Mond. Du betrachtest deine Nachbarfiguren, ihr steigt im Mondlicht von euren Sockeln und beginnt miteinander zu tanzen. Wenn die Musik aus ist, huscht ihr wieder schnell auf eure Sockel.

Wenn euch der Lehrer aus der Phantasiereise zurückgeholt hat, erzählt ihr einander, was ihr gesehen und wie ihr euch erlebt habt.

Wie hast du dich als Geschöpf Gottes erfahren?

Bei Einkehrtagen oder Selbsterfahrungsgruppen können wir uns so als nackte Gestalt formen, wie wir uns innerlich und äußerlich erfühlen

a) Bei der Vorübung versetzen wir uns in Sammlung und betasten (bei Musik und mit geschlossenen Augen) von den Füßen bis zum Kopf unseren Körper, wobei die Hände die Formung des Körpers bewußt abtasten, bei ihr sinnend verweilen, die Geschichte von Leid oder Leistung einzelner Körperglieder in Erinnerung rufen.

b) Vor der obigen Körperübung waren bereits vorbereitet: eine ziegelsteingroße Tonmasse, eine Plastikunterlage zum Schutz des Tisches und eine Schale mit Wasser. Ohne die Augen zu öffnen beginnt jeder, sich selbst als nackte Gestalt aus der Masse zu formen: groß oder klein... liegend, stehend oder sitzend... die Figur als visavis oder wie in meinem Schoß sitzend von mir weg... in ruhender oder in bewegter Haltung: mit Betonung der Geschlechtsmerkmale... einzelne Gliedmaßen symbolisch verstärkend oder realistisch...? Haltet die Augen immer geschlossen!

c) Die Auswertung beginnt mit Schauen und Betrachten; Teilnehmer können dir ihre Beobachtungen mitteilen. Der Gruppenleiter fordert dich auf, jene Körperhaltung einzunehmen und zu verstärken, die deine Tonfigur aussagt. Was meldet dir dein Körper? Was erfährst du so von deiner Lebensgeschichte? Was willst du daraus lernen?

Wenn dir die Tonfigur kostbar ist, dann lasse sie trocknen und brennen.

Über die Körpersprache schreibt Ulrich Köhn: „Leiblichkeit ist die Sprache, die wir nicht manipulieren können. Körpersprache ist unbestechlich; ja, auch das Wissen des Körpers um seine Möglichkeiten und Grenzen ist zuverlässiger als unsere Vorstellungen darüber, was er zu leisten in der Lage ist oder sein müßte. Auf Streß, von dem wir glauben, daß wir ihm nicht ausweichen können, reagiert er mit unmißverständlicher Deutlichkeit, indem er sich weigert, seine Funktionen zugunsten einer Überbelastung zur Verfügung zu stellen... Gelegentlich übersehen wir solche Symptome geflissentlich oder weigern uns, ihre Bedeutung zu erkennen. Bisweilen wundern wir uns auch, warum uns nicht geglaubt wird, was wir sagen – nicht ahnend, daß vielleicht unser leibliches Dasein anderes ausdrückt als unsere Worte. Psychotherapeuten lernen deswegen, auf solche nicht in Worten erscheinende Sprache und den Ausdruck des Leibes zu achten" (Spüren, daß Gott uns trägt, 1988, S. 51).

Der Lehrer oder Gruppenleiter muß selber entscheiden, welche Körperübungen er unter schulischen Bedingungen einsetzt. Wenn man selbstverständliche Leibhaltungen wie das Gehen, Aufstehen, Sitzen oder Handgesten und vor allem das Atmen mit besonderer Aufmerksamkeit motiviert, dann bereitet man bereits den Boden für weitere und allmählich sich steigernde Leibübungen bis hin zur Pantomime.

Ein Leben im Paradies
(Gen 2,8-24 / 1. Bild)

Wir sehen ein schönes, wirklich paradiesisches Bild vor uns: Das Auge ruht gleich auf dem Liebespaar, das sich zärtlich zugetan ist. Es steht in einer subtropischen Landschaft, umgeben von üppigen Pflanzen und Blumen und von Tieren, die an Afrika erinnern. Das Bild verweist auf den von Gott gepflanzten Paradiesgarten, in dem er „allerlei Bäume wachsen ließ, verlockend anzusehen und mit köstlichen Früchten". Und diesen Garten hat Gott dem Menschen als Lebensraum gegeben und auf-gegeben, „damit er ihn bebaue und hüte". Die äußere Schönheit des Gartens spiegelt die innere Harmonie des Menschen wider, wie sie ihm Gott zugedacht und verantwortlich in seine Hand gelegt hat: Der Mensch entscheidet also letztlich darüber, ob er sein Leben in Harmonie leben kann oder nicht, wobei diese Harmonie zunächst in der Harmonie mit seinem Schöpfer und dessen Auftrag an ihn besteht.
Das Bild wimmelt von Lebewesen und zeigt, daß der Mensch nach dem Willen Gottes nicht einsam leben muß, ja, Gott sagt sich selber, daß dies für den Menschen gar nicht gut wäre. Er schafft ihm die Tiere und führt sie ihm zu: In ihnen nimmt die Natur bereits aktiven Kontakt zum Menschen auf. Der Mensch nimmt sie an und gibt ihnen Namen, drückt damit seine Beziehung zu ihnen aus und läßt sie an seiner Lebensgemeinschaft teilnehmen. Doch wirkliche Lebenspartner, die seine Einsamkeit beheben könnten, sind sie nicht. „Nicht einmal die paradiesische Nähe Gottes, so der Jahwist, ist Ersatz für ein Gegenüber, das uns entspricht und ähnlich ist. Die Sehnsucht nach Liebe ist nicht Schwäche oder Strafe, sondern Chance des Menschen" (Heinrich Dickerhoff, Daß wir Zärtlichkeit nicht gottlos nennen, 1989, S. 49).
Um dem Menschen ein ebenbürtiges Du zu schaffen, senkt ihn Gott in einen Tiefschlaf. So also, daß er dabei nicht Zeuge dieses Ereignisses ist, sondern es als Mysterium und Geschenk erfährt. „Aus seinem Tiefschlaf erwacht, bricht der Mensch in Jubel aus über sein Gegenüber. Er erwacht zu neuem Leben in der Begegnung mit der Frau. Hier finden wir die erste biblische Auferstehungsgeschichte: Der Mensch wird auferweckt aus der Einsamkeit durch die von Gott geschenkte und geschaffene Liebe eines anderen Menschen! In der Frau erkennt Adam sich wieder; die Zweisamkeit ist Überwindung der Einsamkeit und zugleich die Voraussetzung und der Weg zu wirklicher Einheit. 'Diese ist's', jubelt der Mensch, erst in der Vereinigung mit dem andersgeschlechtlichen Du findet der Mensch zur vollen menschlichen Persönlichkeit; er wird, wie der andere biblische Schöpfungsbericht sagt, zum Bild Gottes berufen" (ebd. S. 52).
Eine tiefsinnige Deutung gibt Dickerhoff der Tatsache oder besser dem Symbolvorgang, daß dem Mann eine Rippe genommen wurde, damit aus ihr die Frau geformt werde: Der Brustkorb schützt den Leib und seine inneren Organe; wäre der Mensch ganz mit Rippen umgeben, wäre er wie gepanzert, so aber ist die Hälfte seines Rumpfes ungeschützt und verletzbar.

„Diese Rippe, dieses Symbol der Unverletzbarkeit und Verschlossenheit ist der Preis der Liebe... Liebe macht verletzbar... Intimität beinhaltet ein Risiko; wer vertraut, sich öffnet, sein Herz an einen Menschen hängt, der wird enttäuschbar und verletzbar. Verwundbarkeit ist damit ein Wesensmerkmal der Liebe, und daß zwei Menschen sich lieben, bedeutet auch, daß sie miteinander die Freuden und Leiden ihrer Verletzbarkeit genießen und ertragen können. Niemand vermag mich so zu verletzen, wie der Mensch, den ich liebe... Wer nicht liebt, ist 'zu'. Wer unverwundbar sein will, ist beziehungsunfähig... Gott selbst teilt die Verwundbarkeit der Liebenden als unabdingbaren Wesenszug der Liebe. Wer sich liebend verwundbar macht, der ist Gefährte Gottes" (ebd. S. 51).

Wer sich in Liebe verwundbar macht, braucht sich seiner Nacktheit vor dem anderen nicht zu schämen. „Scham hängt nicht unbedingt zusammen mit Schuldbewußtsein, wohl aber immer mit dem Gefühl des Ungenügens. Scham stellt sich ein, wo sich ein Mensch lächerlich gemacht fühlt, wo er in den Boden versinken möchte, weil er bloßgestellt wird. Wer hingegen die Masken und Hüllen von Körper und Seele fallen lassen kann, wer hervortreten kann hinter zugewiesenen und angenommenen Rollen, der hat die Angst vor der Lächerlichkeit überwunden. Und nirgends wir diese Angst eher überwunden als in der liebenden Zweisamkeit" (ebd. S. 53).

Die Erzählung und das Bild aus der Bibel zeigen uns, daß sich die Schöpfung in der Liebe der Menschen vollendet, weil sie aus der Liebe Gottes kommt. Wir sehen vor uns die begnadete Liebe, wie wir sie erträumen und erhoffen. Die paradiesische Liebe liegt jeweils vor dem Menschen, sie ist die Verheißung, in welche die Liebenden hineinwachsen wollen. Wir dürfen unser Herz an dieses Bild hängen.

Sich als Blume oder Baum gestalten

In der Pflanze spiegelt sich die Wuchsgestalt des Menschen mit seiner erdgebundenen Herkunft und mit seiner der Sonne zugewandten Zukunft, mit seinen ausgestreckten Ästen und Blättern, die den Kontakt mit Sonne, Luft und Wasser aufnehmen, um daraus zu wachsen, zu reifen und Frucht zu tragen. In der Bilderwelt der Archetypen und Träume sieht der Mensch an der Gestalt der auftauchenden Pflanze sich selbst vor allem in seiner momentanen Befindlichkeit. Ob saftig gewachsen oder verdorrt, ob blühend oder fruchttragend, ob im Wald oder auf einsamer Höhe stehend, ob tief verwurzelt, ob breit entfaltet oder klein und im Schatten stehend – jedes noch so kleine Detail der auftauchenden Phantasiebilder ist erlebnisgesättigt und will auf seine Bedeutung hin befragt werden. Als Symbolbild sammelt die Gestalt der Pflanze so viele Erlebnismerkmale ein, wie sie begrifflich gar nicht ganz ausgesagt werden können. Hier gilt der alte Grundsatz, daß das Symbol nicht ein Gedanke ist, sondern zu denken gibt. Je intensiver die Symbolbildung aus dem Bereich der Phantasie und des Unbewußten schöpft, umso reichhaltiger kann die Symboldeutung sein.

Wenn das Paradies als ein Garten voll Bäume, Blumen und Kräuter vorgestellt wird, dann darf sich der Schüler in diesen Bildern wiederfinden, umgekehrt geben auch die Disteln und Dornen im gottentfremdeten Dasein einen Hinweis auf die Selbstbefindlichkeit des Menschen. Aus diesem Mutterboden der Phantasie läßt sich viel Selbsterkenntnis, viel Symbolschulung und auch der Hinweis auf die eigene Gottbezogenheit gewinnen:

Der Gerechte gedeiht wie die Palme,
er wächst wie die Zedern des Libanon.
Gepflanzt im Hause des Herrn,
gedeihen sie in den Vorhöfen unseres Gottes.
Sie tragen Frucht noch im Alter
und bleiben voll Saft und Frische;
sie verkünden: Gerecht ist der Herr;
mein Fels ist er, an ihm ist kein Unrecht.   *(Ps 92, 13-16)*

Ich stelle mich einer Gruppe vor

Wenn sich eine Gruppe neu zusammenfindet oder wenn sich in der Klassenarbeit eine Gelegenheit zum Innehalten bietet, dann leitet der Lehrer die Teilnehmer so an: Schau wie du sitzt,
wie der Stuhl dich trägt und die Lehne dich stützt: du kannst dich ganz dem Stuhl überlassen!
Dein Atem steigt und fällt wie ein Springbrunnen. Jedes Ausatmen wird lang und länger,
nimmt Gewicht von den Schultern und läßt es in den Schoß rollen, wo deine Arme aufliegen.
Du spürst deine Wirbelsäule, die aufgerichtet ist und den Kopf frei nach oben hält. Deine Füße
und Fußsohlen ruhen warm am Boden. Stell dir vor, du wärest eine Pflanze, die aus dem
Boden wächst und sich zum Himmel streckt: Ahnst du, welche Blume oder welcher Baum du
bist? Wie bist du gewachsen: deine Wurzeln, dein Stamm mit seinen Ästen und Blättern,
deine Blüten oder Früchte? In welcher Landschaft oder Jahreszeit bist du?... Nach einer
Pause der Besinnung in Stille oder mit ruhiger Musik ... beginnt jeder, jede reihum sich vorzustellen und zu erzählen: „Ich bin Elisabeth, das Gänseblümchen; ich bin zwar klein, aber...".
Die Gruppenmitglieder hören kommentarlos zu und rufen sich am Ende die Namen mit der
Pflanze in Erinnerung: „Bist du Norbert, der als einsame Wettertanne auf dem Berg steht?..."

Ich male mich als Pflanze

Zeichenblatt und Farbstifte werden auf den Tischen oder auf dem Fußboden zurechtgelegt,
bevor die Anleitung zur Sammlung gesprochen wird. Gemalt wird bei Musikbegleitung. Die
Teilnehmer können ihr Blatt auf dreifache Weise in die Gruppe einbringen:
a) Sie zeigen es her und sprechen darüber, ohne daß die Zeichnungen kommentiert werden.
b) Der Zeichner stellt sein Gebilde vor, die Gruppenmitglieder sagen, was ihnen darauf auffällt oder gefällt. Der Zeichner hört kommentarlos zu und läßt die Antworten auf sich wirken.
c) Wer mit der Zeichnung fertig ist, legt sie mit dem Gesicht nach unten auf einen Stapel und
bleibt als Maler anonym. Der Gruppenleiter zieht ein Blatt und legt es auf. Die Gruppenmitglieder sprechen darüber, was ihnen auffällt und wie es ihnen ginge, wenn sie die Pflanze
oder dieses oder jenes Detail der Pflanze wären. Der Zeichner braucht sich nicht zu erkennen
geben und wird dann wie jeder andere mitsprechen. Wer sich aber zu erkennen gibt, hört
zunächst zu und erzählt dann über das, was bei ihm so oder so angekommen ist.

Wir machen eine Baum-Pantomime

Stellt euch aufrecht hin, die Sohlen breit auf dem Boden in Hüftweite, die Fersen leicht nach
außen! Geht mehrmals leicht und knieweich in die Hocke und richtet euch immer so auf, daß
die Wirbelsäule mehr und mehr aus eurem Becken wächst. Ihr schließt die Augen und stellt
euch vor, daß ihr ein Baum seid: Welcher? Spürst du die Wurzeln in die Erde gehen? Wie brei-

ten sich deine Arme als Äste aus? Wenn nun Gong oder Musik ertönt, dann beginnst du dich wie ein Baum im Wind zu bewegen. Zunächst ist es tiefer Winter, und alle deine Säfte sind nach innen gezogen ... Du spürst die Wärme des Frühlings, die Sonnenstrahlen und den lauen Regen; der Wind trägt dir den Duft der Blüten zu ... Es wird Sommer, und mit der Hitze steigen Gewitterwolken auf: Gewittersturm, Blitz und Donner ... verziehende Wolken und Sonnenuntergang ... Wenn es Herbst wird, tragen deine Äste schwer an den Früchten ... Früchte und Laub fallen ab, die Kälte kommt ... Es fällt Schnee, und der Winter zieht alle deine Kräfte wieder ganz in den Stamm zurück ... Wie wird es dir ergehen, wenn die Wärme des Frühlings wiederkommt?

Wir sitzen und verharren in Stille, lassen das Erlebte nachklingen. Wir teilen dies der Gruppe oder einem Nachbarn mit. Wir phantasieren, was diesem oder jenem Baum gut täte, wie es ihm erginge, wenn er im Garten Gottes gepflanzt wäre. Welchen Spiegel hält mir das Bild vor?

Konfliktlösung im „Klassenwald" (Gruppenwald)

Die Dynamik einer Gruppe, Klasse oder Familie kann als Wald, jede ihrer Personen als Baum dargestellt werden. Wie stellt jeder von seinem Standort aus die Gruppenmitglieder dar? Was will damit jeder der Gruppe sagen? Welche Konflikte oder Leiden zeigen die einzelnen Bilder? Welche Lösungen deuten sie an? Welche Überschrift gibst du dem Klassenwald? Wie findest du dich in den Bildern der anderen wieder? Wie willst du von ihnen gesehen werden? Wie müßte die Zeichnung aussehen, wenn dieses oder jenes in der Gruppe geändert würde? Welches Gebet willst du zu Gott für diesen Wald sprechen oder schreiben?

Den Garten der Liebe malen

Es ist kein Zufall, daß das Hohelied der Liebe, jene Sammlung von Liebesliedern im Alten Testament, den „Ort" der Liebe in den Garten, in das Paradies verlegt.

Mit jeder Liebe kehrt das Paradies wieder, wobei oft die Geliebte selber im Symbol des Gartens besungen wird. Wir legen den Teilnehmern Verse aus diesen Liebesliedern vor, aus denen sie einen auswählen und daraus mit Farbstiften ein Bild gestalten.

Wir können auch an einen geliebten Menschen (in der Gegenwart oder aus der Vergangenheit) einen Liebesbrief schreiben.

Als Motto setzen wir über ihn Verse des Hohenliedes, von denen wir uns inspirieren lassen. Die Briefe können in ein Zwiegespräch zwischen mir und ihr/ihm übergehen – vielleicht auch in Trauer und Klage.

> Ein verschlossener Garten ist meine Schwester Braut,
> ein verschlossener Garten,
> ein versiegelter Quell.
> Ein Lustgarten sproßt aus dir,
> Granatbäume mit köstlichen Früchten,
> Blütendolden, Nardenblüten,

Narde, Krokus, Gewürzrohr und Zimt,
alle Weihrauchbäume,
Myrrhe und Aloe,
allerbester Balsam.
Die Quelle des Gartens bist du,
ein Brunnen lebendigen Wassers.   *(Hld 4,12-15)*

In seinen Garten ging mein Geliebter,
zu den Balsambeeten,
um in den Gartengründen zu weiden,
um Lilien zu pflücken.
Meinem Geliebten gehöre ich,
und mir gehört der Geliebte,
der in den Lilien weidet.   *(6,2f.)*

Des Nachts auf meinem Lager suchte ich ihn,
den meine Seele liebt.
Ich suchte ihn und fand ihn nicht.
Aufstehen will ich, die Stadt durchstreifen,
die Gassen und Plätze,
ihn suchen, den meine Seele liebt.
Ich suchte ihn und fand ihn nicht.   *(3,1f.)*

Ich bin eine Blume auf den Wiesen des Scharon,
eine Lilie der Täler.
Eine Lilie unter Disteln
ist meine Freundin unter den Mädchen.
Ein Apfelbaum unter Waldbäumen
ist mein Geliebter unter den Burschen.
In seinem Schatten begehre ich zu sitzen.
Wie süß schmeckt seine Frucht meinem Gaumen!
In das Weinhaus hat er mich geführt.
Sein Zeichen über mir heißt Liebe.
Stärkt mich mit Traubenkuchen,
erquickt mich mit Äpfeln;
denn ich bin krank vor Liebe.
Seine Linke liegt unter meinem Kopf,
seine Rechte umfängt mich.   *(2,1-6)*

Schön bist du, mein Geliebter, verlockend.
Frisches Grün ist unser Lager,
Zedern sind die Balken unseres Hauses,
Zypressen die Wände.   *(1,16f.)*

Wir zeigen unsere Zeichnungen oder Briefe (anonym oder offen) der Gruppe: Was fällt uns dabei aus unserer eigenen Liebesgeschichte ein? Was bringen die Gebilde in uns selbst zum

Schwingen? Was erfahre ich über mich selbst als liebender und geliebter Mensch? Wo entdecke ich Hemmungen und Verletzungen von innen und außen? Wo wurde meine Liebesgeschichte zu einer Leidensgeschichte?

Die Harmonie von Männlich und Weiblich

„Das chinesische Menschenbild kennt für das Verhältnis von Männlich – Weiblich das Zeichen Yin und Yang, das von einem Kreis umschlossen ist. Das Yin-Yang-Modell zeigt eine in sich geschlossene, runde Gestalt mit zwei gleich großen ineinander verwobenen Anteilen. Die Anteile sind allerdings deutlich voneinander abgegrenzt, zerfließen nicht und unterscheiden sich sichtbar. Wichtig daran ist weiterhin, daß sowohl Anteile des Männlichen im Weiblichen als auch Anteile des Weiblichen im Männlichen vorhanden sind, gekennzeichnet jeweils durch einen Kern im entgegengesetzten Teil" (Michael Cöllen, Laß uns für die Liebe kämpfen, 1986, S. 36). Man beachte, daß es sich um ein abstraktes Idealbild handelt, dessen Ausgewogenheit in Wirklichkeit so nicht vorkommt, sondern ständig im Wandel begriffen ist.
Wenn wir nun die Teilnehmer dieses Zeichen mit Farben malen lassen, dann sollen sie die Anteile von Männlich und Weiblich so verteilen, wie es bei ihnen ihrem Empfinden nach zutrifft; auch der Kreis muß nicht stimmen, wenn die Beziehung nicht „rund" ist. Anstelle eines Fließgleichgewichtes kann manches über- oder untergewichtig sein, z.B. der Punkt des anderen Geschlechtes in mir. Das Bild gibt umso mehr Auskunft über mich, je tiefer es aus meinem Inneren kommt. Das Verhältnis von Weiblich – Männlich und die angestrebte Harmonie können sich beziehen auf: a) eine wirkliche Partnerschaft von Mann und Frau, b) darauf, wie ich das Mann-Frau-Verhältnis überhaupt empfinde oder c) auf die Anteile von Yin und Yang in mir wie: empfangend – gebend, meditativ – aktiv, Gefühl – Verstand, innen – außen... Der Maler muß sich jeweils vor der Übung entscheiden, welche der drei Möglichkeiten er darstellen will – wie sein Paradies realistisch aussieht (vgl. auch S. 18).

Der Sündenfall
(Gen 3,1-7 / 2. Bild)

Wir betrachten das Bild und denken uns den im Vordergrund stehenden Zypressenbaum weg, dann haben wir vor uns den Baum des Lebens als Zentrum des Paradieses, von dem kreuzförmig die vier Arme des Lebensstromes in die Welt hinausfließen. Das Bild stellt ein Mandala vor, ein Symbolbild, das eine geheimnisvolle, leben- und lichtspendende Mitte hat, von der aus das ganze Feld wie ein barocker Garten in schönen Formen, Farben und Symbolen gestaltet werden kann. Solche Meditationsbilder finden wir in Tibet und China, in den Teppichen der Muslime, in den Atriumsmosaiken der Griechen und Römer, in den Rosettenfenstern der christlichen Kathedralen genauso wie in der Volkskunstmalerei auf Tellern und Schüsseln bei uns oder etwa bei den Blumenteppichen zu Fronleichnam. Wer ein Mandala meditiert, versenkt sich in seine Mitte, die Gott symbolisiert, und empfängt von ihm her Lebensform und Schönheit.

Mandala-Malen

Man kann den Schülern nicht oft genug die Gelegenheit bieten, solche Mandalas zu malen, weil sie so ihre Gottesbeziehung darstellen und ihr begnadetes Leben symbolisieren können. Wenn der Paradiesgarten als solches Mandala zu denken ist, bildet er die geglückte und gnadenvolle Einheit des Menschen mit seinem Gott ab.

Der eigenen Schuld nachgehen

Vor dem Lebensbaum sehen wir jetzt die strenge und dunkle Zypresse, um die sich die Schlange ringelt: Diese Figur will in Absetzung vom paradiesischen Hintergrund die ganze Sündenfallgeschichte symbolisieren, die eine der kunstvollsten Erzählungen der Weltliteratur ist, denn sie verlegt all das, was *im* Menschen Versuchung und Sünde ist, in ein äußeres Geschehen hinaus. Wir müssen stets beachten, daß alles in der Geschichte (wie in den Träumen) ich selber bin, so auch die Schlange. Unsere Bildinterpretation geht ganz vom Text aus und will wieder zu ihm zurückführen.
In Gen 2,15 hat Gott uns im „paradiesischen" Zustand sein Gebot gegeben: Von ihm habe ich mein ganzes Leben, alles, was ich zum Leben brauche, gönnt und gibt mir Gott, nur die Mitte meines Lebens ist ihm vorbehalten, dem göttlichen Urgrund, von dem ich herkomme, der ich aber nie selber bin.
Wer Gott achtet und anerkennt („fürchtet", sagt die Bibel), wird sich darüber freuen, daß Gott seine Mitte ist, wird nie die Grenze zwischen Gott und den Menschen überschreiten wollen, sondern voll Vertrauen sich diesem Gott hingeben, er wird Gott dankbar sein, weil er alles, wirklich alles, von ihm bekommt, der sein Gott und Herr ist. Auch die Tiere bekommen alles von Gott und leben unbekümmert in den Grenzen ihres geschöpflichen Daseins. Weil der Mensch, weil ich aber ein geistbegabter Lebenspartner Gottes bin, kann und muß ich die Grenze zwischen mir und Gott anerkennen und sie in Freiheit bejahen – das ist meine Würde, die mich der Ich-Du-Partnerschaft mit Gott befähigt (nicht so das Tier). Hier aber liegt die „Gewitterecke", denn dankbares Vertrauen ist ein freier Akt, der den Aufschwung meiner Seele, die Höhe meiner Bereitschaft und die Freiwilligkeit meiner liebenden Hingabe herausfordert. Menschenpaare wissen, daß diese Höhe der Hingabe nicht wie von selbst gegeben ist, nicht „animalisch", sondern geistig ist. Wer hierin ermüdet oder nicht mehr mittun will, senkt das Niveau der Hingabe, und in jenen „Hohlraum" des schwindenden Vertrauens fließt Mißtrauen. Weil man Gott gegenüber nicht neutral sein kann, verwandelt sich jedes Defizit an Liebe in Gleichgültigkeit oder Mißmut – und daraus entsteht dann das, was die Erzählung als Schlange symbolisiert: Sie ist jene innere Stimme in mir, durch die sich meine freigewählte Distanz zu Gott äußert. Einmal von Gott abgerückt, erfolgt der Abfall von ihm nun Schritt für Schritt.
Der Baum des Lebens wird zum Baum der Erkenntnis von Gut und Böse, die Grenze zwischen dem Göttlichen und Menschlichen, was wir vorläufig (sachlich nicht ganz exakt) so

umschreiben können: Gottes Sache ist es, *über* Gut und Böse zu entscheiden, des Menschen Sache ist es, sich *für* Gut und Böse zu entscheiden. Genau meint der Text wohl: der Mensch soll nicht erfahren, was für ihn gut und noch weniger, was für ihn schlecht, böse ist – das wollte ihm Gott ersparen.

Meine beginnende Gleichgültigkeit und Distanz gegenüber Gott (die Schlange in mir) wandelt sich sofort in Mißtrauen gegen Gott: „Verbietet er mir nicht *alles?*" (V.1). Wenn auch mein Verstand (Eva in mir) das gleich korrigiert: „Nicht alles, sondern nur die Mitte der göttlichen Hoheit", so bekomme ich doch vor mir selber Angst und sage: „Nur nicht daran rühren!" Plötzlich bin ich auf das Gebot fixiert, und noch mehr macht mir Angst, sterben zu müssen. Neben dem Mißtrauen Gott gegenüber ist es jetzt zutiefst Angst, die mein Verhalten bestimmt (V.2f). „Zerbrochen ist das unmittelbare Vertrauen zu Gott, zerstört die Sicherheit in seiner Nähe" (Eugen Drewermann, Strukturen des Bösen, 1982, S. 61). Ich habe nun nicht mehr den Gott vor Augen, der mir alles gönnt und gibt, sondern den, der mir den Tod schicken kann. Meine Distanz zu Gott verfinstert sein Gesicht, was mich noch mehr von ihm abrücken läßt. Diese Dämonisierung des Gottesbildes, dieses Entschwinden des Liebespartners aus meinen Augen, ist der Abgrund jeder Sünde: „Er, der wenig vorher der Ursprung und Garant des Lebens der Menschen war, erscheint jetzt als der Bedrohende und den Tod Verhängende" (ebd. S. 62).

Einen so gefürchteten, finsteren Gott kann keiner aushalten. Wenn die Beziehung zwischen mir und Gott zur Konkurrenz wird, dann meine ich: er hält mich klein, damit er selber groß bleiben kann. Ein Gott auf Kosten des Menschen wird zur Quelle des Atheismus. Und dann geht es Schlag auf Schlag, alles verkehrt sich: Gott erscheint lächerlich, der um seine eigene Größe fürchtet. Und nichts hindert mich dann, eine solche Grenze zwischen Gott und mir zu überschreiten. Diese meisterhafte Darstellung zeigt, wie das kleinste Abrücken von Gott in Mißtrauen und Ablehnung umschlägt. Augustinus sagt: „So weit ich Gott ähnlich bin, entbrenne ich zu ihm; soweit ich ihm unähnlich bin, fürchte ich ihn."

Lasse ich mich von meinem Argwohn verführen, handle ich gegen Gott, so verführe ich gleich auch den anderen, den Mitmenschen, so daß eine Partnerschaft der Liebe zu einer Partnerschaft in Schuld wird. Wenn mir über mein Elend (meine (Nacktheit) die Augen aufgehen, dann weiß ich, wovor Gott mich behüten wollte (die Erfahrung dessen, was für mich böse ist). „Der Mensch selbst ist sich gut oder böse, je nachdem, ob er mit oder fern von Gott lebt... Das Wissen, das der Mensch hier erwirbt, ist ein Wissen über sich selbst in seiner eigenen Ohnmacht, in seinem Nacktsein, das ohne Gott sein Schicksal ist... In jedem gibt es jetzt etwas, das der andere nicht mehr sehen darf und das es vor dem Blick des anderen zu verstecken gilt" (ebd. S. 73f.).

Und Adam in mir: Kommt Gott mir nahe, dann verstecke ich mich vor ihm. Ruft er mich beim Namen, um mir zu helfen, daß ich meinen „Standort" erkenne („Adam, *wo* bist du?"), dann zucke ich zusammen und schiebe meine Schuld auf die Frau, über die ich einst so gejubelt habe. Die ich einst liebte (Gott und die Frau), stemple ich zu Schuldigen, um mich rein zu waschen – ja, dort, da bin ich, der Mensch!

Sich identifizieren

Lies murmelnd den Text Gen 3,1-24 mit dem Bewußtsein, daß sowohl die Schlange wie auch Eva etwas von dir selber ist. Paraphrasiere den Text schriftlich, indem du statt „Schlange" etwa schreibst „meine Distanz, mein Mißtrauen gegen Gott" und statt „Eva" etwa „mein besseres Wissen, mein Verstand, meine Angst". Laß dir eine Situation aus deinem Leben aufsteigen, wo du gegenüber Gott oder einem geliebten Menschen schuldig geworden bist, und schau, wie sich dort die Schritte der Entfremdung vollzogen haben. Betrachte wieder das Bild: Die Schlange, die Distanzierung gegenüber Gott hat es erreicht, daß aus seinem Symbol des Lebensbaumes die finstere Zypresse geworden ist!

Gegenseitiges Eingeständnis

Setzt euch in guter Sicht- und Hörweite gegenüber. Jeder hat zweimal zehn Minuten Zeit, auf je eine Frage des Partners zu antworten, wobei dieser nur am Anfang die Frage stellt, dann absolut schweigt und hört, „sprechen" werden nur seine Augen und seine Körperhaltung.
1. Frage: „Bitte, sag mir, worauf du über dich selber stolz bist!" In den ersten Minuten wird das Gespräch flüssig gehen, dann aber folgt das Stocken und Stottern. Wenn man diese peinliche Zwischenphase durchhält, „plumpst" das Bewußtsein durch die Abwehrmechanismen hindurch in das Unbewußte, und erst jetzt beginnt das Gespräch tief und von innen her fließend zu werden. Der Leiter sagt die Zeitzäsur an (zehnte Minute), der Zuhörer sagt: „Ich danke dir, daß du mir zugehört hast! Sage nun du mir, worauf du über dich stolz bist!" Nach diesem zweiten Durchgang erfolgt der dritte mit Rollenwechsel: „Bitte, sage mir, worüber du dich schämst!" Das Gespräch wechselt und endet mit dem gleichen Ritual. Der Hindurchgang durch die Abwehrmechanismen wird noch peinlicher, aber umso heilsamer sein. Der Gruppenleiter hat darauf zu achten, daß Zeit, Schweigeregel und das Gesprächsritual eingehalten werden.

Der geschundene Mensch, aus dem Paradies vertrieben – Das Elend der Sünder
(Gen 3,8-24 / 3. Bild)

Gott, da sind wir:
deine Geschöpfe, die du so liebevoll aus Lehm geformt hast.
Aber was ist aus uns geworden?
Schwer trägt mein Mann die Last der Erde,
schwer stöhnt er unter der Last seiner Arbeit:
Wie wolltest du uns doch von den saftigen Früchten der Erde ernähren,
die so lieblich und schön anzuschauen sind –
nun aber rackern wir uns auf dem steinigen Boden ab,
und das Ergebnis ist ein wachsender Hunger in der Welt,
ein Dahinsterben von Millionen, die die Erde nicht nährt!
Wie atmen wir auf, wenn die Arbeit uns hilft,
daß wir uns selber verwirklichen voll Lebenslust und Lebenskraft.
Doch alles, was wir schaffen,
zerrinnt uns wie Staub zwischen den Fingern.
Als Erdlinge sind wir geschaffen, Staub und Stein,
steinig ist unser Weg und Staub unser Ende!

Wie war doch mein Mann in mich verliebt, als er jubelte:
Das endlich ist Bein von meinem Bein und Fleisch von meinem Fleisch!
Aus dem Liebesrausch ist ein Machtkampf geworden,
statt füreinander Gehilfen zu sein,
stehen wir uns im Weg,
und eins fühlt sich vom anderen bedroht.
Wie freuten wir uns auf die Kinder,
sie sollten auch unser Ebenbild und Gleichnis werden,
weil deine Schöpferkraft auch uns schöpferisch macht:
Mit welchen Schmerzen aber muß ich sie gebären,
mit welchen Mühen großziehen,
und wieviele schütteln sie ab wie eine widrige Last!
Gewiß, das ist der Lauf der Natur:
ein Werden und Vergehen, eine Lebenslust und ein Lebenskampf –
warum aber ist alles so mühsam, so hinfällig,
so voll Mißtrauen und ständig enttäuschter Sehnsucht?
Gesündigt haben wir vor dir,
uns ab-ge-sondert von dir:
Genau das ist unsere Sünde: die Absonderung von dir!
Mit dir wäre alles gut gegangen:
Nackt hätten wir sein können wie Kinder,
sein, was wir sind, ohne uns zu schämen,
wissend, daß du es gut mit uns meinst.
Wie hätten wir uns freuen können,
daß du in unserem Garten spazieren gehst,
daß unsere Welt auch deine ist –
aber nun verstecken wir uns vor dir wie vor einem Feind,
fürchten dich wie einen Untersuchungsrichter
und erschrecken vor deinem Todgericht.
Wie konntest du uns so anders werden,
wie dein Bild so schreckenerregend, so dämonisch?
Sehen wir dich so, wie wir dich haben wollen?
Bist du für den furchterregend, der dich meidet,
und für den faszinierend, der dich liebt?
Auf einmal wollten wir dein Gebot nicht halten, dich nicht achten,
auf einmal warst du uns zuviel wie ein Konkurrent,
auf einmal kamst du uns lächerlich vor, wie einer,
dem es nur um seine eigene Ehre und Macht geht.
Was wir uns selber eingeredet haben,
das projizierten wir auf dich.
Wir nahmen und nährten uns von den Früchten des Mißtrauens.
So sonderten wir uns ab von dir,
so wurden wir zu Sündern,
so wurde uns das Nacktsein zur Entlarvung,
so schoben wir die Schuld eins auf das andere,
so wurde unser Leben ein Versteckspiel vor dir.

Und nun, du unser Gott und Schöpfer, bitten wir dich:
Ruf uns bei unserem Namen!
Sage: Erich, Anna, wo bist du?!
Nötige uns, daß wir uns vor dir deklarieren,
eingestehen, welchen Standort wir bezogen haben.
Hol du uns selber aus unserem Versteck,
hinter unserem Rücken hervor!
Bewache nicht das Paradies mit dem Flammenschwert.
Laß uns hindurchgehen durch das Tor des Eingeständnisses,
wandle uns die Schuld zur Chance!
Laß uns wieder von der Lust des Anfangs leben,
aus den Wasserströmen des Lebens trinken
und in deiner Nähe uns freuen,
wenn uns der Morgenwind der Schöpfung die Hitze des Daseins kühlt!
Wie gut tun uns die Fellröcke,
die du uns in der Verbannung gemacht hast,
wie behutsam decktest du unsere Blöße zu,
wie barmherzig nimmst du die Sünde von uns,
weil du, du dich nicht von uns absonderst!
Laß uns wieder deinen warmen Atem spüren,
forme uns neu mit deinen breiten Händen
und pflanze uns ein neues Herz ein,
das dich liebt!

Lasten meines Lebens

Zeichne auf ein Packpapier drei große Steine in solchen Farben, Formen und Größen, wie sie deinen Themenkreisen entsprechen. 1. Stein: meine Lasten mit Mann, Frau, Kindern, meinem Geschlechtsleben. 2. Stein: die Lasten mit meiner Arbeit, meinem Beruf und meinen Erfolgen. 3. Stein: meine Lasten mit Leib und Psyche, Gesundheit, Krankheit und Altern.
Erkläre die Steine einem Partner oder vor einer Gruppe. Ziehe dich dann in dich zurück und stelle dir vor, wie sich die Steine anfühlen, wenn sie warmes Wasser umspült oder Sonnenlicht einhüllt. Diese Vorstellung kann in einer Tagtraumreise vollzogen werden, über die du dann sprichst. Licht und Thermalwasser symbolisieren deine Wünsche an Gott und seine Gegenwart. Sprich darüber in Form eines Gebetes! Statt die Steine zu malen, können sie auch in der Landschaft gesucht und in die Gruppe gebracht werden.

Der Brudermord des gottfernen Menschen
(Gen 4,1-16 / 4. Bild)

Die Stelle ist dunkel und schwierig, entzündet sich doch der Brudermord Kains daran, daß er an Gottes Gnadenhandeln irre wird und dadurch seine Gottferne („Jenseits von Eden") verrät. Haben so die Gegner Jesu gehandelt, weil sie diesen Gottesmenschen nicht ausgehalten haben? So antwortet der Weinbergbesitzer im Gleichnis dem gleichen Menschentyp: „Mein Freund, dir geschieht kein Unrecht... Darf ich mit dem, was mir gehört, nicht tun, was ich will? Oder bist du neidisch, weil ich gut bin?" (Mt 20,13f.). Kain ist das erste Kind des von Gott abgefallenen Urelternpaares, und ihre Gottentfremdung wird auch in Kain darin spürbar, daß sich ihm das Gottesbild verfinstert – das ist der Ausgangspunkt der Erzählung, die auch uns einen Spiegel vorhalten will.

Adam / Eva sind Kollektivpersonen, der Typos jenes Menschen, der von Gott abgefallen ist, sich von ihm abge-„sondert" (Sünde) hat. Auch Kain ist eine Kollektivperson und repräsentiert dieselbe Menschheit, also auch mich. „Adam" beschreibt mich in meinem gestörten Gottesverhältnis, „Kain" *bin* ich, der Gottferne, in meinem gestörten Verhältnis zum Mitmenschen. Die Erzählung will die brennende Frage beantworten: Woher und wie kommt es, daß die Menschen gegeneinander so feindselig gesinnt sind, daß Völker und Menschen einander zum Wolf werden? Das Bild zeigt, daß die Tat schon (oft) geschehen ist:

Herr, es ist geschehen:
Mein Bruder liegt zu meinen Füßen,
ich habe ihn erschlagen wie ein Tier;
das gehäutete Fell des Lammes ist im Türrahmen ausgespannt.
Ich habe dir doch ein Opfer dargebracht,
habe dich gesucht, wie einer den Sinn des Lebens sucht:
Sollte es mich nicht heiß überlaufen,
wenn du den da erwählst, bevorzugst, segnest?
Warum ertrage ich es nicht,
daß einer neben mir begnadet wird?
Ertrage ich dich selbst nicht mehr,
weil du mir fremd geworden bist?
Warum läßt du mich nicht in Ruhe
und fragst ständig nach mir:
„Warum schaust du zu Boden?
Warum wehrst du dich nicht gegen die lauernde Sünde?
Wo ist dein Bruder Abel?
Warum, warum, warum...?"
Ja, mein Gott, warum?
Warum will ich nicht der Hüter meines Bruders sein?
Warum will ich von ihm und von dir nichts wissen?
Bist du mir nur noch als schlechtes Gewissen gegenwärtig?
Abel hast du begnadet,
auch mit mir redest du auf Schritt und Tritt...
Das Blut meines Bruders schreit zum Himmel,
seine tote Hand greift nach mir...

Als Brudermörder werde ich landlos und friedlos bleiben müssen...
Wenigstens durchbrichst *du* den Schreckenskreislauf des Mordens,
weil du mich schonst
und jedem verbietest, mich zu töten.
Einmal werden meinesgleichen deinen Sohn erschlagen,
dann gibt es wieder ein getötetes Lamm...
Wird er uns Adamskinder von uns selber erlösen?

Auseinandersetzung mit Abel und Kain

Einen Steckbrief über Kain schreiben

Gesucht wird... Von ihm weiß man... Schon seine Eltern... Auch Gott... Wenn dieser Menschentyp nicht geändert wird, dann...

Kain und Abel in mir

Kain in mir fragt Gott: Ich habe dir ein Opfer dargebracht, du aber... Warum hast du das Opfer Abels... Sollte mir nicht heiß werden, wenn... Es lauerte vor meiner Tür... Kannst du verstehen... Wo warst du... Wo bist du?
Abel in mir fragt seinen Bruder Kain: Ich... Gott... Und du...?
Wegen des tragischen, dunklen Inhaltes soll der Text von allen auftretenden Personen her mehr befragt als beantwortet werden, was in persönlicher Heftarbeit oder im Klassengespräch geschehen kann.

Jeder Schüler ist Abel und schreibt seinem Bruder Kain einen Brief

Je zwei Partner wechseln die Briefe und beantworten sie als Kain.

Ein Bild von Kain und Abel in mir malen

In einer großen Kreisform werden zwei Farbflächen, die den Kreis in zwei (ungleiche) Hälften teilen, als Kain und Abel gemalt: nicht Figuren, sondern die Farbwahl und die Farbintension sind ausschlaggebend. Schülergruppen betrachten ihre Blätter und assoziieren: Wenn ich hier Abel wäre... als Kain möchte ich hier zu Gott sagen... wie geht es mir nach diesem Bild, wenn Kain und Abel gemeinsam in mir stecken?

Einen Klagepsalm schreiben, der davon ausgeht, daß ich Kain und Abel gemeinsam bin

Die Strophen so verteilen:
a) In der Klage breitet Kain vor Gott aus, daß er Gott nicht versteht, über sich selber erschrocken ist, weil er die Gnade seines Bruders nicht aushält, weil in ihm ein potentieller Brudermörder steckt.
b) Das „Du aber" richtet Fragen an Gott, spricht von der Freiheit seiner Gnadenwahl und davon, daß er den Sünder schützt.
c) In der 3. Strophe bittet der Beter, daß er Gott nicht wie Kain erlebe, daß die Kainstaten in der Welt aufhören und Versöhnung unter den Geschwistern und Völkern geschehe.

Das dunkle Bibliodrama

a) Die Gruppe bildet einen großen Kreis, in dem drei Stühle einander gegenüber aufgestellt sind. Wer spielt die Rolle Gottes, Kains und Abels? Diese Spieler lesen noch einmal die Bibelstelle und gehen außen um den Kreis herum, indem sie sich halblaut vorsagen: Ich bin Gott, ich... So inhaltlich und emotionell „aufgeladen", setzen sie sich auf ihre Stühle, „Gott" in der Mitte; sie stellen sich vor: Ich bin... reden von dem, was sie getan und erlebt haben und wie es ihnen damit geht. Vorweg soll gesagt werden: Wenn einem Spieler die Rolle zu stark wird, verläßt er seinen Platz und geht in den Kreis zurück. – Wer mag seine Rolle einnehmen?

b) Das „Spiel" geschieht als Gespräch: Nach der Selbstvorstellung sprechen die Rollenträger miteinander mit Fragen, Anklagen, Antworten... Nach einem gewissen Gesprächsverlauf richten auch die Zuhörer ihre Fragen an die Rollenträger. Diese können (wieder nach einem gewissen, vom Leiter vorgeschlagenen Augenblick) von Gruppenmitgliedern gedoubelt werden, d.h., wenn ein Gruppenmitglied an Stelle des Rollenträgers antworten will, tritt es hinter dessen Rücken, spricht in seinem Namen und geht gleich wieder auf seinen Platz zurück.

c) Abschluß des Spieles, wenn sich die Inhalte erschöpft haben, abschließende Frage an die Gruppenmitglieder: Was hat dich jetzt betroffen gemacht? Was war dir wichtig? Was verstehst du jetzt besser oder noch weniger?

Ausklang in einer stillen Besinnung oder in einem stummen Gebet.

2. Teil

Die Erzählung von der Sintflut und der Errettung
(Gen 6-9)

Vor der Sintflut

Wie eine Lawine, die, einmal losgetreten, in die Tiefe stürzt und alles in den Abgrund mit sich reißt, so beschreibt die Bibel den Anfang und den dauernden Zustand der menschlichen Verkehrtheit: die Entfremdung von Gott setzt sich fort in der Entfremdung zwischen den Geschlechtern bis hin zum Brudermord und dem Haßlied Lamechs. Wie es eine Einheit zwischen Gottes- und Nächstenliebe gibt, so wirkt sich der Haß und der Unwille gegen Gott unmittelbar und sofort als Haß und als Lieblosigkeit unter den Menschen aus und das immer und überall. Doch die Lawine stürzt noch tiefer in den Abgrund und reißt die ganze Erdenschöpfung ins Verderben. Das sexuelle Begehren und Treiben der mythischen Himmelssöhne und der Töchter der Erde soll aus den Menschen titanenhafte Riesen machen – Größenwahn, Sexualprotz und der Drang sich unsterblich zu machen, kennzeichnen die dauernde dämonische Versuchung für den Menschen – man denke nur an den Größenwahn der Tyrannen unseres Jahrhunderts und an den Machbarkeitswahn der Technik. Doch dem setzt Gott sein Nein entgegen und läßt den Menschen umso mehr seine Endlichkeit als „Fleisch" spüren, der auf den Lebensgeist Gottes angewiesen ist (Gen 6,1-4).

Daß die Verkehrtheit und Bosheit des Menschenherzens die Erdenschöpfung zerstören kann, ist uns durch den möglichen Atomtod und die selbstverschuldete Umweltzerstörung zur Gewißheit geworden – die Bibel und die Mythen der Völker erzählen von diesen düsteren Vorahnungen anhand ihrer Sintflutsagen. Das Chaos, das Gott aus der Schöpfung ausgesperrt hatte, läßt der Mensch über diese hereinbrechen. Das Menschenbild der Genesis ist pessimistisch, was den Menschen angeht, wie aber, was Gott angeht?

Der drohende Untergang – der Archebau
(Gen 6,5-7,16 / 6. Bild)

In der Gestalt einer mythischen Erzählung will gewöhnlich ein an sich andauernder menschlicher Zustand beschrieben werden. Was hier der Erzählfaden im Hintereinander einzelner Ereignisse aufreiht, ist eigentlich das Hintereinander von Kulissen, wo sich ein Vordergrund immer wieder auf einen Hintergrund hin öffnet und vertieft. Wir werden also die Erzählung wie eine Folge von *Bildern* deuten.

Was die Bibel den „Zorn" Gottes oder seine „Reue" (den Menschen überhaupt geschaffen zu haben) nennt, ist sein notwendiges Nein zum Bösen. Gott *muß* zum Bösen nein sagen, weil er vom Wesen her gut ist. Wenn sein Nein zur Folge hat, daß er seine Schöpferhand vom Menschen zurückziehen will (ihn von der Erde „wegwischen" will – siehe die Wasserflut, Gen 6,7), dann zeigt dies nur, daß der Mensch in seiner „Sünde" (Sprachwurzel von „sich ab-sondern") von sich aus von Gott schon weggegangen ist. Die Abkehr von Gott ist die Hinwendung zum Nichts, zur Selbst-ver-*nicht*- ung. Zwischen Gott und dem Nichts gibt es keinen neutralen Standpunkt.

Daß sich der Mensch durch seine ständige Absonderung von Gott ins Nichts stürzt und dabei auf Gottes Zorn und Nein stößt, ist das eine – läßt sich Gott aber vom Menschen seinen Schöpfungswillen zerstören? – das ist das andere. Hinter dem, was wir menschlich als den gerechten Zorn Gottes, als seine Gerechtigkeit und sein Gericht nennen, tut sich indessen etwas auf, was noch ‘tiefer‘ ist als dieses: „Es tat seinem Herzen weh" (Gen 6,6b). Die Bibel schenkt uns nicht nur einen Blick in den Abgrund des (bösen) Menschenherzens, sondern auch in den Abgrund des Gottesherzens, das über diese Zustände voll Kummer, Schmerz und Weh ist: „Tiefer" als seine Gerechtigkeit ist seine Barmherzigkeit, und diese findet einen Ausweg aus der total verfahrenen Menschensituation. Wenn nun Gott einerseits an Vernichtung und andererseits an Rettung denkt, dann sind das die zwei Seiten einer Medaille. Wir müssen dann aber auch sagen, daß jeder von uns in den beiden Menschengruppen repräsentiert ist: in den zum Untergang bestimmten Sündern genauso wie in dem zur Rettung erwählten Noah. Insofern ich „Sünde" bin, soll ich von der Erde verschwinden, insofern aber Gottes Liebesschmerz mich retten will, bin ich Noah.

Auf dem Bild sehen wir beide Menschengruppen, besser: sehen wir uns selbst in beiden Menschengruppen dargestellt. Als „Noahleute" spüren wir den Rettungsimpuls Gottes als Aufforderung, an seiner Rettungstat auch mitzuwirken und „Archen" als Orte dieser Heilserfahrung zu bauen. Als Absonderer von Gott stehen wir lächelnd und unbekümmert neben diesen Rettungsversuchen und ahnen nichts davon, wie wir dem Untergang entgegentreiben – besser könnte die Gegenwart nicht beschrieben werden! So ist also immer alles gleichzeitig: im Vordergrund das böse Menschenherz, im Hintergrund sowohl Gottes Nein als auch sein Liebeskummer um uns; im Vordergrund die utopischen Archebauer auf dem Hintergrund einer Menschheit, die sagt: „Nach uns die Sintflut".

Die Flut und die rettende Arche
(Gen 7,17-8,17 / 7. Bild)

In der jetzigen Erzählung sind zwei Überlieferungen der großen Flutsage ineinandergeflochten. Der Jawhist (um 950 v.Chr.) erzählt von einem Schilfboot, bei dem aus Schilf geflochtene Wände mit Pech verschmiert sind und in dem nur je sieben Paare von reinen und unreinen Tieren Aufnahme finden. In der Priesterschrifterzählung (vor 450 v.Chr.) ist die Arche so groß wie der Kölner Dom gedacht, damit sie alle Tiere der Welt aufnehme. Die Urfassung findet sich aber im Gilgamesch-Epos, in dem ein wilder Richtergott die Menschen ausmerzen will, die Muttergöttin Ischtar sich aber dagegen wehrt. In der biblischen Version wird die Rettungsabsicht der Muttergöttin Ischtar in Jahwe selber hineinverlegt, denn wie die Sintflut einsetzt, heißt es:

> Da schreit Ischtar wie eine Gebärende.
> Es jammert die Herrin der Götter, die schönstimmige:
> Wäre doch jener Tag zu Lehm geworden,
> da ich in der Schar der Götter Schlimmem zustimmte,
> wie konnte ich in der Schar der Götter Schlimmem zustimmen,
> dem Kampf zur Vernichtung meiner Menschen zustimmen,
> Erst gebäre ich meine lieben Menschen,
> dann erfüllen sie wie Fischbrut das Meer!

„Gott ist vor und nach der Sintflut ein anderer. Im Selbstgespräch nach der Flut redet die eine Seele in seiner Brust mit der anderen. Jene, die nicht strafen und vernichten will, gewinnt die Oberhand über die erzürnte, eifernde und strafende. Woher kommen diese zwei Seelen in Jahwes Brust?" fragt Othmar Keel (Orientierung 1989, S. 89f.) und sieht die Antwort darin, daß die Rolle der Muttergottheit und ihre Funktion von Jahwe selber übernommen und ausgeübt wird.

Nun dürfen wir auch im Schilfboot einen mütterlichen Archetyp erkennen, den Schoß, den Uterus, das Haus, die Gemeinschaft: alles Bilder der Bergung und Heimat. Wenn auch das Chaos und die Flut ein Bild für jene Zerstörungen sind, die die Menschen durch ihre Sünde heraufbeschwören, so ist die Arche ein Bild für die unbedingte Rettungsabsicht und den allgemeinen Heilswillen Gottes – also jener „Mutterschoß" (rechem), der in der Bibel meistens mit „Barmherzigkeit" übersetzt wird.

Die Taube als Hoffnungszeichen
(Gen 8,6-12 / 8. Bild)

Liebevoll und symbolträchtig wird erzählt, wie Noah seine drei Tauben aussendet. Durch steinzeitliche Höhlenmalereien und schamanische Vogelmasken wissen wir, daß von alters her der Vogel als ein Symbol der Seele gesehen wird, denn wie dieser sich von der Erdenschwere befreit in den Himmel erhebt, so kann sich die Seele des Menschen zum Himmel erheben, so kann der Mensch sich selbst transzendieren, in der Hoffnung, eine Transzendenz zu finden. Die Seele als Taube und der Lebensatem Gottes in uns drängen zu Gott: Der Geist Gottes, sein Lebensatem „nimmt sich unserer Schwachheit an... er tritt selbst für uns ein mit Seufzen, das wir nicht in Worte fassen können" (Röm 8,26).

Eingeschlossen in den bergenden Schoß der Arche wartet Noah auf seine Befreiung wie auf eine neue Geburt auf einer neuen, gereinigten Erde. Er läßt seine Seele wie eine Taube aufsteigen, ob sie schon ein neues Land jenseits seiner findet, doch sie kehrt zu ihm zurück (viele, vor allem Jugendliche, suchen durch Ekstase, Tanz oder Rausch sich zu transzendieren, ohne eine wirkliche Transzendenz zu finden). Noahs Herz ist unruhig, und er schickt die zweite Taube aus: Sie findet noch keinen Platz im „Anderland", wo sie sich niederlassen könnte, doch sie bringt den Ölzweig als Zeichen und Ahnung von der gereinigten Erde und des Friedens mit Gott (viel menschliches Transzendieren in Gesprächen und Gesang, im Wandern und künstlerischen Schaffen bringt eine Ahnung von der Transzendenz Gottes, ohne schon bei ihm Fuß zu fassen). Erst als die dritte Taube nicht mehr zurückkehrt, weiß Noah, daß die Flut beendet ist, und die Arche verlassend, betritt er die gereinigte Erde; folgt er seiner Seele, die Heimat gefunden hat bei Gott.

Die Taube ist sowohl eine Gestalt für unsere Seele wie auch für den Geist Gottes, weil dieser die Unruhe und Sehnsucht unseres Herzens bewirkt, bis es Ruhe findet in Gott (Augustinus).

Der Friede mit Gott
(Gen 8,13-9,20 / 9. Bild)

Wir sehen ein wunderbares Bild des Friedens vor uns: Wie aufatmend sitzt Noahs Frau auf der neuen Erde und betrachtet das Tun ihres Mannes. Noah pflanzt einen Weinstock, den edelsten Baum des Mittelmeergebietes, der als der gerettete Lebensbaum aus dem Paradies das Zeichen neuer Hoffnung ist. Über Pflanzen, Mensch und Tier wölbt sich der Regenbogen, den Gott selbst als Zeichen und Garant jenes Friedens betrachtet, den er von sich aus mit der Kreatur geschlossen hat: „Der Herr sprach bei sich: Ich will die Erde wegen des Menschen nicht noch einmal verfluchen; denn das Trachten des Menschen ist böse von Jugend an" (Gen 8,21).

Diese Selbstverpflichtung Gottes ist so stark, daß sie die Priesterschrift einen „Bund" nennt: „Dann sprach Gott zu Noah und seinen Söhnen, die bei ihm waren: Hiermit schließe ich einen Bund mit euch und euren Nachkommen, und mit allen Lebewesen bei euch... Meinen Bogen setze ich in die Wolken, er soll das Bundeszeichen sein zwischen mir und der Erde. Balle ich Wolken über der Erde zusammen und erscheint der Bogen in den Wolken, dann gedenke ich des Bundes, der besteht zwischen mir und euch und allen Lebewesen" (Gen 9,13-15). Als Ausdruck seiner Hingabe und seines Einverständnisses baut Noah dem Herrn einen Altar und bringt ihm ein Opfer lieblichen Wohlgeruchs dar. Als Frucht der Gemeinschaft zwischen Gott und Mensch darf Noah nun den Weinstock als eine Erinnerung an das Paradies – oder als eine Vision des Weinstockes Christus setzen.

Wir können uns dieses Bild des Heiles nicht tief genug einprägen, denn einen Bund, eine absolut treue Gemeinschaft geht Gott hier mit *allen* Menschen auf der Basis der Natur und ihres rhythmischen Verlaufs ein, dem er, Gott, trotz aller Bundesbrüche durch die Menschen treu bleibt, so treu, daß er ihn immer wieder erneuert (mit Abraham, durch Christus) und vertieft. Was ist das für ein Gott, der auf die Sünde des Menschen mit neuer Liebe antwortet? Der seine Liebe zu uns erwiesen hat, „als wir noch Sünder waren, als wir noch seine Feinde waren"? (Röm 5,8.10). Von Gottes Gesinnung gilt: „Wo jedoch die Sünde mächtig wurde, da ist die Gnade übergroß geworden!" (Röm 5,20). Es ist verblüffend, wie der Jahwist schon tausend Jahre vor Christus auf seine erzählerische Weise vom unbedingten und allgemeinen Heilswillen Gottes zu seinen Menschen, zu jeder Kreatur spricht! Auf diesem Ja gründen auch alle Religionen und werden so zu wirklichen Heilswegen.

Auch Jesus dürfte auf Gottes Bund mit Noah und aller Kreatur hinweisen, wenn er spricht:

> Liebt eure Feinde..., damit ihr Söhne eures Vaters im Himmel werdet;
> denn er läßt seine Sonne aufgehen über Bösen und Guten
> und er läßt regnen über Gerechte und Ungerechte.   *(Mt 5,44f.)*

Wenn ich Noah bin...

Wenn ich Noah bin, dann weiß ich, daß ich mich auf meinen Willen allein nicht verlassen kann; daß bei aller guter Absicht mein Herz, wie das aller Menschen, am Anspruch Gottes gemessen irgendwie verkehrt und böse ist. Ich wüßte viele Beispiele anzuführen, wo ich von Jugend an falsch gehandelt habe.

Wenn ich Noah bin, dann sitzt mir der Schrecken im Nacken. Dann weiß ich, daß ich noch einmal davon gekommen bin. Was wäre mit mir, wenn man mich abgetrieben hätte? Wenn ich als Kind in der Sahelzone verhungern müßte? Wenn Bürgerkrieg meine Familie vernichtet hätte? Wenn ich in einem Land wohnen müßte, dessen Wasser und Erde von Gift und Atomstrahlen auf Jahrhunderte hin verseucht sind? Wenn ich nicht weiß, wie es einmal meinen Kindern in dieser so zerstörten Welt ergehen wird?

Wenn ich Noah bin, dann habe ich das Grauen des Nichts erlebt. Ich weiß mich von der Schöpferhand Gottes getragen, und nur auf ihr finde ich Halt. Blicke ich von Gott weg wie aus dem Rand eine Bootes hinaus, so umgibt mich nur der Abgrund des Meeres, der Abgrund des Nichts. Schaue ich in das Nichts, so überfällt mich die Angst der Vernichtung, denn ich werde von dem bestimmt, wohin ich blicke, woran ich mich halte: Aus dem Nichts kommt mir nur kalte Urangst entgegen und überschwemmt mein ganzes Lebensgefühl; berge ich mich aber in die Hand Gottes, dann bin ich vom Urvertrauen getragen. Ich bin immer wie in der Arche: von sintflutartiger Angst gepeitscht oder in Gottes bergendem Schoß voller Frieden.

Wenn ich Noah bin, dann liegt es in meiner Hand, ein Leben aus Angst oder aus Vertrauen zu führen. Dann darf ich auf den Regenbogen blicken, auch wenn sich Gewitterwolken zusammenballen. Dann gibt mir nur dieses Erlebnis Kraft, immer wieder den Lebensbaum des Paradieses zu pflanzen und Zeichen der Hoffnung zu setzen.

Symbole der Hoffnung zeichnen

Wir haben verstanden, daß die Noaherzählung nicht eine Geschichte aus vergangenen Tagen ist, sondern eine Beschreibung allgegenwärtiger Zustände: Stehen im Vordergrund die Bosheiten und Ängste der Menschen, so im Hintergrund der Heilswille und die Rettungsabsicht Gottes. Sein „bekümmertes Herz" ist jene mütterliche Mitte, die tiefer ist als es unsere Untaten sein können. Und in Zeichen der Hoffnung gibt er uns immer wieder Anhaltspunkte, dem Leben zu trauen, seinem Bund zu trauen. Verweilt man bei diesen Zeichen, so eröffnen sie das Mysterium der Trinität: Arche und Regenbogen das Mysterium des Vaters, der Weinstock das Mysterium des Sohnes und die Taube das Mysterium des Geistes.

Übertragt die unten angeführte Skizze als Collage in Gruppenarbeit, als Zeichnung oder als Malerei mit symbolträchtigen Farben auf einen großen Bogen Papier. In den Bereich der menschlichen Torheit könnt ihr Bilder von Krieg und Umweltzerstörung geben. Jeder betone das, was ihm persönlich wichtig ist. Betrachte das Bild und formuliere ein Gebet: Herr, ich bin Noah, ich... Du aber... Nun bitte ich dich... Ich danke dir...

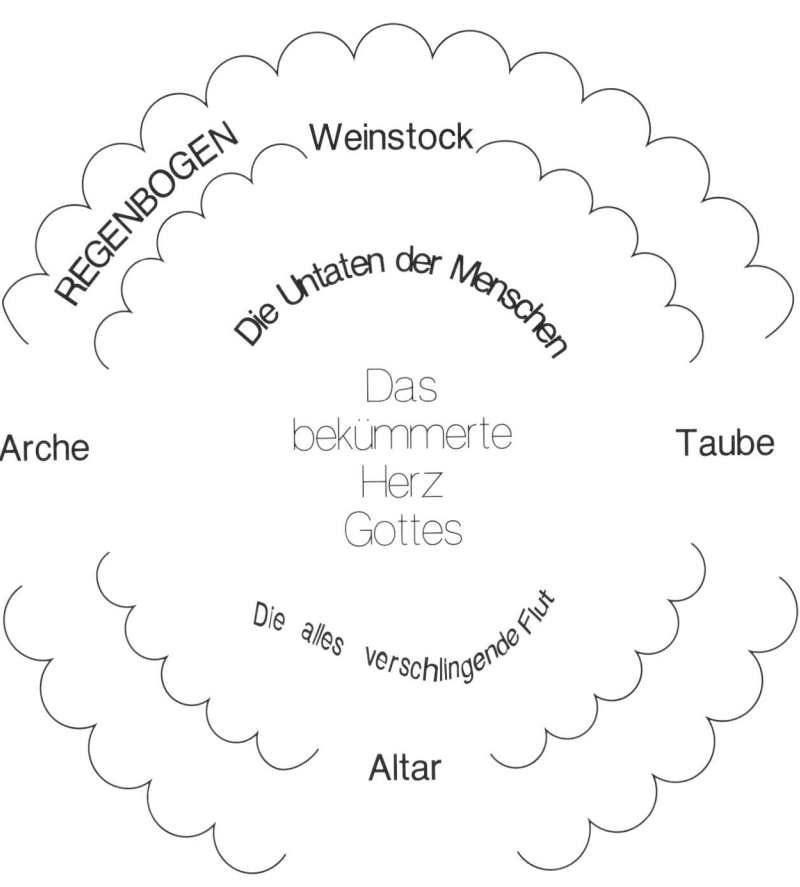

Zeichne die Tiere in der Arche

Noah wurde nicht nur mit seiner Familie, sondern auch mit seinen Tieren gerettet. Auch in sie können wir uns hineindenken. Zeichne die Arche mit ihren vielen Kammern mit Filzstiften oder mit Malkreiden auf Packpapier. Zeichne in sie hinein deine Mitschüler in Gestalt von Tieren, wie du dies für jeden treffend findest. Zeichne schweigend, nur das Lachen ist erlaubt. Malt über die Zeichnungen einen großen Regenbogen; damit sollt ihr anzeigen, daß in der Klasse (Gruppe) Friede sei. Stelle dein Bild der Klasse (Gruppe) vor und laß raten, wen du mit welchem Tier gemeint hast, oder sag es jedem (jeder kann der Reihe nach bitten: Sagt mir, was ich auf eurer Arche bin). Wie zeichnest du dich selbst? Schreibe dir auf, als welches Tier du von anderen gezeichnet wurdest. Äußere Wünsche, wenn du in der Arche eines Mitschülers noch mit drin sein möchtest.

Gebete aus der Arche

Denk dich in ein Tiersymbol hinein und laß es betend zu Gott sprechen:

> Mein Gott, ich bin nur ein Wurm...
> Lieber Gott, ich bin ein großer Vogel...
> Gott, es spricht jetzt zu dir dein Esel...
> Zwischen Elefant und Krokodil bin ich...

Lest die Gebete in der Gruppe vor oder hängt sie an die Klassenwand, lest sie schweigend (sie können auch ohne Namen geschrieben sein, und der Schreiber darf unbekannt bleiben)!

Gruppenübung zur Identitätsfindung und Friedensstiftung

Jede Schulklasse, Gruppe oder Familie ist eine Arche im kleinen und darum immer darauf angewiesen, daß jedes einerseits seine Eigenart bewahren kann und daß andererseits alle „unter dem Regenbogen" d.h. im Frieden leben:
Wer bin ich nach meiner Vorstellung, wer in der Sicht der anderen? In der Bibel nennt sich der Psalmist klagend wie eine Eule, stark wie ein Stier; Christus wird sowohl das Lamm Gottes wie auch der Löwe aus Juda genannt... Tiersymbole charakterisieren den Menschen umfassender als Begriffe, denn das Bild ist grundsätzlich nicht ausschöpfbar.
In der Bildsprache soll die eigene Identität im Spiegel der Gruppe erfragt werden. Identität setzt sich nämlich daraus zusammen, wie a) ich mich sehe, b) andere mich sehen und c) ob meine Sichtweise und die der anderen übereinstimmen oder nicht. Identität kommt aus Übereinstimmung.
Wir sitzen im kleinen Kreis zu höchstens fünf Personen. Der Reihe nach wird jede aufs Korn genommen, wobei diese Person immer schweigt. Die übrigen betrachten sie und lassen innerlich das Bild eines Tieres aufsteigen, welches diese Person gut charakterisiert. Sie teilen einander die Vorstellungen mit und begründen sie, wobei diese Metaphern ungewöhnlich viel unbewußtes Material der Menschenkenntnis emporfördert. Die Gruppe hat die Aufgabe:
a) sich auf ein von allen anerkanntes Tiersymbol zu einigen (was einen intensiven Gruppenprozeß auslöst),
b) das gemeinsam gewonnene Bild der gemeinten Person anzutragen und um ihre Zustimmung zu fragen (finde ich meine Selbstidentität in dieser Fremdwahrnehmung wieder?),

c) schließlich, wenn die Person mit oder ohne Begründung ablehnt, den Prozeß wieder von vorne beginnen zu lassen. Das Ergebnis ist ein Tiersymbol, das die gemeinsame Identität von Fremd- und Selbstwahrnehmung ausdrückt, gefüllt mit dem Reichtum der im Gespräch zu Tage getretenen Assoziationen, Gefühle und Argumente.

Die Übung kann durch den Faktor „Supervision" erweitert werden: Neben dem Innenkreis gibt es dann noch einen Außenkreis, aus dem jeder Teilnehmer eine Person im Innenkreis zu beobachten und zu „quantifizieren" hat, d.h., er macht zu jeder Äußerung seines Klienten einen Strich, zugeordnet folgenden Fragepunkten: Er/sie macht einen Vorschlag; begründet ihn; lehnt den Vorschlag eines anderen ab; schließt sich diesem zustimmend oder begründend an; vermittelt zwischen Vorschlägen; setzt sich durch. Man einige sich vorher, ob man nur die verbalen Zeichen oder auch die Körpersprache notiert. Die Beobachter geben ihre Ergebnisse den Personen des Innenkreises erst nach Abschluß von deren Aufgabe kund: Die digitalen Ergebnisse gleichen verblüffend den analogen, d.h., die „Statistik" deckt sich weitgehend mit den Tiersymbolen. Diese Zusatzübung schult die Supervision oder das soziale Verhalten einzelner.

Es gibt kein Paradiesbild, das nicht von Tieren bevölkert ist, wie ja auch meine persönliche Lebenssubstanz (bios) jahrmillionenlang durch die Tierwelt heraufgewandert ist: So können und dürfen uns die Tiere einen Spiegel vorhalten und das Paradies als einen gemeinsamen Heilsort ersehnen lassen.

Der Adam-Noah-Zyklus

Wir betrachten den Gesamtzyklus mit seinen neun Bildern.
Er hat eine Struktur wie das große „S":
Das 5. Bild in der Mitte, das den Schöpfergott im Symbol eines Töpfers darstellt, ist vor das Bild von Adam und Eva zu denken: Wir sind aus den Händen eines kreativen, phantasiereichen Gottes hervorgegangen.
1. Bild: Wenn wir uns lieben, beginnt die Welt wie ein Paradies zu blühen.
2. Bild: Gott schenkt uns zwar das Leben in Fülle (der Paradiesesbaum), er will aber von uns Hingabe und Verantwortung (die Zypresse und die Versuchung).
3. Bild: Wenn es uns als Mann oder Frau im Leben, im Lieben und im Beruf so schmerzlich ergeht, ist diese Selbstentfremdung eine Folge unserer Gottentfremdung.
4. Bild: Wer von Gott abfällt, fällt nur zu schnell über seinen Bruder her, die Gottlosigkeit wird zwangsweise zur Lieblosigkeit.
Noch einmal das 5. Bild: In der Katastrophe unserer Absonderung (Sünde) von Gott und Mensch ist es gut, sich zu erinnern, daß Gott nicht aufgibt, an uns weiterzuformen (Gott ist kein Mann, aber der unermüdliche Töpfer ist ein Bild für seine Treue).
6. Bild: Es gibt Menschen, die weiterhin die Welt zerstören, aber auch solche, die Gottes Rettungsruf vernehmen.
7. Bild: In der Arche wie im mütterlichen Schoß Gottes geborgen, können wir überleben.
8. Bild: Gottes Geist bringt unsere Seele zum Frieden (Transzendieren, „Die Möwe Jonathan").
9. Bild: Unter dem Regenbogen der absoluten Gottesliebe können wir auf dieser Erde Heil und Hoffnung pflanzen.

Strukturen der Erlösung

Wir betrachten je drei Bilder wie drei Strophen eines (Klage-) Psalms: In der ersten Strophe begegnet uns unsere erlebte Situation. Zweitens betrachten wir den Schöpfergott und appellieren mit „Du aber..." an seinen Heilswillen, kraft dessen er nicht aufgibt, an uns zu arbeiten. Die dritte Strophe malt uns eine Vision der Erlösung und holt aus uns ein Bitt- oder Dankgebet heraus.

Es ist faszinierend, wie in der Urgeschichte die Strukturen des Bösen sich zu Strukturen der Erlösung verwandeln wollen. Deutlich ist dabei die Struktur des Kreuzes zu sehen: in der senkrechten Achse (Bild 2, 5 und 9) die Liebe von und zu Gott, in der waagrechten Achse (Bild 4, 5 und 6) die schreckliche Lieblosigkeit und ihre langsame Veränderung; in der Diagonale von rechts unten nach links oben die Not des Geschlechts- und Familienlebens; in der Diagonale von links unten nach rechts oben das Glück des Eros und der Liebe, die Einheit von Gottes- und Nächstenliebe.

Das Klagegebet der Brudermörder

4. Bild: Mein Gott, wie kann Kain nur seinen Bruder erschlagen? Muß das so sein? Doch immer wieder... Selbst ich... Wie gibt es doch in der Welt...
5. Bild: Du aber bist ein barmherziger Gott... Dein pochendes Herz... Deine warmen Hände... Du schützt auch den Brudermörder... Du...
6. Bild: Laß mich nicht zu denen gehören, die Mensch und Welt zerstören... Laß mich wie Noah... Nimm mir das Herz aus Stein heraus... Hauche mir den Atem deiner Liebe ein, damit...

Der Klagepsalm der Ehepartner

3. Bild: Herr, du siehst, wie ich dasitze... eine Gebärende... Die Last der Kinder... Die Liebesnot zwischen mir und meinem Mann... Was ist aus meiner Geschlechtlichkeit geworden... Am liebsten möchte ich... Bin ich der Mann, der so die Last des Lebens trägt... Muß die Arbeit immer nur Plagerei sein... Wo ist die Liebe zu meiner Frau geblieben?...
5. Bild: Du aber bist mein Gott... Aus deinen Händen bin ich einmal hervorgegangen... Deinen eigenen Atem hast du mir gegeben... höre nicht auf...
7. Bild: Wirklich, wir sind wie eine Arche im Sturm... Das Herz bleibt mir stehen, denke ich nur daran... Laß uns eine Familie sein... Schütze unser Haus wie die Arche... Unter meinem Dach... Laß uns in Frieden zusammenleben...

Der Psalm der Liebenden

1. Bild: Herr, wie schön ist es, einen Menschen zu haben... Immer muß ich an sie, an ihn denken... Wenn wir uns umarmen... die ganze Welt erscheint mir wie...
5. Bild: Du bist mein Gott... Du hast gewußt, daß es nicht gut für mich ist, allein zu sein... Du hast mir... Mit deinem Liebesatem hast du mich angehaucht...
8. Bild: Laß meiner Seele Flügel wachsen... Laß mich aufsteigen zu dir, wie ein Vogel, der... Gib meinem Eros Schwingen, damit... Sei du als Dritter in unserem Bunde... Gib unserer Liebe die Kraft...

Der Psalm der Berufenen

2. Bild: Herr, du hast uns zum Leben gerufen... du schenkst in Überfülle... Doch du willst...
Was läßt es uns so schwer fallen, dir zu vertrauen... Woher kommt der Argwohn gegen dich...
woher die Versuchung...
5. Bild: Du aber hast uns einst aus Erde geformt... Du weißt, wir sind nur Staub, der... Du hast
uns doch als dein Ebenbild geformt... Nimm uns wieder neu in deine Hände... Fang wieder
von vorne an... Schaffe uns neu...
9. Bild: Dann werden wir unter dem Regenbogen deiner Liebe... dann soll unser Gebet wie ein
Opferduft... dann pflanzen wir in diese Welt...
Wem das Schreiben nicht gelingt, der kann die Bilder betrachten und die Gedanken schweigend oder murmelnd formulieren oder eine Zeichnung anfertigen.

Hymnen

Dem neuen Adam

Nach 1 Kor 15,45 ist der Auferstandene der neue Adam und ist als solcher lebendig machen-
der Geist, göttlicher Sturmbraus (3. Str.). Als neuer Adam begegnet er am Ostermorgen der
Maria von Magdala, die in ihm den Gärtner sah (1. Str.). Das Motiv der Liebesbegegnung und
des Gartens haben die Kirchenväter in den Worten und der Poesie des Hohenliedes wieder-
gefunden (2. und 4. Str.), so daß die Erlösung zum ewigen Paradies der Liebenden wird
(5. Str.).

1. Feiern wollen wir, o Christe,
   dich mit Preis und Lobgesang:
   heitres Wort, das wie ein Jauchzen
   durch Mariens Klage klang!
   Gärtner du, der durch die Mauern
   aller Traurigkeiten drang!

2. Erstgeborner von den Toten,
   Stiller du von Weh und Leid:
   o wie stand'st du in der Mitte
   plötzlich dieser Weltenzeit
   als der Anfang neuer Schöpfung,
   Quellgrund aller Zärtlichkeit!

3. Dringe doch, du neuer Adam,
   wie ein Sturm in unser Land.
   Unter geh die Welt der Sünde
   bald durch deines Geistes Brand,
   laß das Ende uns erfahren
   als des Aufgangs Unterpfand!

4. Schöpfer du der neuen Erde,
   wandle uns, was Wüste war,
   zu dem Garten deiner Wonne.
   Selig möge deine Schar
   rühmen dich in Reigentänzen,
   dich liebkosend immerdar.

5. Baum bist du des Paradieses,
   den der Vater schon gewährt,
   voll von Blüten, Duft und Schönheit.
   Laß, von deiner Frucht genährt,
   uns zur Liebe auferstehen,
   gleich wie Du vom Glück verklärt.

6. Dir, der ist und der gewesen,
   der auch wiederkommen wird
   und der alles, was da lebet,
   aus dem Nichts heraufgeführt:
   Dir die Weisheit, Macht und Ehre
   in die Ewigkeit gebührt!

Dem Auferstandenen und Erneuerer der Welt

Das Schicksal Jesu wird mit Jona und einem Hirschen verglichen: sein Hindurchgang durch den Tod und sein Sprung in die Freiheit (1. und 2. Str.). Als Bild für die Erlösung wird in der 3. Str. das erneuerte Paradies genannt, der neue Lebensbaum und Lebensquell. Die 4. und 5. Str. bringen als Modell für die Erlösung die Rettung durch die Arche Noah und die Wiederherstellung der Erde nach der Sintflut; der Weinstock wird zum Lebensbaum. Die Bilder der Naturmystik wie Ungeheuer, Hirsch, Baum und Quell werden in der Heilsgeschichte Jesu verwirklicht und erfüllt.

1. Jona, du, der nicht im Bauche
   eines Ungetümes lag,
   doch im dunklen Schoß der Erde:
   o wie leuchtet dir der Tag
   hellen Siegs, den keiner Hölle
   Finsternis verschlingen mag.

2. Herrlich brachest du des Todes
   nächtlich dunkle Tore auf.
   Herrlich sprangst du aus dem Grabe
   wie ein Hirsch im schnellen Lauf.
   Leben nahmst du für dein Sterben:
   Preis dem wunderbaren Kauf!

3. Nun hast du des Weltbaums Wurzel,
   Christus, wieder heil gemacht.
   Hast der Quellen Gift gewandelt
   und in wunderbarer Pracht,
   Erstgeborner aller Schöpfung,
   Paradieses Glanz entfacht.

4. Heil auch ließest du, Erstand'ner,
   Todgeweihten uns erstehen.
   Hießest uns in dich, die Arche,
   vor des Zornes Fluten gehn:
   unser Leben dort zu bergen,
   wo des Todes Tod geschehn.

5. Zeichen deines Freudenfestes
   ist der Rebstock, Noahs Wein:
   süßer als der Saft der Trauben
   soll uns deine Liebe sein,
   daß wir jauchzend dir lobsingen,
   dich in Chören benedei'n.

6. Dir, der ist und der gewesen,
   der auch wiederkommen wird
   und der alles, was da lebet,
   aus dem Nichts heraufgeführt:
   Dir die Weisheit, Macht und Ehre
   in die Ewigkeit gebührt!

6. Der Glaubensweg Abrahams

(Bildübersicht S. 52f.)

1.Teil

Abrahams Berufung und Wanderung nach Kanaan
(Gen 12,1-9 / 1. Bild)

Wir sehen auf dem Bild Abraham, wie er mit seiner Frau Sarai und seinem Neffen Lot auf dem Wege ist. Die biblische Erzählung beginnt mit dem Satz: „Der Herr sprach zu Abraham..." Unvermittelt spricht Gott Abraham an und bringt so die Geschichte in Gang. Wir dürfen nach den heutigen Begriffen von einem „mystischen" Geschehen sprechen, denn die Initiative liegt allein bei Gott, und durch sein Wort spricht er von Person zu Person zu Abraham. Keine Religion, kein Gottesbild und kein heiliges Buch vermittelt dieses Gotteswort, sondern es trifft Abraham unvermittelt und überraschend, denn er hat von sich aus Gott nicht gesucht, Gott hat *ihn* heimgesucht. Wie immer Abraham sich dieses Gotteswortes bewußt wurde, es löste in ihm ein Ereignis aus, es schreckte ihn aus seiner gewohnten Umgebung auf, denn das Wort war ein Befehl, Familie, Sippe und Vaterstadt zu verlassen. Der von Gott getroffene Mystiker wird in einer Stadtkultur der Mond- und Sternengötter heimatlos, und er beginnt, *seinen Gott* zu suchen, der ihn gerufen hat. Auch seine Sippe und sein Vaterhaus läßt er hinter sich, denn seine Heimat liegt nun *vor* ihm und nicht mehr hinter ihm. Es gibt Menschen, die diese Unruhe kennen: plötzlich werden ihnen Familie oder Beruf schal und nichtssagend, sie beginnen wie etwa Bruder Klaus von der Flüe „etwas" zu suchen, was sich bisweilen erst nach langer Wanderschaft als der rufende Gott zu erkennen gibt. „Unruhig ist des Menschen Herz, bis es Ruhe findet in dir, o Gott", sagt Augustinus. Es ist allein Gottes Entscheidung, Menschen auf diese unvermittelte Weise quer durch alle Religionen, Kulturen und Familien so aufbrechen zu lassen, daß daraus eine Gott suchende Wanderschaft entsteht.
Gott holt die so Gerufenen von der Erde nicht weg, sondern führt sie geradezu in ein Land; er macht sie nicht einsam, sondern verspricht ihnen eine große Nachkommenschaft – was immer es auch sein mag. Sie erleben sich als gesegnet, wir formulieren heute vielleicht vorsichtig: Sie erfahren, daß dieses ihr Leben einen tiefen *Sinn* hat, und Segen und Sinn wird von ihnen auch auf andere Menschen übergehen. Vielleicht ist das der größte Nachruf, den man einem Menschen geben kann: „Er ist für andere zum Segen geworden."

Das Bild zeigt uns Abraham zusammen mit seiner Frau Sarai und seinem Neffen Lot, beide Gestalten werden in seinem Leben eine große Rolle spielen: Lot ist wie ein herangewachsener Sohn, der sich leichtsinnig ins Leben stürzt und so zum Symbol des Leichtglaubens wird. Sarai wiederum wird dem Glauben Abrahams nicht folgen können und wird zum Typos des Unglaubens. Jeder von uns verwirklicht irgendwie jede dieser Gestalten: Unser Glaube wandert flankiert von der Versuchung zum Leichtsinn und zum Unglauben seinen Weg im Vertrauen auf Gottes Ruf. „Ich weiß nicht, wohin mich Gott führt, aber ich weiß, *daß* er mich führt", sagt Walter Flex. Wenn Paulus den Abraham zum Urtyp des Glaubens, auch des Christenglaubens erklärt, dann deswegen, weil jeder Glaubende unmittelbar zu Gott ist und weil sich im tiefsten Grund des Herzens nichts zwischen Gott und die menschliche Person schieben darf, auch keine verfaßte Religion. „Gott und die Seele" war lang der Leitsatz Kardinal Newmans.

Der Vater Abraham, die Begegnung mit Melchisedek
(Gen 13-14 / 2. Bild)

Das Bild zeigt Abraham vor Melchisedek, wie es wegen seiner eucharistischen Symbole von Brot und Wein vertraut geworden ist. Es stellt den Abschluß einer Kette von Ereignissen dar, durch die zu Abraham als dem *Vater* Liebe und Vertrauen geweckt werden sollen. Wenn der sterbende Jude in den Schoß Abrahams gebettet werden will, dann hofft er wie ein Enkelkind auf dem Schoß des geliebten Großvaters ewig Geborgenheit zu finden. Die Erzählungen wollen dieses Vertrauen aufbauen:
Der Neffe Lot kann wie ein heranwachsender Sohn gesehen werden, Abraham sorgt sich ja auch wie ein Vater um ihn. Mehr noch: Er nennt ihn „Bruder", anerkennt ihn so als gleichberechtigten Erwachsenen. Und als es wegen des Mangels an Weideplätzen zwischen den Hirten beider zum Streit kommen will, schlägt Abraham von sich aus eine Trennung vor, indem er die Wahl der Weideplätze dem Jüngeren überläßt: „Gehst du nach links, gehe ich nach rechts." Wie viele Eltern zeigen sich ihren herangewachsenen Kindern gegenüber so partnerschaftlich und großzügig? Lot wählt die üppigen Auen des Jordan zum Aufenthaltsplatz. Den jüdischen Lesern stand wohl das reiche Kulturland Ägyptens oder Babylons vor Augen, das für viele von ihnen zur ständigen Verlockung eines besseren, aber doch auch gottlosen Lebens wurde. Durch einen sehr altertümlichen Kriegsbericht erfahren wir von einem Aufstand und dann von einem Straffeldzug von Königen und Vasallen, durch die Lot in Kriegsgefangenschaft geriet. Ohne Zögern rüstet Abraham einige hundert Männer aus, um Lot und die Seinen zu befreien. Der Gottesfreund Abraham legt nicht seine Hände fromm in den Schoß, sondern läßt sich in die Händel dieser Welt verwickeln, wenn es gilt, die Seinen zu retten. Abraham lehnt jeden Anteil an der Beute ab, sein Engagement ist das eines Vaters, der seine erwachsenen Kinder auch dann nicht im Stich läßt, wenn sie in selbstverschuldetes Elend geraten sind. Durch die Begegnung mit dem Priesterkönig Melchisedek wird weiter Segen auf Abraham gelegt. Wie nötig hätten es Väter und Mütter heute, selber gesegnet zu werden, damit sie Segen für die Ihren sein können!
Die Vaterschaft Abrahams bekommt noch eine universale Dimension: Melchisedek muß man sich als einen kananäischen Stadtkönig denken, er dient dem „Höchsten Gott", dem „Schöp-

fer Himmels und der Erde", der also der Gott aller Völker und Religionen ist. Abraham erkennt ihn auch als seinen Gott an – eine Ökumene, in der nicht einer den anderen zu seiner Religion bekehrt, sondern in der jeder den Gott des anderen als seinen Gott erkennt und anerkennt. Der Vater Abraham weist von sich weg auf die universale Vaterschaft Gottes und wird gerade dadurch vertrauenswürdig. Vollends wird sein Vatersein Größe gewinnen, wenn Lot in den Untergang Sodoms hineingezogen wird. So greifbar und konkret kann es zugehen, wenn Menschen für andere zum Segen werden.

Gottes Bund mit Abraham
(Gen 15,1-21 / 3. Bild)

Das 15. Kapitel ist zwar kurz, aber aus unterschiedlichsten Überlieferungssätzen zusammengestellt. Wenn jemand die Pracht des unendlichen Sternenhimmels vor Augen hat, so wird gewöhnlich sein Sinn an die unendliche Herrlichkeit Gottes gemahnt, was auch der Sehnsuchtsweg der Religionen auf ihrer Suche nach Gott und seiner Transzendenz will. Wieder geht es nicht darum, daß Abraham religiös aktiv wird, sondern Gott selbst eröffnet sich ihm als Schild und Schutz und schließt mit ihm Gemeinschaft und Bund. Es gilt auch hier, was Pascal Gott zum Menschen sagen läßt: „Du würdest mich nicht suchen, wenn ich dich nicht schon gefunden hätte."
Überraschend ist auch, welchen Sinn Gott selbst dem Blick auf den unendlichen Sternenhimmel gibt: nicht die Transzendenz Gottes soll er spiegeln, sondern die Nachkommenschaft Abrahams ist zahlreich wie das Sternenheer und der Sand am Meer. Der Blick wird vom Himmel auf die Erde gelenkt, von der Sehnsucht nach Gottes Transzendenz zum Segensauftrag für die Welt. Nur Gott konnte wissen, daß ein menschlicher Nachkomme Abrahams Gott auf Erden sein wird und so Himmel und Erde nicht mehr auseinanderklaffen, sondern die Herrlichkeit des Himmels in einem „Erdling", also in einem „Adam", anzutreffen sein wird.
Gott selbst ist es auch, der das Ritual des Bundesschlusses anordnet (mag auch die Tradition dabei an uralte Kultbräuche denken): Wären die halbierten Opfertiere die Gaben zweier menschlicher Bundespartner, so würden diese zur Besiegelung des Bundes ihre Opfer Gott darbringen; so aber ist alles Gabe und Symbol Abrahams selbst, denn die gehälfteten Tiere stellen irgendwie seine rechte und linke Körperhälfte dar, durch die Gott wie ein verzehrendes Feuer fährt. Gott ist es, der den Abraham einschmilzt in die göttliche Gemeinschaft. Alles aber geschieht nach Sonnenuntergang, im Dunkeln und im tiefen Schlaf: Alles ist ein großes Geheimnis, ein Mysterium der Einigung, das selbst dem Bewußtsein Abrahams verborgen bleibt, es ist für ihn „transpersonal", aber hinübergehoben in das Personmysterium Gottes. Die Abrahamsgeschichte entrollt immer mehr Vorgänge und Geschehnisse, durch die Gott den Glaubensvater zum Segen für die Menschheit macht. Mystik und Heilsgeschichte verschmelzen miteinander.

Gott zu Gast bei Abraham
(Gen 18,1-33 / 4. Bild)

Die wunderbare Geschichte vom Besuch der drei Engel bei Abraham entfaltet die Verheißung der Nachkommenschaft in farbigster und anschaulichster Weise. In der Mittagshitze
unter der heiligen Orakeleiche sitzend wird Abraham im Säuseln des Windes und im Wispern
der Blätter ein Raunen von Gott her gehört haben, der sich dem, der auf ihn hören kann, auch
in diesen Zeichen der Natur offenbart.
Nach dem uralten Glauben der Völker kommt Gott auch im Fremden, in den Besuchern zum
Menschen, wodurch die Gastfreundschaft seit je geheiligt ist. Diese innere Gotterfülltheit
Abrahams macht es, daß er sogleich in den drei fremden Wanderern Gott erahnt und bewir-
tet. Die altorientalische Höflichkeit wird auf dem Goldhintergrund der Gottesgegenwart bei all
ihrer Profanität zur heiligen Handlung. Die drei Wanderer, aus denen Gott spricht und in
denen die Christen die Dreifaltigkeit abgebildet sehen, hinterlassen als ihr Gastgeschenk an
Abraham die Verheißung, daß er und seine Frau übers Jahr das ersehnte Kind bekommen.
Dieses Kind und das aus ihm werdende Volk tragen den Gottessegen in die Menschheitsgeschichte. Das Motiv der Unfruchtbarkeit deutet darauf hin, daß die Schöpferkraft Gottes jede
Wüste zum Erblühen bringen kann.
Paulus legt darauf Wert, daß es im Singular „deinem" Samen heißt, und er versteht unter
diesem einen den einen Menschen Jesus. Mit dem alten Propheten Simeon, der das Jesus-
kind in seine Arme nimmt und Gott dafür preist, daß er die Erfüllung uralter Verheißung erleben darf, verschmilzt Abraham zu einer Gestalt, diese stellt sogar die ganze, altgewordene
Menschheit dar, die durch den Lebensquell des Messiaskindes zu neuer Kraft erweckt wird.
Im Rauschen des Baumes, in den Dreifaltig-Engeln, im Wort und Kind Gottes, in der geister-
füllten Innerlichkeit Abrahams – in allem ist ewige Göttlichkeit!

Abraham, der große Fürbitter, und Lots Errettung
(Gen 18,16-19,29 / 5. Bild)

Lot hatte seinen Wohnsitz im reichen, aber gottlosen Sodom gewählt und dabei leichtsinnig
seinen Glauben und sein Leben aufs Spiel gesetzt. Die Engel, die von Abraham weg und in
den Jordangraben gehen, müssen nach dem Un-Rechten schauen und das Gericht heraufbeschwören. Wenn Lot in ihnen auch Göttliches ahnt, so handelt er schrecklich menschlich,
schrecklich patriarchalistisch. Doppelt zeigt sich die Verderbtheit der Sodomiter: sie wollen
mit den jungen Männern Unzucht treiben, ausgerechnet mit den Gottesboten, von deren Herkunft sie nichts bemerken.
Sie wahren weder die Achtung vor Gott noch vor der Menschenwürde; und als Lot die Männer
retten will, erpressen die Sodomiter ihn mit argen Drohungen, so daß er ihnen seine Töchter
anbietet. Feuer und Schwefel werden die Stadt zerstören, was sie heraufbeschwören, nennt
die Bibel das Gericht Gottes. Wir kennen diese Schreckenszusammenhänge nur zu gut: Abfall

von Gott, Zerstörung der Humanität und Verwüstung der Landschaft, des Lebensraumes. Diese Mikroerzählung bietet sich als Spiegel für unsere Makrogesellschaft an; die Figuren werden zu Typen, die Ereignisse zu Symbolen höchster Aktualität.

Trotz aller Düsterkeit will diese Erzählung keine Gerichts-, sondern eine Rettungsgeschichte sein: die Engel retten Lot, indem sie ihn ins Haus ziehen, zur Flucht drängen, aufs Feld führen und ihm eine Stätte der Zuflucht anbieten. Gott will nicht den Untergang der Menschen; die auf ihn und seine Boten hören, finden Rettung. Freilich, wer wie Lots Frau nicht auf die Gotteszukunft, sondern auf die Menschenuntat zurückschaut, erstarrt, wenn er das sieht, was der Mensch anrichtet. Der Untergang Sodoms ist der dunkle Hintergrund, Lots Frau die Kontrastfigur für die Botschaft der prophetischen Symbolgeschichte: sich dem Treiben der gottlosen Welt nicht anzupassen, um nicht zusammen mit ihr unterzugehen.

Die Erzählung von Gericht und Gnade ist in die Abrahamsgeschichte eingebettet, um ihr Licht auf ihn zu werfen: Gott macht den Mystiker des Glaubens zum Mitwisser über das Heil und Unheil der Menschen, ihm liegt daran, daß der Glaubende Gottes Sorge und Heilsabsicht für die Menschen teile. So gelangt Abraham zu einer Menschenkenntnis, die eine unmittelbare Herzensschau ist. In ihm regt sich ein Engagement für den Menschen, eine Sorge um seine Rettung und eine unendliche Geduld – so, daß Gottes eigenes Engagement am Menschen sich im Herzen des Urvaters regt. Und diesen drängt es dann gerade wegen der Sorge um den Menschen zum Gespräch mit Gott. Als Staub und Asche fühlt er sich vor ihm, aber unnachgiebig wendet er sich an ihn!

Seine Vorstellungen von der Anzahl der Gerechten, von der Möglichkeit der Menschen schraubt er herab, seine Vorstellungen von der Güte Gottes und von seiner Geduld schraubt er immer weiter hinauf! Und so vermittelt die Bibel das Bild Abrahams als das Bild des großen Fürbitters für die Seinen. Viel hat er für seinen Sohn Lot und in ihm für ganz Israel getan, hat ihn freigegeben und freigekämpft, jetzt aber, da er nichts mehr für ihn tun kann, wendet er sich an Gott. Die Hände, die zum Handeln gebunden sind, erheben sich zum Gebet. Abraham, der Glaubensvater der Juden, Christen und Muslime, nimmt beinahe die Dimensionen Jesu an, der am Kreuz für alle betet. Glauben können heißt, sich bei einem solchen Vater geborgen wissen.

Umgekehrt dürfen wir Kinder Abrahams für unsere (entwachsenen, entlaufenen) Söhne und Töchter mit der Glaubenskraft Abrahams beten und uns mit den gewaltigen Verheißungen Gottes trösten.

2. Teil

Sara und Abrahams Söhne
(Gen 12,10-20; 16,1-6; 18,10b-15; 21,1-8 / 6. Bild)

12,10-20: Sarai, die Frau Abrahams, ist die Urmutter Israels und daher von Gott besonders begnadet und beschützt. Kaum aus Chaldäa ausgewandert, zieht die Familie nach Ägypten, wo Sarais Bedeutung erfahren wird: Ihre Schönheit, der Widerschein der Gnade Gottes, wird mehrmals gerühmt. Sie wird geliebt und begehrt, ist also eine Quelle der Liebe; als Pharao sie einfach zur Frau nimmt, wird offenkundig, daß sie unter dem besonderen Schutz Gottes steht, der Pharao und sein Haus mit Krankheit schlägt. Von Plagen heimgesucht, gibt Pharao sie frei und läßt sie aus Ägypten reich beschenkt ziehen – schon die Urmutter geht den Exodusweg des Volkes. Das Motiv muß dem Erzähler so wichtig gewesen sein, daß es im 20. Kapitel nochmals und etwas realistischer im Zusammenhang mit einem Kleinkönig erzählt wird.

16,1-6: Dem Abraham war trotz seines Alters von Gott Kindersegen verheißen, Sarai jedoch teilte den Glauben ihres Mannes nicht: Sie blieb Realistin und holte sich nach damaligem Rechtsbrauch ein Kind von ihrer Magd Hagar, die sie von Abraham schwängern ließ. Der menschliche Konflikt zweier Frauen ist vorprogrammiert; müssen Rivalität und Verachtung auch deswegen kommen, weil das Vorgehen dem Unglauben entsprungen ist? Fängt das Herz des Menschen sich zu verhärten an, wenn es sich Gott verschließt?

18,10b-15: Die Geschichte von Saras Unglauben wird nochmals erzählt und breiter entfaltet: Sie hört hinter dem Zelteingang die Verheißung der Engel, doch diese entlockt ihr nur ein Lachen, das ob ihres Alters und ihrer Unfruchtbarkeit resigniert, besserwissend und hoffnungslos klingt. Zweifachen Zweifel meldet sie an: „Soll ich noch das Glück der Liebe genießen?!" Enttäuschungen in der Liebe, Rivalitäten, Verletzungen und Vereinsamung bringen viele Menschen auf diesen Punkt des hohlen Lachens, das sich und Gott nichts mehr zutraut. Der zweite Zweifel: „Soll ich wirklich noch Kinder bekommen?" Im wörtlichen wie im übertragenen Sinn ist das Kind der Archetyp des Neubeginns und der Fruchtbarkeit: Soll mein Leben sich noch erneuern? Kann unsere ausgetrocknete Beziehung noch einmal fruchtbar werden? Hat unser zerfallendes Leben überhaupt noch Chancen? Zweifel und Unglauben decken die Abgründe der menschlichen Not auf.
Wie nun die Engel mit Abraham über Sara reden, könnte sie noch die helfende Hand ergreifen: Der Glaube sagt: Beim Herrn ist nichts unmöglich – der Ungläubigen kostet das nur ein Lachen. Zur Rede gestellt geht sie nicht in sich, sondern steigert das Lachen zur Lüge; der Unglaube wird zur Hoffnungslosigkeit, die Gott für mein eigenes Leben nichts mehr zutraut. Hinter allem steht die Angst, die sich unweigerlich in dem Maße einstellt, in dem das Vertrauen schwindet. Mit wenigen, aber markanten Strichen zeichnet die Bibel Sara als Figur des Unglaubens.

21,1-8: Trotz ihres zweifelnden Unglaubens, der Gott nichts mehr zutrauen will, bekommt Sara ihr Kind. Dieses Kind verwandelt ihr hartes zu einem fröhlichen Lachen, denn es ist die Verleiblichung der Gnade Gottes. Schön, wer ein Kind empfangen, aber auch sein Fortgehen, sein oftmaliges „Entwöhntwerden" feiern kann.

Die Vertreibung Hagars und die Rettung Ismaels
(Gen 21,9-21 / 7. Bild)

Der zweifelnde Unglaube Saras hat sich bereits im Zwist mit ihrer Rivalin Hagar ausgewirkt, wie hart aber ihr Herz inzwischen geworden ist, offenbart sie, wie sie die beiden Kinder fröhlich miteinander spielen sieht. Kinderspiel, Geschwistereintracht und Bubenlachen mag sie nicht mehr ertragen. Da sie selber einen Sohn hat, will sie den adoptierten Ismael verstoßen, denn nur ihr Liebling allein sollte das Erbe bekommen und es nicht teilen müssen. Ihre Herzenshärte zielt auf den Tod der Frau und des Kindes. Und wie schrecklich: Sie verlangt die Durchführung der Verstoßung in den Tod von ihrem Mann! Unendliche Trauer überfällt Abraham, die nur durch ein Gotteswort, das Schicksal der beiden in Gottes Hand zu legen, gelindert wird. Abrahams Glaube hat ihn weitherzig und zum Fürbitter für Lot und Sodom gemacht, Saras Unglaube macht sie hartherzig und treibt sie zur Vernichtung ungeliebter Menschen!
Mit etwas Brot und Wasser von Abraham versorgt, irrt die verstoßene Frau in der Wüste umher, ihren und ihres Kindes sicheren Tod vor Augen. Ihr Sterben mag sie noch erdulden, das Weinen des sterbenden Kindes aber kann sie nicht ertragen. Wieviel Frauen ergeht es ebenso? Ist Hagar der Archetyp der von einem Mann verlassenen und verstoßenen Frau? Wer kennt ihre Wut und Verzweiflung, ihre Traurigkeit und Vereinsamung? Wie reagieren die Menschen auf solche Schicksale, wie die Kirche, wie Gott?
Ein Engel vom Himmel her, der in die Wüste hineinruft, ist die Chiffre für eine Transzendenzerfahrung, für das tiefe Bewußtwerden der Gegenwart Gottes. Ist es ein Zufall, daß der Mensch Gott gerade dann spürt, wenn er sich in der lautlosen Wüste und in qualvollem Elend befindet? Der Engel fragt Hagar, was sie hat; in der Gegenwart Gottes erfährt man sich verstanden, von Gott gehört und gerade in seiner Not aufgefangen. Gerade Gott verstößt die Frauen nicht, die die Männer verstoßen haben: Er teilt ihre Einsamkeit, gibt ihnen Mut und fordert sie zur Fürsorge für die Kinder auf.
Gottes Rettungstat führt die Frau ihrerseits zum rettenden Handeln.
Der Engel, die Transzendenzerfahrung, öffnet ihr die Augen, daß sie selber die Quelle entdecken, selber sehen kann, wo für sie noch Ressourcen und Möglichkeiten zum Leben sind. Mit neuem Blick und neuer Kraft handelt sie für sich und ihr Kind – das Leben geht weiter, das Kind wird tüchtig und fruchtbar. So ergreift Gott Partei für die Verstoßenen.

Das Opfer Abrahams
(Gen 22,1-10 / 8. Bild)

Wir kommen nun zur letzten großen Erzählung, die von Abraham überliefert ist. Dieses Kapitel der Genesis schlägt zugleich eines der dunkelsten und geheimnisvollsten Kapitel der Bibel überhaupt auf, vergleichbar der Todesstunde Jesu oder dem Kapitel vom leidenden Gottesknecht und mancher der großen und entsetzlichen Klagepsalmen. Es ist ein Kapitel, in dem sich das Antlitz Gottes zu verschleiern scheint und finster zu werden droht – eine Finsternis, die keine Gründe mehr kennt, die man erklären könnte, wo nur noch ein absolutes Vertrauen zu Gott selber durchrettet. Abraham hat schon seinen ersten Sohn Ismael verloren und ihn in die Wüste schicken müssen. Gott hat Abraham alles verheißen, was er ihm nur verheißen kann: ein Land (von dem er am Schluß allerdings nicht mehr besaß als das Grab, das er für sich und seine Frau gekauft hatte), große Nachkommenschaft und, daß er der Segensträger und Segensbringer für alle Menschen sein werde. Lange hat es gedauert, bis sich ihm die Verheißung der unendlichen Sternenwelt in der Geburt Isaaks zu realisieren begonnen hat. Und nun, nachdem dieser als Kind, als Junge herangewachsen war, fordert Gott ohne Erklärung und ohne Begründung das Kind zurück und verlangt sogar, daß Abraham es ihm opfere, opfern, wie man Tiere opfert, die man schlachtet! Wenn Gott so Grausames von einem Vater verlangt, dann ist wohl die Frage angebracht, ob dieser Gott nicht selber grausam sei. Wir können uns durch Erklärungsversuche herantasten, mehr nicht.

Die erste Deutung: Der Leser oder Hörer der Bibel vernimmt schon am Anfang dieser schrecklichen Geschichte, daß Gott Abraham auf die Probe stellen wollte, er wird also über den Entscheid und Ratschluß Gottes vorinformiert. Gott geht es darum, aus Abraham ganz das Vertrauen hervorzulocken – eine Herausforderung, die zugleich eine Herausforderung des letzten ist, was Abraham zu geben vermag. Als weitere Erklärung hilft auch, daß diese Erzählung ursprünglich in der Religionsgeschichte Kanaans und Israels jene Nahtstelle anzeigt, an der den Israeliten bewußt wurde, daß Gott keine Menschenopfer verlangt, keine Kindesopfer, wie die Kanaaniter sie zu opfern pflegten. So will diese Erzählung sicher den Israeliten sagen: Wenn ihr glaubt, Gott fordert Kindesopfer, so hört auf die Botschaft des Engels: Er fordert sie nicht, er sucht sich statt dessen Tieropfer! So betrachtet, hat diese Geschichte auch etwas Tröstliches. Auch die Erklärung aus der Familiengeschichte hilft, nämlich, daß es Eltern immer wieder sehr sehr schwer fällt, ihre Kinder herzugeben, groß werden und fort ziehen zu lassen, sie sozusagen Gott zu geben. Wir haben die Kinder zu leihen bekommen, wir sollen sie wieder hergeben. Für manche Eltern ist es wirklich so, als müßten sie mit dem Messer selber spät noch die Nabelschnur durchschneiden, die sie mit den Kindern verbindet, was manche Eltern überhaupt nicht können. Wenn ein Kind früh stirbt, wenn ein 18jähriger durch einen Autounfall umkommt – wie mögen da die Eltern gegen Gott protestieren! Eltern, die einen solchen Schmerz der Trennung zwischen sich und dem Kind, das sie Gott zurückgeben müssen, erleben, können sich tatsächlich in dem Bild Abrahams wiederfinden.

Für Abraham und für Kinder Abrahams in der Situation Abrahams ist es aber noch ein tieferer Schritt in die Dunkelheit, nicht in die Helligkeit des Mysteriums, weil hier Gott nämlich gerade das zurücknimmt, was er dem Glaubenden verheißt; weil er ihm Leben und Zukunft eröffnet und sie ihm wieder fast zynisch wegnimmt.

Als Abraham, so sagen die Kirchenväter, aus Ur in Chaldäa ausgezogen war, hatte er seine Vergangenheit zurückgelassen und Gott geschenkt. Und jetzt, da er seinen Sohn, den Träger der Verheißung, hergeben soll, muß er Gott seine Zukunft schenken. Das hat der Glaube Abrahams stumm realisiert: kein lebendiges Wesen gehört einem Menschen, einem Geschöpf, sondern nur seinem Schöpfer. Und wenn sein Schöpfer seinen Sohn zurückfordert, so unverständlich das für Abraham auch erscheint, so gibt er Gott die Ehre; er anerkennt so, daß nur Gott allein der Herr seiner Geschöpfe ist. Er gibt ihm in einem unbegreiflichen Akt des Vertrauens seinen Sohn zurück, wissend: er ist bei Gott aufgehoben. Das nimmt aber nichts von dieser schrecklichen Tat und Zumutung, die nur dem Tode Jesu vergleichbar ist, dem Gott die Verkündigung und den Anbruch des Reiches aufgetragen hat, und der doch im Angesicht des anbrechenden Gottesreiches einen entsetzlichen Tod der Gottverlassenheit stirbt. Die Bibel weiß, daß man in Gott wie in eine absolute Unbegreiflichkeit hineinstürzen kann. Wäre Gott begreiflich, dann wäre er nicht mehr Gott. Das Geheimnis der Unendlichkeit und der Unbegreiflichkeit Gottes kann für den Menschen ein völlig verhülltes dunkles Geheimnis sein. Der Glaube hat hier seine letzte, wirklich seine letzte Erprobung. Man kann nicht mehr tun als einem Gott, der sich vor einem in Finsternis verhüllt, einfach fraglos und ohne Aufbegehren (so als würde man alles zusammenfassen, was man nur hat), vertrauen und sich in ihn hineinfallen lassen. Für manche Menschen mag das Zugehen auf den Tod und der Tod selber so ein Akt einer absoluten, rückhaltlosen, aber auch unbegreiflichen Übergabe an Gott sein. Es wird hier Gott nicht beschönigt, es wird das Geheimnis Gottes für den, der ein Freund Gottes ist, zu einem Schrecken erregenden Geheimnis – die dunkle Nacht der Mystik! Karg und hart wird erzählt; es wird einfach gesagt, daß Gott zu Abraham spricht und dies von ihm verlangt. Ohne Wenn und Aber macht sich Abraham auf, geht stumm neben seinen Knechten und seinem Sohn einher, dann die ergreifende Szene, wie er seinem Kind, dem Opfer selber, das Holz aufbürdet und dann nach langen, langen Schritten des Schweigens der Knabe fragt: Hier Vater ist Feuer und Holz, wo ist denn das Opfertier? Man merkt förmlich an der Kargheit der Sprache, wie es Abraham den Hals zuschnürt, als er sagt, mein Sohn, Gott wird sich sein Opfer schon suchen. Er konnte ihm nicht sagen: Du bist es, das brachte er nicht über die Lippen.

Es wird auch von altersher von der christlichen Kunst und Predigt in Isaak Jesus selber gesehen, der Sohn Gottes, der sich das Kreuz als Opferholz aufbürdet und damit auf den Berg steigt. Auch Abraham ist ein Urtypos von Jesus; Jesus ist Abraham und Isaak zugleich, denn Abraham ist doch der, der blind, dort wo er keinen Ausweg, keine Erklärung, keinen Sinn mehr sieht, sich doch Gottes Händen übergibt.

Das Andachtsbild der Pietà, der Schmerzensmutter Maria, die ihren toten Sohn im Schoß hält, greift das Motiv des Opfers Abrahams auf seine Weise auf und wird so für viele christlichen Mütter, die ein Kind verlieren, zum Trost.

Der Engel, das Lamm und die Verheißung
(Gen 22,11-19 / 9. Bild)

Im letzten Bild kommt zur Sprache, wie diese Geschichte sich mühsam einen Ausgang sucht. Zunächst einmal, daß der Engel dem Abraham in die Arme fällt, wie es Rembrandt darstellt; der Engel muß Abraham am Arm festhalten, ihn zurückreißen, sagen: Nein, Gott will es nicht! Ich glaube, daß diese Situation für Abraham die schwierigste war. Denn wenn er sich durchgerungen hat, seinen Sohn Gott zu schenken, dann muß diese Stelle fast zynisch klingen. Warum spielt Gott mit mir? Warum hast du mir das nicht vorher gesagt? Warum treibst du Mutwillen mit mir und läßt mich als Vater zuinnerst erstarren, damit ich überhaupt dieses Opfer und dieses Ja zustande bringe? Hier wird Abraham so groß, so übergroß, wie ihn Chagall in Mainz in der Kirche St. Stephan gemalt hat. Es ist auch unerklärlich, daß er sich hier nicht aufbäumt, nicht aufbegehrt. Und hier begegnen sich zwei große Alte, zwei Freunde: Gott und sein Freund Abraham und Abraham, der Gottesfreund, und sein Gott, die hier wohl in ein Geheimnis eintauchen, bei dem wir nur schweigend danebenstehen können. Denn es ist ja nicht zufällig, daß der Satz, den der Engel zu Abraham sagt: „Weil du deinen einzigen Sohn nicht geschont hast...", von Paulus oder von Johannes von Gott ausgesagt wird: Gott hat ja auch seinen einzigen Sohn nicht geschont und ihn für uns alle dahingegeben. So als würden diese beiden großen Väter, Gott und Abraham an Großmut wetteifern. Was sich hier ausdrückt, wird zwar später in der Heilsgeschichte gesagt, Abraham konnte es selber nicht hören: Gott verlangt von dir nicht etwas, was er nicht selber auch täte! Im Hingeben gibt es keine Grenzen, Gott hat auch nichts zurückgehalten, seinen Sohn, seinen Logos, sein Innerstes hat er dahingegeben, wissend, daß die Menschen mit ihm sehr grausam verfahren würden.

Die christliche Kunst stellt den Engel oft dar, wie er das Ersatztier, das Opferlamm, den Widder vom Himmel herniederträgt. Jeder Christ wird wohl an dieses Tier erinnert, das sich Gott selber zum Opfer ausgesucht hat: das Lamm Gottes. Griechisch heißt „pais" der Knecht, der Knabe und das Jungtier, wir könnten sagen, der „Junge" vom Vater, das Junge vom Schaf und der junge Diener eines Königs. Und so sind die Worte Sohn Gottes, Knecht Gottes, Lamm Gottes austauschbar, sie klingen eines ins andere. Abraham hat sich vor das brennende Sodom gestellt, hat übergroß seine fürbittenden Hände über die ganze Welt gebreitet, um für sie einzustehen, für sie zu bitten und für sie mit Gott zu verhandeln – dieses Gebet löst sich ein und wird zur Wirklichkeit in dem Menschen, der dann tatsächlich dieses Opferlamm ist, das sich Gott selber ausgesucht hat, nämlich sein Sohn. Und so mündet die Abrahamsgeschichte in das Hineingehen, Hineinstürzen und Heimgehen in das Land, das nicht ein Land dieser Welt ist, sondern die Unendlichkeit Gottes selber meint. Diese mystische Hingabe kann jemand im Sterben erleben, vielleicht auch dann, wenn er etwas hergeben muß, das ihm so kostbar ist wie ein eigenes Kind, seine eigene Seele. Auch Gott hat diese Welt so sehr geliebt, daß er seinen einzigen Sohn für sie dahingab.

Übungen zum Abrahamzyklus

An Abraham einen Brief schreiben!

Lieber Vater Abraham!
Wenn ich dir heute einen Brief schreibe, so will ich mich mit dir auseinandersetzen, denn wenn ich an dich denke, muß ich auch an deinen Glauben denken; und wenn ich an *deinen* Glauben denke, dann muß ich auch an *meinen* Glauben denken... Bin ich wie du von Gott gerufen? Woran merke ich das? Habe ich wie du eine Aufgabe für andere Menschen empfangen? Welches sind die Verheißungen, an die ich mich klammere? Wer geht mit mir, gläubig oder nichtgläubig? Was wird Gott von mir noch alles verlangen? Muß ich ihn fürchten, kann ich ihm wie du vertrauen?...
Wenn der Religionslehrer oder Katechet nach der Betrachtung der Bilder oder des Textes solche Impulse setzt, an Abraham einen Brief zu schreiben, so führt der Schreiber einen Dialog mit dem Abraham in der Bibel; mit dem Abraham, der bei Gott lebt, und mit der Gestalt Abrahams in seinem Herzen, die durchaus wie ein Prägestempel seiner eigenen Glaubensgeschichte sein kann. Liest man diese Briefe in der Gruppe einander vor, werden sie das Gespräch über die existentielle Seite des Glaubens anregen.

Archetypen des Gläubigseins

Hat man den Bildzyklus mit allen neun Bildern vor Augen, so kann man drei verschiedene Bildbetrachtungen vornehmen, die je eine gewisse Einheit bilden:

Vatersein vor Gott: die mittlere Senkrechtachse, gebildet von den Bildern 2, 4, 8, erzählt, wie sich Abraham zu Lot als selbstloser Vater verhalten hat; wie er in seinem Sohn Isaak alles Glück fand, es aber aus Gottes Händen entgegennahm; wie er mit schmerzendem Vertrauen sein Kind Gott wieder zurückgibt: Was kann ich als Vater, Mutter, Lehrer für mein Autoritätsein lernen? Wie wird diese durch meinen Glauben sowohl gefördert wie auch relativiert?

Von der Not des Unglaubens: die Bilder der linken Senkrechtachse 1, 6 und 7 zeigen in der Gestalt Saras die Not jener Menschen, die nicht so wie Abraham glauben können: gerufen und herausgeführt; die an die Liebe und an die Fruchtbarkeit der Beziehung nicht mehr glauben können; die über Verheißungen lachen; die Mitmenschen als Rivalen erleben; die andere verstoßen...

Biblische Mystik: die drei Bilder der rechten Senkrechtachse 3, 5 und 9 stellen uns Brennpunkte der biblisch-jüdischen Mystik vor Augen (vgl. die Chassidim): ein Leben unter dem Sternenhimmel der Verheißungen Gottes; wie Gott der Erde zugewandt; von seinem Feuer, von der Sehnsucht durchglüht und verzehrt; für die verirrten Menschen eintreten und beten; von Gott unbegreiflich als Opferlamm oder Leidensknecht eingefordert werden (Jesus, Holocaust).

Mein Glaubenspanorama

Das Glaubensbekenntnis beginnt mit: *Ich* glaube. So sehr das Credo den gemeinsamen Glaubensinhalt aller Christen wiedergibt, wird es doch von einem jeden in seinem je eigenen Ich gebetet, wodurch er seine eigene Glaubensgeschichte, seine nur ihm eigene Bilderwelt des Glaubens miteinbringt. Wir können die verborgenen Quellen, die unseren Glauben nähren (Ressourcen des Glaubens), auf verschiedene Weise bewußt und uns zugänglich machen; wir wählen hier das Zeichnen auf einem Faltstreifen: Schneide von einem Packpapierbogen einen Längsstreifen ab, dessen Schmalseite so breit wie eine Postkarte ist. Falte diesen Streifen dreimal in der Mitte, dann wird er wie eine Postkartenserie, die man an Touristenorten kaufen kann („Leporello", „Ziehharmonika"). Falte so, daß der gesamte Bildstreifen vor dir liegt, wenn er auseinandergefaltet wird, daß du ihn aber auch wie eine Ziehharmonika zusammenfalten kannst. Das erste Blatt schlägst du von links herein, so daß dessen Rückseite das Deckblatt bildet, worauf du zum Schluß in schönen, farbigen Zierbuchstaben schreibst: Ich glaube; credo. Entfalte den Streifen und phantasiere auf seine Abschnitte Bilder des Glaubens, die dir wichtig sind: sie können mit der Schöpfung beginnen und mit der Auferstehung enden; du kannst aber Szenen aus Erzählungen, Bildworte aus den Evangelien mit Farbkreiden so auf die Seite malen, wie sie dir gerade kommen. Malst du mehr gegenständlich oder Strichmännchen, Symbole oder mehr abstrakte Farbflächen wie auf Glasfenstern?

Gib den Leuten zum Malen Zeit, sorge für Schweigen, aber für meditative Hintergrundmusik. Wer fertig ist, faltet sein Glaubenspanorama, wer es bearbeiten will, breitet es vor der Gruppe auf. Der Begleiter geht in drei Schritten vor:

a) Erkläre die Bilder und sprich darüber, wie du sie der Reihe nach gezeichnet hast.

b) Welches Bild zieht dich jetzt besonders an, was sagt es dir, wenn du es betrachtest? Was fällt dir oder anderen besonders auf? Zu welchem anderen Bild zieht es dich von diesem Weg hin?

c) Wenn du die Einzelbilder betrachtet hast: was fällt dir am ganzen Streifen auf? Fehlt dir ein wichtiges Glaubensbild? Welche Motive sind besonders vertreten? Wenn das alles mit deinem Glauben zu tun hat, dann... Wenn der Maler den Streifen so betrachtet hat, kann er ihn nochmals falten, das Deckblatt betrachten und sein sehr persönliches Glaubensbekenntnis, von Bild zu Bild fortschreitend, vor der Gruppe aussprechen, beten.

Ich-Identifikation

Wähle eine Figur aus dem Abrahamszyklus, die dich besonders berührt: Abraham oder Lot, Sara oder Hagar, Ismael oder Isaak, steige über eine Textstelle der Erzählung ein und schreibe z.B.: Ich bin Hagar. Mich hat mein Mann verstoßen. Ich hocke in der Wüste. Das Wasser für mich und mein Kind ist ausgegangen... Ich kann nur weinen und sterben... Du aber, dein Engel aber... Lest einander diese durchaus biblischen Psalmen vor. Man kann solche Gebete aus jeder Gestalt durch Identifizierung erwachsen lassen, Volksschüler tun das ebenso gern wie Erwachsene!

Ich bin im biblischen Land

Leg dir eine Heftseite und Malstifte zurecht, sammle dich mit geschlossenen Augen, hör auf die Musik und deine innere Stimme, achte auf die aufsteigenden Bilder! Schau, fühle oder begreife, in welcher biblischen Landschaft du dich momentan befinden könntest: im blühenden Garten, in der heißen Wüste, unter einem schattigen Baum, in ägyptischer Gefangenschaft, im Frauengemach, am Stadttor, einsam auf dem Berg: Es mag sein, daß du eine biblische Person auftauchen siehst, ja vielleicht dich selbst: wie Eva im Garten, wie Abraham unter der Eiche, wie die blutflüssige Frau in der Synagoge, wie ein Kind bei Jesus... Bemale nun mit leichten, breiten Farbstrichen mit nur *einer,* aber für die gewählte Landschaft charakteristischen Farbe, zeichne dich selbst in diesen pastellartigen Farbhintergrund wiederum mit nur *einer* für *dich* charakteristischen Farbe als Farbfleck in der Art eines Eies! Betrachte das Bild und führe nun mit dir, deinem Nachbarn oder in der Gruppe eine Zwiesprache zwischen „Ei" und Landschaft: Du, meine Landschaft, bist so öde braun ... Du ... Ich aber bin ... In dir geht es mir ... Warum ... Wie soll es weitergehen ... Was will ich selbst ... Was will Gott ... Gib zum Schluß dem Blatt eine Überschrift!

Was bleibt von mir, wenn mir alles genommen wird?

Jeder schneidet sich neun Zettel in der Größe eines Fahrscheines zurecht, breitet sie vor sich aus und schreibt schnell und spontan auf jeden eine „Rolle", die er ist und im Leben spielt: Ehefrau, Österreicher, Lehrer, Politiker, Freundin, Christ, Geschöpf Gottes, Liebhaber, Kind bestimmter Eltern ... (nur Worte, die auf *wer* und nicht auf *wie* eine Antwort geben). Numeriere die Zettel von 9 bis 1 in der Reihenfolge, wie wichtig dir diese Rollen sind: 1. ist die wichtigste, 9. die am wenigsten wichtige – laß dir viel Zeit! Nimm dann den Zettel mit der Nummer eins mit beiden Händen und lege ihn mit der Schrift nach unten, darauf die Zettel mit den Nummern zwei bis neun, alles auf einen Stapel. Nimm dann in der Gruppe den obersten Zettel, dreh ihn um und sage allen: Ich bin ein ...; wenn ich das nicht mehr wäre, dann wäre ich nicht ..., dann verlöre ich ..., dann könnte ich nicht mehr ... Durch diese Disidentifikation nimmst du von allem Abschied, was dir wichtig ist. Je näher du zur Nummer eins kommst, umso schmerzlicher wird der Abschied, doch umso wichtiger wird dir, was dir bleibt. Du kannst dir dann neun Kreise in verschiedenen Farben zeichnen, wobei der innerste, kleinste die Eins und der äußerste die Neun ist. Verteilst du deine Aktivitäten oder Schmerzerfahrungen auch entsprechend dieser Reihung, was kannst du ändern? Fällt dir auf, daß du etwas Wichtiges vergessen hast? Hör dir an, was die anderen zu deiner Reihung, deinen Worten, deiner Stimme und deiner Körpersprache sagen. Betrachte mit neuen Augen die Bilder der Schöpfung!

Phantasiereise ins Elternhaus

Wir machen in der Schule oder in der Gruppe eine Phantasiereise, wie wir sie schon kennen (S. 75 f.). Das heutige Thema:
Du gehst zurück zu dem Haus und zu der Wohnung, wo du als kleines Kind bei deinen Eltern oder deinen Großeltern gewohnt hast... Wie schaut das Haus von außen aus... Du gehst um es herum... stehst vor der Tür... trittst in den Flur ein... Ist er kühl oder warm... dunkel oder licht... Was sehen deine Augen am Fußboden...
An welches Möbelstück stößt du an... Du gehst in die Küche... der Fußboden... deine Lieblingsecke... offene Türen von Küchenschränken... der Herd... die Gerüche, wenn die Mutter kocht... die Leute beim Essen um den Tisch... Du gehst in die Speisekammer... die Gerüche und Geschmäcker... In den Keller... deine Ängste... Du schaust ins Klo... ins Bad... ins Schlafzimmer deiner Eltern... die Wärme im Bett der Eltern... Dein eigenes Bett... Das Arbeitszimmer von Vater oder Mutter... Wo spieltest du am liebsten... Wem begegnest du in der Wohnung... Der Duft aus der Tabakspfeife des Vaters oder Großvaters... Deine Geschwister... Ein Haustier... Du steigst auf den Dachboden... deine Entdeckungsreise zwischen Staub und Gerümpel... Du gehst wieder in den Flur zur Wohnungstür... denkst an Abschiede... öffnest und schließt die Tür hinter dir... schaust aus der Ferne auf dein Elternhaus zurück...
Teilt euer Erlebnis einem Partner oder der Gruppe mit oder schreibt es in ein Heft!

Elternbotschaften

Schon lange bevor wir selber sprechen konnten, haben wir die Eltern sprechen hören. Was sie uns mit Worten oder mit Gesten oder einfach durch die Atmosphäre „gesagt" haben, ist unverlierbar in den untersten Schichten unseres Gehirns wie auf einem Tonband aufgezeichnet. Diese Aufzeichnungen werden „Elternbotschaften" genannt, die wir innerlich in Träumen oder Gewissensstimmen häufig hören und zu spüren bekommen. Sie prägen unseren Charakter und unser Handeln heute noch. Wir können ihnen auf die Spur kommen, wenn wir in uns hineinhören und sie auf ein Blatt malen und schreiben.

Nimm einen ganzen Bogen Packpapier der Länge nach und zeichne zunächst mit schwarzen Strichen am oberen Ende den Umfang eines großen ausgespannten Regenschirms, dessen Stil das ganze Blatt senkrecht durchschneidet. Zeichne auch am unteren Ende einen Regenschirm, aber umgedreht, so daß er wie eine große Schale ist.

In die linke oder rechte Hälfte des oberen Regenschirms malst du mit Farben, die zu deinem (Groß-) Vater oder deiner (Groß-, Zieh-) Mutter passen; mit Farben, die sie so darstellen, wie sie auf dich wirkten.

Ist der Vater rechts oder links? Spielt eine dritte Person eine gleich wichtige Rolle?

Stell dir nun vor, sowohl von der linken Hälfte wie von der rechten Hälfte des Regenschirms fallen dicke Regentropfen herunter: diese könnten die Worte und Botschaften sein, die du oft von diesen Personen gehört hast. Horche in dich hinein, was von ihnen laut oder stumm gesprochen in deine Seele tropft. Formuliere diese bündigen Sätze und schreib sie unter die jeweilige Hälfte des Regenschirms (Du bist mein alles... Du bringst mich noch ins Grab... Mußt du denn immer... Aber deine Schwester... Wenn ich dich nicht hätte...).

Wenn du die Streifen links und rechts vom Mittelstrich vollgeschrieben hast, dann betrachte das Bild und nimm seine Wirkung auf dich wahr: Wirkt eine Hälfte mehr wohlwollend oder mehr kritisch? Wie geht es wohl dir, dem kleinen Kind darunter? Der umgedrehte Regenschirm, der wie eine Schale vorgezeichnet ist, bist wirklich du selbst: der / die kleine...

Male in diese Schale die Farben so hinein, wie die Schirme und Botschaften der Eltern in dich hineintropften! Vermischen sich oder verändern sich die Farben in dir oder spiegeln sie die Eltern einfach wider? Was hat das Erlebnis deiner Eltern aus dir gemacht: ein braves, trauriges Kind? Ein rebellisches, aufmüpfiges? Ein starkes und freudiges?

Sprich in der Gruppe über dein Bild und seine Folgen! Was möchtest du geändert wissen? Was verstehst du aus deinem Leben jetzt besser? Wie können dich andere besser verstehen?

Schreibe Gott ein Lob- oder Klagelied über deine wohlwollenden oder „kritischen" Eltern!

Was sagt mir Vater Abraham?

Wir alle sind Kinder Abrahams, weil wir seinem Glauben angehören und durch seine Gestalt repräsentiert werden. In seiner Art, Vater zu sein, spiegelt sich etwas von der Väterlichkeit und Mütterlichkeit Gottes. Horch in dich hinein, stell dir Abraham in seinen Lebenssituationen vor: Welche Elternbotschaft will er dir sagen? Schreib sie groß und in schöner Schrift auf ein Blatt Papier!

Wenn ich Vater oder Mutter Abraham bin

Welche Botschaft will ich meinen Schulkindern geben? Welche einem jeden meiner Kinder? Schreib sie nieder: „Dir, ..., will ich sagen: ..."

Formuliere in der Rolle Abrahams für jedes deiner Kinder eine erlösende Elternbotschaft!

Hymnen

Hymnus im 2. Ton (Moll)

Dir, der ist und der ge-we-sen, der auch wie-der-kom-men wird

und der al-les, was da le-bet, aus dem Nichts her-auf-geführt:

Dir die Weis-heit, Macht und Eh-re in die E-wig-keit ge-bührt.

Kehrverse

A8

Herr, er-barm dich, Chri-stus, er-barm dich, Herr

er - bar - me dich un - - - ser.

A9

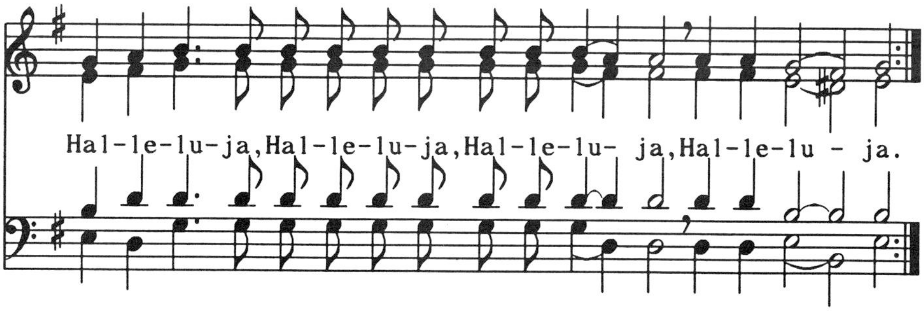

Hal-le-lu-ja, Hal-le-lu-ja, Hal-le-lu- ja, Hal-le-lu - ja.

A10 Mi-se-ri-cor-di-as Do-mi-ni in ae-ter-num can-ta-bo.

A11 Dei-nen Tod, o Herr, ver- kün-den wir, und dei- ne Auf-
er-ste-hung preisen wir, bis du kommst in Herr-lich-keit.

Dem Mittler und Fürsprecher der Menschen

Die 1. Strophe geht von Abraham auf Jesus zurück, der zwar von Ewigkeit ist, aber als Menschenwanderer auf das Reich Gottes zugeht. Die erbetene Rast unter den Bäumen spielt auf die Gegenwart Gottes unter den Eichen von Mamre an, in deren Blätterrauschen (2. Str.) der Geistwind Gottes raunt – die Botschaft der Hoffnung, die im verheißenen Abrahamskind symbolisiert ist. Die Hingabe Abrahams und Isaaks an Gott wird von Jesus so erfüllt, daß er dadurch zum wahren Opferlamm des Neuen Bundes wird. Er und Abraham sind die großen Fürbitter der Menschheit, die aus sich heraus kein Heil mehr zu erwirken versteht und auf deren Mittlerschaft angewiesen ist. Ihr Gebet kann auch unser Beten zu einem wunderbaren Kontakt mit Gott verwandeln.

1. Ehe Abraham geworden,
   Bruder Jesus, bist schon du!
   Eilst als Wandrer dieser Erde
   auf das Reich der Himmel zu:
   Gönne dir und deinen Jüngern
   unter unsren Bäumen Ruh!

2. Laß uns die Verheißung hören –
   Blätterraunen durch den Wind;
   leg uns die entschwundne Hoffnung
   in die Arme wie ein Kind,
   das wir hüten, nähren, schützen,
   bis auch wir voll Hoffnung sind.

3. Alles hast du Gott gegeben,
   ihm gehorcht wie Abraham;
   Isaak du, der auf den Schultern
   selber trug den Kreuzesstamm:
   Ganz in Gott dich fallen lassend,
   wurdest du zum wahren Lamm.

4. Sodom brennt – der Menschen Bosheit
   ruft herbei das Weltgericht:
   Tritt doch du als unser Fürsprech
   vor des Vaters Angesicht;
   hebe für dein Volk die Hände,
   dem an Glauben es gebricht!

5. Trag das Flehen aller Völker
   vor den Thron der Gnade hin,
   das Gestammel unsrer Lippen;
   laß so dürftiges Bemühn,
   Mittler du, wie reiner Gabe
   süßen Wohlgeruch erblühn!

6. Dir, der ist und der gewesen,
   der auch wiederkommen wird
   und der alles, was da lebet,
   aus dem Nichts herausgeführt:
   Dir die Weisheit, Macht und Ehre
   in die Ewigkeit gebührt!

Dem Herrn in unserer Mitte

Die Erzählung von den Emmausjüngern wird zum Bild für das Verhältnis des Auferstandenen zu seinen heutigen Jüngern. Deren Leben ist ein Weg von Traurigkeit. Christus ist der bei ihnen Einkehrende und der Gastgeber zugleich (hier wird auch die Einkehr Gottes bei Abraham angedeutet). Durch diese Begegnung verwandelt er uns Herz, Sinn und Gemüt. In der 5. Str. wird seine Wiederkunft als jene Hilfe erbeten, die der Gottesengel den Jünglingen im Feuerofen gewährt hat.

1. Dich, o Herr, laß uns erheben,
   dich in Hymnen benedein:
   denn du sprengtest Todesketten,
   sprangest aus dem festen Schrein.
   Wer vermöchte dich zu halten,
   welche Grube, welcher Stein!

2. O die Freude deiner Jünger,
   als du wieder eingekehrt
   in die Hütten ihrer Trauer!
   Wieder hast du dich gewährt
   ihrem Herzen, ihren Händen
   neu des Tisches Trost beschert.

3. Lasset festlich uns denn trinken
   von des Weinstocks süßem Saft.
   Laßt zum Mahle Einhalt bieten
   mühevolle Pilgerschaft:
   Wieder weilt in unsrer Mitte
   Christus, unsres Gottes Kraft.

4. Immer wirst du mit uns wandern,
   Trauernden uns nahe sein.
   Will es aber Abend werden,
   neiget sich des Tages Schein:
   dann, o Christus, kehre wieder
   in der Deinen Herberg ein!

5. Steig zu den bedrängten Brüdern
   dann in wehes Flammenmeer,
   Glut in Tauwind zu verwandeln.
   Siehe, dir alleine, Herr,
   jauchzen wir die Lobgesänge,
   harrend deiner Wiederkehr!

6. Dir, der ist und der gewesen,
   der auch wiederkommen wird
   und der alles, was da lebet,
   aus dem Nichts heraufgeführt:
   Dir die Weisheit, Macht und Ehre
   in die Ewigkeit gebührt!

7. Der Bekehrungsweg Jakobs

(Bildübersicht S. 54 f.)

1. Teil

Heilsgeschichte als Familiengeschichte – Familiengeschichte als Heilsgeschichte

Im Alten Testament kommen menschliche Vorgänge, Handlungen, Personen und Schicksale vor, über die viele durch die Jahrhunderte herauf gesagt haben: „Was hat das mit der Bibel zu tun? Das ist alles andere eher als eine Heiligengeschichte!" Die will es auch nicht sein. Doch in der Bibel (vor allem im Alten Testament, das fast zweitausend Jahre Entstehungszeit hat) kommt das Menschliche in seiner Breite, in seiner Tiefe und in seiner schweren Schicksalshaftigkeit vor. Aussage der Bibel ist ja: Wie ist ein so schicksalsschweres Menschleben möglich und lebbar, und wie ist es lebbar und wird es lebbar gemacht unter der Verheißung und mit der Gegenwart dieses Gottes? Der menschliche Anteil der Bibel enthält etwas von der Tragik, von der Höhe und Tiefe, die in den griechischen Tragödien zu finden sind. Vor allem in den Samuel- und Königsbüchern sind Themen aufgegriffen, die auch in der griechischen Tragödie in mustervoller Weise aufgegriffen und ergreifend vorgestellt werden. Schaut man genauer hin, so sieht man, daß fast nichts Menschliches der Bibel fremd ist. Heute ist das Interesse auch wieder auf diese menschliche Seite der Bibel und auf die Abgründe des Menschseins gerichtet, man rechnet das zum archetypischen Bestand der Menschheitsgeschichte; also ein Spiegelbild, in dem der Mensch sich sieht, sehr prägnant sieht, erschreckend genau sieht.
Es ist verständlich, daß die Theologie mehr auf jene Aussagen konzentriert war, die ausschließlich Aussagen des Glaubens sind, also Aussagen, die ein Jahwe- und Christusgläubiger mit seinen Glaubensgefährten gemeinsam hat. Die Theologie hat ihr Interesse nur am Rande der biblischen Anthropologie gewidmet und besitzt fast keine Instrumentarien, die Menschlichkeit des Biblischen auch menschlich nahe zu bringen. Wer aber in der Schule unterrichtet, weiß, daß er gerade über die Menschlichkeit des Biblischen Zugang zur Menschlichkeit des Schülers findet. Religionspädagogik ist also ein theologischer Zweig, dem es gerade auch um das Menschliche in der Bibel geht, und wir sind erst dabei, dafür überhaupt Kriterien, Vorgangsweisen und Unterrichtsverfahren zu entwickeln, um unser eigenes Menschsein im Spiegelbild des biblischen Menschenbildes zu entdecken.

Die Jakobserzählung ist ein kunstvolles Geflecht von Einzelgeschichten, die aus den verschiedensten Überlieferungen stammen, die aber erst dann ihren Inhalt erschließen, wenn man sie als Gesamterzählung betrachtet. Diese Erzählung stellt uns die Geschichte einer Familie vor Augen, die nichts Geringeres als die „Heilige Familie" des ersten Bundes war; „heilig" nicht, weil diese Menschen so heiligmäßig gelebt hätten, sondern weil sie trotz ihrer Schuld- und Schicksalshaftigkeit Segensträger für die ganze Welt zu sein hatten. Das Heil der Menschen ist hier noch in den Schoß einer Familie gelegt, ihr anvertraut. Umso weittragender sind die Folgen, wenn die Familienmitglieder diesen Gottessegen wenig achten und hüten. Wenn hier die Heilsgeschichte als Familiengeschichte begegnet, dann hat diese uns auch Wesentliches zur oft schmerzlichen Problematik der „Familiengeschichte als Heils- oder Unheilsgeschichte" zu sagen. Jedenfalls begegnen uns die Mitglieder einer Familie wie Vater und Mutter, Brüder und Schwestern, Geliebte und Schwiegereltern, Mütter und Kinder in buntesten Geschicken und ergreifenden Konstellationen. Das Zusammenspiel von Bildbetrachtung und behutsam deutender Nacherzählung mag jedem die eigene Familienproblematik vor Augen führen und ihn veranlassen, auch diese in das Licht der Heilsbotschaft zu stellen. Archetypisches wird so zum biblischen Typos für jeden.

Geburt Esaus und Jakobs
(Gen 25,19-26 / 1. Bild)

Wenn die Bibel davon erzählt, daß ein unfruchtbares Ehepaar durch Gottes Hilfe und aufgrund ihres Gebetes ein Kind bekommt, dann drückt sie damit die Überzeugung aus, daß der Mensch nicht nur von seinen Eltern, sondern auch von Gott her kommt, also doppelten Ursprungs ist. Es ist gut, das nicht zu vergessen, vor allem dann, wenn (wie in dieser Erzählung) das Verhältnis zweier Geschwister schon von Anfang an konfliktbeladen ist. Ahnungsvoll wie viele Mütter fragt sich Rebekka, wohin der „Krieg der Brüder schon im Mutterleib" führen werde. Selbst die Antwort Gottes kann ihre Angst nicht beseitigen. Setzen wir statt Rebekka Eva an diese Stelle, dann ahnen auch wir beklommen, daß der Mutterschoß ein Kain- und-Abel-Schicksal in sich tragen kann. Eva heißt „Mutter der Lebendigen", wir sagen abstrakter „die Menschheit": Was trägt sie in ihrem Schoß? Kain und Abel, Romulus und Remus, immer wiederkehrende Brudermorde und Völkerkriege? Ist diese grausige Realität stärker als die Hoffnung auf Brüderlichkeit? Welchen Weg zeigt die Jakob-Esau-Erzählung, damit Frieden und Geschwisterlichkeit möglich werden?

Verkauf des Erstgeburtsrechts an Jakob
(Gen 25,27-34 / 2. Bild)

Die kurze Erzählung breitet ein ganzes Geflecht von Konflikten vor uns aus. Zunächst werden die beiden Brüder als Vertreter zweier Kulturen hingestellt: Esau für das rohe Jägerleben in der Wildnis, Jakob für die verfeinerten Sitten in den Zelten oder Städten. Betrachtet man diese Typisierung vom Standort unbewußter Symbolik aus, dann repräsentiert Esau die wilde, animalisch-triebhafte Seite eines jeden Menschen und Jakob das zivilisierte, „gebildete", aber auch (wie sich bald zeigen wird) listig-selbstsüchtige Streben des Ich, also das Ego des Menschen. Weil sich beide Seiten im Menschen befinden, läßt sich diese Brüdergeschichte als dauerndes Ringen im Menschen selbst begreifen, in dem bald die Triebhaftigkeit, bald das Ego (sei es als Ichstärke, Egoismus oder Geistigkeit) die Oberhand gewinnen will. Beide Seiten sind „Brüder", gehören also zueinander, und das Ziel dieses Ringens besteht in der Integration beider, in ausgewogener Harmonie und im Frieden eines jeden Menschen mit sich selbst.

Ein zweiter Konflikt ergibt sich dadurch, daß der Vater den „Wilden", die Mutter den „Gesitteten" bevorzugt. Gerät der ältere Bruder mehr nach Männerart, der jüngere mehr nach Frauenart? Wenn der Erzähler es so verstand, dann darf man diese Polarität nicht mit Yin und Yang gleichsetzen (vgl. S. 18 und 93), weil hier das Ego Jakobs keineswegs nur empfangend, sondern eher listig-aktiv vorgestellt wird. Die Vorliebe der Eltern für je einen Sohn läßt auch auf einen Konflikt oder auf eine Rivalität von Vater und Mutter schließen, wobei es beiden Konfliktseiten um ihre Macht geht, sei es um die des patriarchalen Rechts oder um die der matriarchalen List. Auf dieser Ebene des Rivalisierens kann es nur Besieger oder Besiegte geben, nicht aber Frieden und Harmonie. Wie ist Versöhnung möglich?

Der familienhaft vorprogrammierte Konflikt wird von jedem der beiden Brüder aufgegriffen und ausgetragen. Kehrt ein Jäger (ohne Beute) heim, dann ist er hungrig und erschöpft, dann geht es ihm zunächst um die Stillung seiner vitalen und materiellen Bedürfnisse, nicht aber um das Erstgeburtsrecht. Dies konnte dem Esau wohl nur augenblicklich gleichgültig sein, denn letztlich ging es um die Nachfolge in der väterlichen Herrschaft, um den Besitz an Herden und Gesinde, um die Herrschaft auch über die Geschwister und gerade auch um die religiöse Hoheitsstellung als Träger und Spender des Patriarchensegens. Um all dies ging es aber Jakob, dem Betrüger, oder wörtlich: dem „Fersenhalter", „Fersenschleicher". Er dachte nicht augenblicksgebunden, sondern zielstrebig an die Zukunft und nützte jeden Augenblick zu seinen Gunsten, wobei er die vitalen Schwächen seines Bruder kaltblütig auszunützen verstand. Hier treten die zwei Seiten eines Menschen als zwei verfeindete Welten einander gegenüber.

Es ist durchaus erlaubt, die Einstellung eines jeden Bruders zur religiösen Seite des Erstgeburtsrechts genauer zu betrachten, weil dieses ja den Segen umschließt, den Gott vom Himmel her auf Abraham gelegt hat, damit dieser zum Segen für alle Völker und Zeiten werde. Kann man sich vorstellen, daß ein solcher Esau und ein solcher Jakob für die Menschheit zum Segen wird? Die Frage wird umso bedrängender, wenn man beide Brüder als Charakterisierung einer bestimmten Haltung der religiösen Berufung gegenüber sieht. In Großaufnahme zeigt sich dann Esau als Repräsentant unserer materialistischen Konsumgesellschaft, der die religiösen Werte gleichgültig sind; und „Jakob" trachtet mit allen Mitteln danach, Macht und Vorherrschaft an sich zu reißen, auch wenn diese die Berufung zum Gottessegen mit einschließen, der so ganz andersgeartete Segensträger brauchen würde. Wenn nun Gott dem Jakob, wie die Geschichte erzählen wird, den Segen erteilt, spielt er dann mit diesem Betrüger mit?

Jakob raubt den Erstgeburtssegen
(Gen 27,1-40 / 3. Bild)

Diese ergreifende Geschichte ist wunderbar erzählt, ihre Dramatik so klar in Szenen gegliedert, als wollte sie zu einem Bibliodrama einladen:
1. Isaak und Esau V. 1-5. 2. Rebekka und Jakob V. 6-17. 3. Isaak und Jakob V. 18-29. 4. Isaak und Esau V. 30-40. 5. Abschluß und Überleitung zu den folgenden Ereignissen V. 41-45.

Die Erteilung des Erstgeburtssegens war eine heilige Handlung, die bei einem heiligen Mahl erfolgen sollte. Der Segensträger wurde in das väterliche Erbe eingesetzt, und durch die Handauflegung des Vaters sollte auch der Abrahamssegen vom Himmel her auf ihn gelegt werden, damit der so Gesegnete zum Segen für alle Völker werde. Auf dem Hintergrund der Urgeschichte geht es darum, wie der Bruch mit Gott, die Selbstentfremdung in der Welt (Verlust des Paradieses), die menschliche Feindschaft (Kain und Turmbau zu Babel) und die Zerstörung der Umwelt (Sintflut) aufgearbeitet werden können. Welche Kraft kann sich diesem weltweiten Unheil wirksam entgegenstellen, wenn sie nicht der Segen des Himmels trägt? Diese Segenskraft in die Menschheit einströmen zu lassen, ist die Berufung Isaaks, des Volkes Israels, Christi, der Kirche und aller Religionen. In einer Art „patriarchischer Sukzession" ist wirklich das Heil der Welt dieser Familie anvertraut und ausgeliefert.
Die Weitergabe des Segens an alle Völker scheint an der Machtgier Rebekkas zu scheitern. Was sie erlauscht hat, benützt sie, um ihren Sohn zum Vollstrecker ihrer Herrschaftsinteressen zu machen. Die geheimen Spaltungen einer Familie in Koalitionen werden offenkundig, wenn es um Macht und Interessen geht. Es bricht so etwas wie eine ödipale Situation in dieser überstarken Mutterbindung und Mutterherrschaft durch, die keine Ehrfurcht vor der religiösen Sendung des blinden Vaters kennt, die die Weihe zum Segensträger hintertreibt und an die eigenen Machtinteressen binden will. Diese Erzählung ist ein erschreckendes Spiegelbild sowohl vieler Familien wie auch großer Kollektive. Wer begriffen hat, was hier auf dem Spiel steht, hält den Atem an und erschrickt darüber, mit welcher Dreistigkeit hier gesagt wird: „Dein Fluch komme auf mich, mein Sohn."
Ergreifend wird erzählt, mit welcher Bereitschaft der blinde Vater segnen will, doch mißtrauisch wird. Erschreckend ist, mit welcher Kaltblütigkeit der Betrüger sich auf Gott beruft, um sein Tun zu legitimieren, und mit welcher Unverfrorenheit er den Vater belügt. Schwer verständlich ist, wie Gott den Segen des Himmels und der Erde erteilen läßt: Hat er soviel Respekt vor der menschlichen Freiheit? Hat er immer schon Jakob erwählt? Läßt er die Machtgier der Menschen zu oder spielt er gar mit? Schreibt hier Gott auf unseren krummen Zeilen gerade?
Erschütternd ist der Aufschrei des betrogenen Esau und der Schmerz Isaaks. Er kann ihm zwar den Segen nicht mehr geben, doch ermutigt er ihn, als Widerstandskämpfer für die Freiheit durchzuhalten. Die Geschichte Esaus wird zu einer Kainsgeschichte, weil er sich auf den Brudermord einschwört. Die berufene heilige Familie des Alten Bundes zerfällt: der Erzvater stirbt, Esau wird ein potentieller Brudermörder, Jakob flieht in eine ungewisse Zukunft, und Rebekka bleibt mit ihrer Raffiniertheit allein zurück. Wir befinden uns wie am Ende einer griechischen Tragödie, in der alles in Schuld und Schrecken zerfällt, und wir wissen, daß sich dieses tausendfach in Familen, Völkern und Religionen wiederholen wird. Welchen Weg wird Gott mit seinen Menschen gehen?

Jakobs Traum von der Himmelsstiege
(Gen 27,41; 28,10-22 / 4. Bild)

Schuldbeladen ist Jakob auf der Flucht und muß auf gefahrvollem freiem Feld nächtigen. In diese Situation hinein schenkt Gott ihm aus freier Initiative seine Offenbarung in der zweifachen Gestalt eines Traumes (inneres Auge) und eines Zuspruches (inneres Ohr). Wir können hier von einer mystischen Erfahrung sprechen, weil sie ohne äußere menschliche Vermittlung (Religion) und ohne Zutun Jakobs von Gott selber kommt. Das ist umso überraschender, als hier einem Sünder Gnade und nicht Strafe gegeben wird. Damit zeigt sich die Zuwendung Gottes auf der Höhe neutestamentlicher Verkündigung, nach der Gott uns schon geliebt hat, als wir noch Sünder waren. Das Traumbild stellt einen babylonischen Tempelturm mit seiner Prozessionstreppe vor; ihr unteres Ende wird das Tor zum Himmel, ihr oberes das Haus Gottes genannt; Gottes Boten vermitteln zwischen Himmel und Erde: Die Treppe berührt dort den Erdboden, wo der Sünder ruht.

Eine große Überraschung ist der Zuspruch Gottes, weil er Jakob nichts Geringers als den Abrahamssegen verheißt, ihm, der diesen betrügerisch an sich reißen wollte. Wir dürfen sagen, daß Gott mit Jakob nicht mitgespielt, daß er ihm aber seine ewige Gnadenwahl trotz der großen Schuld nicht entzogen hat. Weiter offenbart sich Gott ihm als „Jahwe", als ein Gott, der bei ihm ist, mit ihm mitgeht und ihn im Leben schützt.

Die Reaktion Jakobs auf die mystische Berührung ist eine große Erschütterung, eine Wahrnehmung der Gegenwart Gottes und seine Hinwendung zu ihm. Damit wird das Ereignis zum Bekehrungserlebnis, das sein Leben von Grund auf verändern wird. Jakob antwortet mit dem Glaubensbekenntnis, daß sein Gott dieser Jahwe ist; mit einem Gelübde, mit dem er sich an seinen Gott bindet; mit der Salbung des Gedenksteins als der Gründung des berühmten Wallfahrtsortes und mit der Einführung des Zehnten als Zeichen der Hingabe: alles Grundelemente einer Religion, hervorgegangen aus einem mystischen Offenbarungserleben.

Für uns oder für unsere (entwachsenen und davongegangenen) Kinder sagt diese Stelle, daß Gott auch mit dem Davongehenden mitgeht, daß er ihn in seinem Unbewußten heimsuchen und verändern kann. Der Traum kann so etwas wie ein Sakrament sein, das Gott nachts einem jeden selber spendet. Wenden wir die Landverheißung auf uns an, so ist dieses Land der Lebensraum und die Entfaltung unserer Identität, die Gott uns auf dieser Erde gewährt; so ist die Nachkommenschaftsverheißung unsere Liebeskraft und Zeugungsfähigkeit, mit der wir in die Zukunft hineinwirken, der Segen schließlich unsere Berufung für das Heil der Welt. So antwortet Gott auf die Unheilstat der Jakobsfamilie und führt sie von der Unheils- zur Heilsgeschichte.

2. Teil

Jakob trifft Rahel
(Gen 29,1-14 / 5. Bild)

Gott schreibt die Geschichte Jakobs als Heilsgeschichte weiter, was schon in dieser Erzählung sichtbar wird: Jakob trifft bei Hirten und Herden und an einem verschlossenen Wasserbrunnen seine Verwandte Rahel. Beide sehen einander und lieben einander. Dieses Ereignis wäre ein Allerweltsereignis wie viele seinesgleichen, wenn nicht die geschenkte Gnade das neue Leben Jakobs einleitete: Der vormalige Egoist wird von der Liebe heimgesucht und überwunden. Mit jeder Liebesgeschichte beginnt in der Welt die Hoffnung neu, so wie auf den Bildern Chagalls Liebespaare zusammen mit Blumensträußen, geflügelten Geigen, Torarollen und Kerzenleuchtern auf tiefblauem Grund schweben.
Bei mehreren Liebesbegegnungen der Bibel steht ein Brunnen im Mittelpunkt, der wohl die neu aufbrechende Lebensquelle und die sich öffnende Tiefe der menschlichen Seele andeutet. Im Wassergrund des Brunnens spiegelt sich das Bild dessen, der da hineinblickt. Der geliebte Mensch wird für mich eine Leitbildspiegelung: Ich sehe an ihm die faszinierenden Möglichkeiten des Menschseins, die mir selber noch abgehen. Indem ich mich aber zu diesem Gesicht hingezogen fühle, weckt es seine Möglichkeiten und Fähigkeiten auch in mir.
Paulus beschreibt so in 2 Kor 3,18 das Verhältnis des Glaubenden zu Christus: Wir sind wie ein Spiegel, der das Bild Christi auffängt, damit in sich trägt und widerspiegelt (reflektiert). Paulus geht aber noch einen Schritt weiter: Wir fangen das Bild Christi nicht nur auf, sondern es verwandelt uns in dieses Bild selbst von Stufe zu Stufe durch seine eigene Dynamik (seinen Geist). Eine lautere Liebesgeschichte kann wohl auch eine anonyme Christusbegegnung sein, die so für viele junge Menschen, die sich selber für unreligiös halten, zur Hoffnung wird.

Rahel und Lea
(Gen 29,13-30,24 / 6. Bild)

Jakob wird von seinem künftigen Schwiegervater freundlichst aufgenommen und verdingt sich in seinen Diensten für sieben Jahre, um Rahel als Frau zu gewinnen. Die Zahl sieben symbolisiert das, was rund und richtig, was jeweils nötig ist. Am Morgen nach der groß gefeierten Hochzeit entdeckt Jakob zu seinem Schrecken, daß er mit Lea, der triefäugigen, dunklen Schwester Rahels geschlafen hat. Ihm wird von Laban kühl erklärt, daß man hierzulande zuerst die ältere Schwester verheirate und er weitere sieben Jahre um Rahel dienen müsse – der Betrüger wird selbst betrogen.
Auf das Motiv der „untergeschobenen Braut" wird man aufmerksam, weil es auch in Sagen und Märchen vorkommt – und im Leben: Wie oft schon mußten Partner nach langjähriger Ehe erschrocken feststellen, daß ihnen der oder die andere völlig fremd, wirklich eine fremde Person geworden ist. „Wie konnte ich diesen Menschen nur heiraten?" Auf dem Hintergrund dieser Erfahrung wären dann Rahel und Lea nicht zwei getrennte Personen, sondern zwei Sei-

ten ein und derselben Person: ihre lichte und bejahte Seite und ihre dunkle und verdrängte Seite. Im Begriff des „Schattens" wird all das zusammengefaßt, was wir an uns nicht mögen, worüber wir uns schämen, was wir deswegen sogar vor uns selbst verdrängen oder was wir selbst noch gar nicht kennen und aktiviert haben. Jede Hochzeit ist auch eine „Schattenhochzeit", das will sagen, daß zwei Personen auch von ihren dunklen Seiten angezogen werden, die zwar nicht bewußt, aber deswegen nicht weniger wirksam sind. Wenn nun diese Schattenseiten bewußt werden, also ans Tageslicht kommen, ist die Entfremdung und das Erschrecken begreiflicherweise groß. Was tun? Jakob behält Lea, gibt aber Rahel nicht auf: Er wird befähigt, auch die Schattenseiten seiner Frau zu lieben, sie so lange zu lieben (sieben Jahre), bis auch sie liebenswürdig ist, bis also auch „Lea" wieder „Rahel" wird. Die Liebe des Mannes wird so zur erlösenden Liebe; meine Schatten werden erlöst, wenn sie jemand liebt. Lea erscheint gegenüber Rahel als die kinderreiche – die Fruchtbarkeit liegt im Schatten, im noch ungenützten Seelenmaterial. In der Namensgebung der vielen Kinder wird die Steigerung der Liebeskraft schön zum Ausdruck gebracht. Die Gottesgnade, die Jakob im Traum verwandelt hat, wirkt sich in der Erlöserkraft seiner Liebe voll aus, was vielen einander entfremdeten Eheleuten eine Hoffnung sein mag.

Jakobs Trennung von Laban
(Gen 31,1-32,1 / 7. Bild)

Die zwanzig Jahre von Jakobs Exil gehen zu Ende und mit ihnen der große Lebensabschnitt seiner Läuterung und Verwandlung, die durch die mystische Traumbegegnung mit Gott ermöglicht wurden. Kraft dieses Gottessegens konnte sich Jakob Herden erwerben und sie vermehren, in übertragenem Sinn deutet das auf seine Tüchtigkeit in der Welt, auf seine gewonnene Ichstärke hin. Auch Frauen und viele Kinder hat er bekommen, was ihn als einen liebesfähigen Menschen zeigt, der Leben in die Zukunft weitergibt. Diese scheinbar so weltlichen Ereignisse lassen doch die Verheißung Gottes in Erfüllung gehen. Als Träger des Abrahamsegens soll er nun in das Land seiner Väter zurückkehren, damit er dort zum Segen für die Völker werde: Das erfährt er in einem neuen Gottesspruch, in einer neuen Traumverheißung. Jakob lebte mit seiner Familie im Stammesverband seines Schwiegervaters, in dem es allerhand Rivalitäten gab. Seine Heimkehr ins Gelobte Land bedeutet auch die Herauslösung aus diesem Stammesverband und damit das Auseinandergehen von (Schwieger-) Vater und Sohn. Damit wird wieder jenes Generationsproblem aufgegriffen, das bei der Flucht Jakobs aus seiner Ursprungsfamilie voll Betrug und Schuld war. Wie anders ist Jakob nun in der Lage, das anstehende Generationsproblem zu lösen: Hat er damals seinen Vater betrogen, so hat er nun redlich das Besitztum seines Schwiegervaters verwaltet. Wollte er sich damals die Vorzüge des Erstgeburtsrechtes betrügerisch rauben, so hat er nun mühsam 20 Jahre gearbeitet. Er ist ein Erwachsener geworden, der für sich und die Seinen Verantwortung zu übernehmen weiß. Der Schwiegervater will den Sohn (wie es viele Eltern tun) nicht ziehen lassen. Jakob bittet nicht um die Freiheit, sondern er nimmt sie sich einfach. Wer auf die Erlaubnis, frei sein zu dürfen, wartet, ist immer noch abhängig; abhängig ist auch jeder, der immer gegen Autoritäten zu Felde ziehen muß und ihnen vorwirft, sie ließen ihn nicht frei sein.

Vater und Sohn stehen sich letztlich als zwei gleichberechtigte Partner gegenüber, die bei Opfermahl und Schwur an einem heiligen Gedenkstein ihr Auseinandergehen so besiegeln, daß jeder sich vor Gott verpflichtet, die Grenzen des anderen, seine Freiheit und Verantwortung zu achten. Schöner und heilbringender könnte der ewig anstehende Generationskonflikt nicht gelöst werden – auch so wird die Familiengeschichte zur Heilsgeschichte!

Jakobs Kampf mit Gott
(Gen 32,2-33 / 8. Bild)

Jakob will in die Heimat zurück, um dort ein Segen für die Menschen zu sein. Dieser Absicht steht aber noch eine große Unbekannte entgegen: Im Lande lebt und herrscht Esau, an dem er seinerzeit so schuldig geworden ist und von dem er Rache und Tod befürchtet. Sein Gebet zu Gott offenbart seine Todesangst und zugleich sein Vertrauen zu Gott. Wer nach jahrelanger Todfeindschaft Versöhnung ersehnt, weiß, wie mühsam diese oft zustande kommt.
Der äußere Geschichtsverlauf berichtet davon, daß der listige Jakob seinem Bruder Hab und Gut, Hirten und Herden, in „gestaffelten Formationen" als Geschenk entgegenziehen läßt – um ihn zu versöhnen, aber auch, um bei dessen Unversöhnlichkeit noch umkehren und fliehen zu können. Versöhnung unter Geschwistern oder Ehepartnern braucht oft viel Zeit, viel „schrittweises Entgegenkommen", viel Vorschuß an Vertrauen, viel eigene Reue und Wandlung. All das kann aber die Unsicherheit über den Ausgang nicht ausräumen, weil die Verzeihung als reines Geschenk aus der Hand des anderen kommt. So weit der äußere Verlauf der Geschichte.
Die Geschichte V. 23-33 ist mythisch und uralt und will nicht so sehr den äußeren Verlauf als vielmehr dessen innere, spirituelle Deutung liefern. An ihr haben Jahrhunderte mitgeformt: In heidnischer Vorzeit personifiziert sie die Gefahr bei der Überquerung eines reißenden Flusses, mit dem der Mensch in seiner Angst zu ringen hat. Tiefenpsychologisch kennen wir solche „Schwellenängste" immer dort, wo wir von einem Lebensufer an das andere übersetzen (z.B. von der Kindheit in die Jugend) oder wo uns ein Schicksalsschlag überfällt, der uns in eine neue Daseinsweise zwingt (etwa wenn jemand erfährt, daß er Krebs hat). So gelesen wird jeder Satz symbolträchtig: das Ringen im Bereich der Nacht und des Unbewußten; der Kampf mit übermächtigen unbekannten Wesen; der Sog des Flußabgrundes; der Hilfeschrei um Segen; das gezeichnete und verwundete Hervorgehen aus dem Kampf ... Diese inneren Vorgänge können sich durch Tage und Nächte hinziehen.
Jakob wußte anfangs nicht, daß sein Ringen ein Ringen mit Gott ist. Die Frange nach dem Namen will ja heißen: „Was ist der Sinn des Ganzen?" Aber während er nach dem Sinn des Schicksalschlages fragt, muß er sich nach seinem Namen fragen lassen und eingestehen, daß er „Betrüger" heißt und auch ein solcher ist. Hinter allen Anlässen menschlicher Schicksalskämpfe offenbart sich Gott als der, der um den Menschen ringt und auch nicht locker läßt, bis der Mensch mit ihm ringt und aus diesem Gotteskampf geläutert und verwandelt, gesegnet und auch gezeichnet hervorgeht. Diese Erzählung offenbart vielen, was in der Tiefe ihrer Seele vor sich geht. Das Durchstehen von Krisen kann wie eine lange dunkle Nacht erscheinen, deren guter Ausgang mit Recht so erlebt wird, daß die Sonne wieder auf einen scheint.

Jakobs Versöhnung mit Esau
(Gen 33,1-20 / 9. Bild)

Jakob ist so weit an die Heimat seiner Väter herangekommen, daß die Begegnung mit Esau unmittelbar bevorsteht, zumal dieser ihm schon mit seinen Kriegsleuten entgegenkommt. Die Jakobsgeschichte eilt ihrem Höhepunkt zu, der aber selber noch offen und völlig ungewiß ist. Aus Vorsicht reiht Jakob Frauen und Kinder so hintereinander, wie sie ihm auch persönlich nahestehen; bei einem ungünstigen Ausgang sollten wenigstens seine Lieblinge Rahel und Josef fliehen können. Wie völlig anders als in der Zeit seines Betrugs geht nun Jakob auf seinen Bruder zu: Siebenmal wirft er sich (wie vor einem Großkönig) in den Staub, nennt ihn seinen Herrn und sich selbst seinen Knecht und bietet ihm seine Habe als Versöhnungsgeschenke an. Wie anders, als zu befürchten war, begegnet ihm aber auch Esau: Er eilt ihm entgegen, umarmt ihn wortlos, küßt ihn, weint und nennt ihn seinen Bruder. Was hier geschieht, ist ein Wunder der Verwandlung und im tiefsten Sinn Versöhnung und Erlösung auf Erden.

Daß in der Versöhnung der Brüder Gott selber am Werke war und Haß in Liebe verwandelt hat, wird aus der kunstvollen Verklammerung der beiden Jakobsgeschichten deutlich: Sein Ringen mit Gott läßt ihn wieder Gottes Angesicht schauen, so daß die Begegnung mit Esau die erlöste Frucht dieser Gnadenerfahrung ist. Jakob spricht das so aus: „Ich habe dein Angesicht gesehen, wie man das Angesicht Gottes sieht" – im Bruder, in der Schwester Gott begegnen, so wie man im Bruder Jesus sehen wird.

Esau will mit Jakob weiterziehen oder ihm wenigstens seine Kriegsleute an die Seite geben. Jakobs Mißtrauen will beides nicht annehmen. In einer symbolischen Betrachtungsweise erschließt sich aber ein tieferer Sinn: Jakob lehnt das Kriegerische ab, seine Gangart ist nicht die der gerüsteten Männer, sondern die langsame Gangart dessen, der trächtige Schafe und Kitzlein, Mütter und Kinder zu begleiten hat. Zur Lebenshaltung geworden ist diese mehr „weibliche, mütterliche" Gangart, Handlungsweise und Einstellung jenes neue Lebensprogramm, das aus der Erlösung hervorgeht. Im Bild des Hirten vereinen sich männliche und weibliche Lebensformen, so daß man hier auch eine Integration der Gegensätze des eigenen Lebens sehen kann.

Das Gesamtbild des Jakobszyklus

Wir betrachten alle neun Bilder des Jakobsweges, der unten links beginnt und oben rechts endet; das Bild des nächtlichen Traumes (4) schließt sich zwar zeitlich an das Bild 3 an, ist hier aber als das Zentralsymbol in die Mitte des Gesamtbildes gerückt, als jene Gnade der Erlösung, von der die Heilung aller Beziehungen ausgeht. Betrachten wir das erste Bild, so zeigt es uns die Feindschaft unter den Menschen von „Anfang an", und denkt man dabei an Kain und Abel, so ist nur Unheil zu ahnen. Wenn man nun die Diagonale vom ersten zum neunten Bild zieht, von unten links nach oben rechts also, so geht man dabei durch das Traumbild der Erlösung hindurch und kommt zur versöhnten und erlösten Geschwisterlichkeit unter den Menschen. Beginnt man beim Bild 3 unten rechts und zieht man die Diagonale zum Bild 7 oben links, so beginnt man beim unheilen Generationskonflikt und bei der zerfallenden Familie, geht wieder hindurch durch das Erlösungsbild in der Mitte und kommt so zur Erlösung, die auch den Gernerationskonflikt heilt. Auch die Bilder der waagrechten Mittelachse zeigen einen Erlösungsweg, da die erlöste Liebe Jakobs in der Lage ist, die dunkle Lea, den Schatten der Frau also, so zu lieben, daß sie sich zur Schönheit verwandelt.

Die Senkrechtachse taucht vollends in den Weg der Erlösung ein: Der nach Macht, auch nach religiöser Macht gierige Jakob muß zwar die Folgen seiner Schuld in der Flucht erleiden, wird aber im Traumgesicht von Gott nicht mit Strafe, sondern mit Erlösung heimgesucht. Dieser erlösende Gott geht so lange mit Jakob, bis dieser sich im nächtlichen Ringen mit ihm auch seinerseits so in das Erlösungsgeschehen einschmelzen läßt, daß er zum Segen für Menschen werden kann, wie es sich in der Begegnung mit Esau gleich erweisen wird. Man ist überrascht, wie die Struktur der Bildanordnung die verborgene Struktur des Erzählzyklus offenlegt. Insofern jede Figur der Geschichte nie nur für sich privat steht, sondern auch eine Gestalt gewordene Möglichkeit unseres Daseins darstellt, wird sich der Betrachter bald in diesem, bald in jenem Bild wiederfinden – sofern er viel Stille und Zeit dafür hat.

Die Ebenen des Symbols im Gedicht zu Gen 32,23-33

Die Ebene des Naturhaften

„Der Schauende" (so betitelt Rainer Maria Rilke sein Gedicht) sieht vor seinem Fenster, wie der Föhnsturm die Bäume biegt und so die Landschaft den Ernst der Ewigkeit gewinnt, wobei der Sturm als der große Umgestalter erscheint. Wenn von ihm die Bäume gebogen werden, haben sie an seiner Größe teil.

Die Ebene des Menschlichen

Indem der Dichter sich in die Bäume versetzt, deutet er an, daß auch der Mensch von großen Stürmen so heimgesucht werden kann, daß er daran reift und selber groß wird. Was wir Menschen im Kampf besiegen, kann ja immer nur schwächer und kleiner sein als wir selbst, und jeder Sieg macht uns selber kleiner. Größe gewinnen wir dann, wenn wir von einem noch Größeren besiegt werden, das gilt vor allem für die Weite der Ewigkeit.

Die Ebene des Religiösen

Rilke sieht diese Erfahrung im religiösen Bild, wodurch sich das Naturerlebnis zur Transzendenz hin öffnet; er sieht dies im Ringen des Engels mit Jakob. Dieser Engel spielte auf den angespannten Sehnen seines Gegners wie auf den Saiten einer Harfe. Indem Jakob vom Engel besiegt wurde, bekam er Anteil an dessen Größe, die gerade darin besteht, auf Siege zu verzichten, um ständig daran zu wachsen, daß wir uns von Gott besiegen lassen.

Anhand dieses einen Bildes und des Gedichtes lassen sich in einer Betrachtung tiefe menschliche Erfahrungen erschließen.

Der Schauende

Ich sehe den Bäumen die Stürme an,
die aus laugewordenen Tagen
an meine ängstlichen Fenster schlagen,
und höre die Fernen Dinge sagen,
die ich nicht ohne Freund ertragen,
nicht ohne Schwester lieben kann.

Da geht der Sturm, ein Umgestalter,
geht durch den Wald und durch die Zeit,
und alles ist wie ohne Alter:
die Landschaft, wie ein Vers im Psalter,
ist Ernst und Wucht und Ewigkeit.

Wie ist das klein, womit wir ringen,
was mit uns ringt, wie ist das groß;
ließen wir, ähnlicher den Dingen,
uns *so* vom großen Sturm bezwingen, –
wir würden weit und namenlos.

Was wir besiegen, ist das Kleine,
und der Erfolg selbst macht uns klein.
Das Ewige und Ungemeine
will nicht von uns gebogen sein.
Das ist der Engel, der den Ringern
des Alten Testaments erschien:
wenn seiner Widersacher Sehnen
im Kampfe sich metallen dehnen,
fühlt er sie unter seinen Fingern
wie Saiten tiefer Melodien.

Wen dieser Engel überwand,
welcher so oft auf Kampf verzichtet,
der geht gerecht und aufgerichtet
und groß aus jener harten Hand,
die sich, wie formend, an ihn schmiegte.
Die Siege laden ihn nicht ein.
Sein Wachstum ist: der Tiefbesiegte
von immer Größerem zu sein.

(Rainer Maria Rilke, aus: Sämtliche Werke © Insel Verlag, Frankfurt am Main 1955)

Einen „Jakobspsalm" schreiben

Wer eine Bibelarbeit zu Gen 32, 23-33 allein machen will, kann auf verschiedene Weise die Betrachtung aufbauen:

a) den Text zunächst leise, dann laut lesen lassen, daraufhin das Bild (Folie oder Dia) an die Wand werfen und ein Gespräch darüber führen, was einen an der Stelle berührt.

b) Mit dem projizierten Bild beginnen, die Geschichte schon deutend nacherzählen, anschließend erst den Text lesen und mit dem Gedicht Rilkes verbinden.

c) Das Bild projizieren, den Text laut vorlesen, über das Gedicht Rilkes als Deutung des Textes sprechen und es lesen. Jede dieser drei Möglichkeiten kann man so abschließen, daß jeder Teilnehmer sich mit Jakob identifiziert und „seinen" Kampf mit Gott schreibend nacherzählt, wobei von der einfachen Um-Schreibung von der dritten in die erste Person bis hin zu einer sehr biographischen poetischen Neuschöpfung viele Spielarten möglich sind. Die Texte können in die Gruppe hinein vorgelesen werden, der Begleiter kann je nach Fähigkeit und Angemessenheit den Text aufarbeiten helfen (vgl. Seite 45 f.).

Übungen zur Partnerschaft

In der Jakobsgeschichte geht es um die Heilung eines Bruderzwistes, genauer betrachtet um die Wendung vom Unheil zum Heil in mehreren Partnerschaften, die die Geschichte ins Spiel bringt: die Brüder Jakob und Esau (auf der Subjektebene der Antagonismus meiner animalischen triebhaften Esauseite und meiner raffinierten egoistischen Jakobsseite), das rivalisierende Ehepaar Isaak und Rebekka mit ihren je verbündeten Söhnen, der liebende Jakob und die geliebte Rahel, Rahel und Lea als Schwestern in einer oder in mehreren Personen (der Mann zwischen zwei Frauen), der abhängige Jakob und sein Vorgesetzter Laban, Jakob und sein Gott. Hier werden fast alle archetypischen Spielarten von Partnerschaft vorgestellt. Diese natürlichen Beziehungen mit ihrem Geflecht aus Schicksal und Schuld werden in das Licht des sich offenbarenden Gottes gestellt und so geheilt. Die Gestalten wollen für uns „Typen" sein, religiöse Spiegelbilder, in denen wir uns selber sehen; vorgelegte Figuren, in die wir hineinschlüpfen und deren Geschichte wir nachvollziehen. Die Bibel lädt uns zu einer solchen Identifizierung ein, weil Gott auch unsere Partnerschaften heilen will, – dazu folgende Übung:

Einfühlen

Jeder richtet sich einen großen Bogen Zeichenpapier und bunte Wachsmalkreiden her, sucht sich einen Platz im Raum, um (am besten auf dem Fußboden) zu zeichnen, und setzt sich zur Versenkung an eine Schmalseite des Blattes. Er/sie horcht in sich hinein und versucht wahrzunehmen, welches Gegenüber auf der anderen Seite des Blattes auftaucht: mein Ehepartner, mein Kind, Vater oder Mutter, Freund oder Freundin, Vorgesetzter oder Untergebener, Arbeitskollege oder Nachbar...

Zeichnen

Ich werde mich und meine Bezugsperson, die ich jetzt als mein Gegenüber erlebe, symbolisch als zwei Kreise auf das Papier zeichnen: Beginne ich bei mir oder beim anderen? Welchen Kreis (welche Person) zeichne ich größer? Wie nahe rücke ich sie heran? Welche Farben verwende ich? Jeder Kreis wird so ausgestaltet, wie ich mich und den anderen intuitiv fühle: einfarbig oder in bunten Farbflecken, in Spiralen oder mit Symbolen, konzentrisch oder mit verschiedenen Kernen, geschlossen oder aufgebrochen, mit oder ohne Verbindungslinien zueinander... Leise Musik unterstützt mich.
Meine fertige Zeichnung lege ich mit dem Gesicht nach unten (um anonym zu bleiben) auf den Stapel der Blätter; Pause mit Stille oder Bewegung.

Die Gruppenaufgabe der Wahrnehmung

Die Gruppe sitzt im Kreis, der Stapel der Zeichnungen liegt in der Mitte, aus ihr zieht der Leiter ein Blatt und legt es der Gruppe vor. Die Aufgabe der Gruppe ist es nun, zu sagen, was sie sieht, denn viele Teilnehmer sehen mehr als einer: Ich sehe einen größeren und einen kleineren Kreis; ich sehe am Rand einen dunklen Fleck; ich sehe, daß die rote Linie durchbrochen ist; ich sehe die gleiche Farbe in einem Kreis da, im anderen Kreis dort... Jede Interpretation ist strikt zu vermeiden, zu ihr wird erst übergegangen, wenn sich die Wahrnehmung erschöpft.

Die Gruppenaufgabe der Einfühlung

Erst nach der Sammlung der Wahrnehmungen ist eine vorsichtige Interpretation durch die Identifizierung mit dem Gezeichneten möglich: Was löst das Bild bei mit aus? Wenn ich dieser Kreis hier wäre, dann fühlte ich mich... Wenn ich diese Farbe, dieser gelbe Fleck wäre, dann möchte ich am liebsten... Wenn ich diese Linie da hinüber wäre, dann spürte ich..., ginge es mir... Wenn ich in dieser Partnerschaft lebte, dann ginge es mir... möchte ich sagen... Der Zeichner des Blattes bleibt anonym und spricht so mit, als sei er Gruppenmitglied wie jedes andere.

Der Zeichner arbeitet mit seiner Zeichnung

Wem gehört das Blatt?
Der Zeichner hat nun drei Möglichkeiten:
a) Er will anonym bleiben; die Gruppe und er schweigen; nicht nachbohren!
b) Er bekennt sich zu seiner Zeichnung, erkärt die Situation kurz, will nichts weiter dazu sagen.
c) Er will mit seiner Zeichnung an dieser „Partnerschaft" arbeiten: Der Leiter fragt: Was hat dich von den Mitteilungen der Gruppe betroffen, was überhaupt nicht, was ist dir im Ohr geblieben?
Der Zeichner tritt in den *Beziehungsdialog* ein, er stellt sich hinter den Kreis, der ihn darstellt, gibt ihm Stimme; teilt so seinem Kreispartner mit, wie es ihm geht, was er fühlt, was er sich wünscht... Platzwechsel (wie beim „heißen Stuhl"), d.h., er stellt sich hinter den Kreis, der sei-

nen Partner darstellt, ist nun dieser und antwortet auf das Gehörte. Der Dialog geht so einige Male hin und her (der Leiter kann durch einfaches Wiederholen der letzten Aussage helfen, oder: du hast gehört, daß N. sagt...). Erschöpfen oder wiederholen sich die Aussagen, oder ist die Betroffenheit zu groß, dann:

Betrachtung aus der Distanz und von der Bibel her

Der Leiter führt den Zeichner einige Schritte von der Zeichnung weg: Wenn das die Beziehungsdarstellung einer dir fremden Person wäre, was würdest du dann zu dieser Partnerschaft sagen? Welche Chancen gibst du ihr? Worin sind beide verstrickt? Was braucht ein jeder? Wie sieht diese Partnerschaft auf dem Hintergrund des Jakobszyklus aus? Welches einzelne Bild trifft besonders zu? Was wünschst du den beiden aus dem Jakobszyklus heraus? Auch die Gruppe kann sich einschalten, das Schlußwort hat der Zeichner: Was für mich jetzt wichtig war, was ich beherzigen *will* ...

Erlösung in Partnerkrisen

Jakob stammte aus einer Familie, die durch Rivalitäten und Machtkämpfe unheilvoll zerrissen war. Im nächtlichen Traumgesicht begegnete ihm ein gnädiger Gott, und sein Leben begann von innen her heil zu werden, wie die Bibel es in seiner Beziehung zu seinen Frauen und Kindern, zu seinem Schwiegervater Laban und zu seinem Bruder Esau erzählt. Jede menschliche Partnerschaft, gerade auch die eheliche, macht viele Krisen durch, die oft unheilvoll erlebt, oft auch heilvoll gelöst werden können. Wir wollen nun einige typische eheliche Partnerkrisen im Licht der Heilsbilder aus der Jakobsgeschichte betrachten, weil wir für die Lösung menschlicher Krisen auch die Zusage gnadenvoller Erlösung erhoffen dürfen.

Bild 5:
„Dann küßte er Rahel und begann laut zu weinen" (Gen 29,11)

1) Die Phase der Verliebtheit ist der gewöhnliche Beginn eines Partnerprozesses, der voll Glück und Verheißung ist. „Das junge Paar bündelt Attraktivität, Intimität, Existenzaufbau und Persönlichkeitsentwicklung zu einem Konzentrat von Glück" (Michael Cöllen, Das Paar. Menschenbild und Therapie der Paarsynthese, München 1989, S. 69).
Diese schöne Zeit der jungen Liebe ist wie eine neue Geburt, durch sie geschehen „echte Wachstumsschübe, fest gefahrene Gleise werden verlassen, Grenzen gesprengt, neue Experimente werden gewagt, Leistungwille erwacht, und alle menschliche Kreativität wird geweckt (S. 70). Diese Phase der Hingabe wiederholt gewissermaßen die symbiotische Beziehung des Kindes mit den Eltern auf einer neuen Ebene, so daß auch frühere Defizite und Wunden geheilt werden können, doch ist diese beglückende Zeit nicht dauerhaft, weil sie kein Selbstzweck ist. Denn sie hat die Aufgabe, „die eigene Elternschaft vorzubereiten, die eigene Existenzsicherung aufzubauen, und als selbstsichere Person gleichberechtigt den anderen gegenüberzutreten" (Michael Cöllen, Laß uns für die Liebe kämpfen. Der neue Weg aus der Partnerkrise, München 1986, S. 23).

In der Jakobserzählung symbolisiert die Öffnung des Brunnens und das Tränken der Herde diese Neubelebung des Menschseins durch die Zweierbegegnung.

„Jakob diente also um Rahel sieben Jahre. Weil er sie liebte, kamen sie ihm wie wenige Tage vor" (Gen 29,20).

2) Die Zeit der Liebeswerbung, der Verliebtheit und der Hingabe „vergeht wie im Fluge", sie ist leicht und beschwingt, aber sie *vergeht.* Bestürzt fragen sich viele: Wie ist das nur möglich? Wodurch kann so etwas geschehen? Die Partnerfindung wird durch zwei scheinbar gegensätzliche Motive gesteuert: Gleich und gleich gesellt sich gern – und: Gegensätze ziehen sich an. Gerade das macht den Partner so faszinierend, was er besitzt, aber mir fehlt. Die wechselseitige Ergänzung führt zu einem intensiven Austausch auf allen Ebenen und zu einer fast rauschhaft erlebten Bereicherung. Doch jeder Mangel wird einmal behoben, so daß auch ein gewisser Grad der Sättigung eintreten muß. Was der eine dem anderen zu bieten hat, hat man inzwischen von ihm, und wenn man gesättigt ist, hat man „genug". Die Ergänzungsbedürftigkeit hört auf, Bedürftigkeit zu sein, und ist eine wirkliche Ergänzung geworden. Was man am anderen ersehnt und gewünscht hat, kann nun als „zu viel", geradezu als bedrängend und auf die „Nerven gehend" empfunden werden. „In Wirklichkeit findet ein naturnotwendiger Vorgang statt, der vom Partner unterstützt werden sollte: der Individuationsprozeß... je enger die Symbiose, je beschränkter Freiheit für eigenen Spielraum waren, um so schmerzhafter werden später die mit Gewalt eintretenden Ablösungs- und Individuationsversuche als Liebesverlust, als Gefahr für die eigene Sicherheit, als Verrat an der gemeinsamen Liebe empfunden" (a.a.O., S. 23).

Bild 6:
„Die Augen Leas waren matt, Rahel war aber schön von Gestalt und hatte ein schönes Gesicht... am Abend nahm Laban aber seine Tochter Lea und führte sie zu ihm" (Gen 29,23).

3) Jede Partnerfindung und Partnerbindung ist doppelbödig in dem Sinn, daß neben dem, was wir wahrnehmen und wissen, auch gleichzeitig viel Unbewußtes abläuft. Wir lieben nämlich unseren Partner nicht nur so, wie wir ihn sehen, sondern so, wie wir ihn sehen möchten. Insofern macht diese Liebe blind für vieles, weil sie von inneren Suchbildern gesteuert wird, von Sehnsüchten und Projektionen, die aus unseren gespeicherten Erfahrungen oder Defiziten kommen, aus dem dunklen Schattenbereich. Das Frauenbild, das der Mann in sich trägt und sucht, nennt man „Anima", das Männerbild, das die Frau sucht, „Animus". Animus und Anima haben einen großen Einfluß auf die Wahl unseres Partners, unserer Partnerin: „Da diese Gestalten sich so leicht auf Vertreter des Gegengeschlechts projizieren und uns oft in dem Ausmaß besitzen, daß wir uns ihrer nicht bewußt sind, haben sie häufig entscheidenden Einfluß darauf, welche Art Mann oder Frau wir als Ehepartner wählen. Ein animabesessener Mann mit schwachem Ego und starker, hexenähnlicher Animafigur wird höchstwahrscheinlich unbewußt eine dominierende, animusbeherrschte Frau wählen. Damit erlebt er seine innere Situation in der äußeren Beziehung. Umgekehrt verbindet sich eine Frau, die von innen durch den negativen, vernichtenden Animus beherrscht ist, vermutlich mit einem Mann, der diesen negativen Animus für sie verkörpert, indem er alles an ihr schlechtmacht, negiert und kritisiert. Das erklärt einige der ungleichen Verbindungen, die geschlossen werden, und es zeigt auch, daß wir wirklich keine freie Wahl haben, wenn wir nicht psychologisch bewußte Persönlichkeiten sind" (John A. Sanford, Unsere unsichtbaren Partner, Interlaken

1986, S. 82). Schicht um Schicht führt uns eine Partnerschaft gerade auch durch ihre Konflikte in die Tiefen unserer Seele und so auch auf den Weg der Erlösung, auch wenn dieser schmerzhaft ist.

Bild 8:
„Ich lasse dich nicht los, wenn du mich nicht segnest" (Gen 32,27).

4) Wem ist Jakob in der Nacht eigentlich begegnet? Wer oder was hat mit ihm gerungen? Am Ende eines langen Kampfes mögen wir erfahren, daß wir „letztlich" mit Gott gerungen haben und so ihm näher gekommen sind. Wie aber erleben wir diese nächtlichen Gestalten, die uns überfallen? Ohne Zweifel begegnet jeder in einem Partnerkonflikt dem realen Partner, dessen Grenzen und Schuld. Er begegnet auch sich selbst, seinen eigenen Grenzen und Fehlern. Wir begegnen aber auch unserem Schatten und dem Schatten des Partners, so daß gerade unsere unerlösten Seiten miteinander im Kampf liegen. Dem Partner wird es zugemutet, daß er seinen Partner ganz so annimmt oder ihm so begegnet, wie er wirklich ist, also eben gerade auch mit seiner Unerlöstheit. Das Bild des Jakobkampfes will uns ermutigen, diesem Rignen mit uns und dem anderen nicht auszuweichen, es nicht frühzeitig abzubrechen, sondern so lange mühsam umeinander zu kämpfen, bis eines das andere segnen kann. Vielleicht werden wir erst am Ende des Kampfes wissen, daß auch Gott mit uns und wir mit ihm in diesem Kampf der Partnerschaft gerungen haben. So mögen wir, wenn auch gezeichnet, so doch gesegnet aus oft jahrelangem Ringen hervorgehen.

Bild 7:
„Jetzt aber komm, wir wollen einen Vertrag schließen, ich und du" (Gen 13, 44).

5) Wir sehen auf dem Bild, wie Laban und Jakob nach vielen Jahren des Zusammenlebens mit seinem Auf und Ab als gereifte Partner einen Vertrag schließen. Was von diesen beiden Männern erzählt wird, gilt auch für die Beziehung von Mann und Frau: „Der einzelne geht mit 20 bis 25, aber auch mit 40 Jahren noch nicht als fertiger Mensch in die Zweierbeziehung, das wird er erst durch die Auseinandersetzung in dieser Beziehung. Dort muß er sich finden, sich begreifen und die eigenen Ziele erkennen. In der Verschmelzung wird er zur Persönlichkeit" (Cöllen, Laß uns für die Liebe kämpfen, a.a.O., S. 23).
Die Krisen, Verwandlungen und Einstürze eines Ehelebens verlieren den Charakter von Naturkatastrophen, wenn man sie als Stadien auf einem Lebensweg sieht, den man miteinander geht, der aber jedem zu seinem eigenen Heil und zu dem seines Partner dienen soll.
„Das Paar durchschreitet also Entwicklungszyklen, die nacheinander das Gesamt des Lebens erfüllen. In diesen Spannen treten notwendigerweise jeweils andere Lebenskräfte und andere Bindungskräfte mit Schwerpunktverlagerung bei den Grunddialogen in den Vordergrund. Die Dynamik dieser Zyklen beinhaltet demnach an bestimmte Lebensabschnitte gebundene Partnerprozesse, die für jedes Paar je nach Alter und Lebenssituation spezifisch ausfallen, trotzdem aber in fast allen Zweierbeziehungen ähnliche Probleme und Krisen auslösen. Es entstehen Konflikte, die zur Natur enger Partnerbindung gehören und von daher kaum vermeidbar sind. Innerhalb dieser Zyklen erfahren die verschiedenen Bindungskräfte des Paares, der Dialog von Körper, Gefühl, Sprache und Sinnfindung, jeweils sehr unterschiedliche Ausgestaltung. Hier eine Symmetrie zu erreichen, ist für das Gleichgewicht des Paares von besonderer Wichtigkeit" (Cöllen, Das Paar, a.a.O., S. 68).

Die großen Zyklen der ehelichen Partnerschaft nennt Cöllen: die Phase der Hingabe, des Aufbaues und des Sich-Durchsetzens (Individuation), die Phase der Neuorientierung in der Lebensmitte und des gemeinsamen Alterns.

Bild 9:
„Esau lief ihm entgegen, umarmte ihn und fiel ihm um den Hals; er küßte ihn, und sie weinten... Ich habe dein Angesicht gesehen, wie man das Angesicht Gottes sieht, und du bist mir wohlwollend begegnet" (Gen 33,4.10).

6) Neben den Krisen und Chancen der Partnerphasen gibt es auch große Unterschiede zwischen den Eheleuten in den Partnerstilen, im Liebespotential und in der Art und Weise, in denen der einzelne in seinen ihm eigenen „Räumen" lebt und handelt: im Eigenraum, im Partnerraum, im umgreifenden Lebensraum. Alles Schöne und Schmerzliche bringt, wie uns die Jakobsgeschichte zeigen will, auch viele Verletzungen, viel Versagen und gegenseitige Schuld mit sich, Schuld auch in dem Sinne, daß eines dem anderen vieles schuldig bleibt. Umso tröstlicher ist das letzte Bild der Jakobsgeschichte, das uns zeigt, wie trotz aller abgrundtiefen Schuld Versöhnung und Verzeihen möglich sind, und was wir mit umso größerem Erstaunen hören: angesichts von Schuld und Verzeihung kann Jakob dem Bruder sagen: „Ich habe dein Angesicht gesehen, wie man das Angesicht Gottes sieht." So darf ein Ehepartner dem anderen zum Bild Gottes werden, zum Begegnungsort mit dem Heiligen. Bei allen langen Schicksalswegen einer Ehe sollen wir nicht vergessen, daß Gott einem jeden und einer jeden wie dem Jakob in tiefster Nacht und tiefster Schuld „im Traum", also im Bereich des Unbewußten begegnet und von dorther den Prozeß der Heilung (auch der Schatten) beginnen läßt. So groß die Not eines Familienlebens auch sein mag, die Gnade Gottes, die sie umfängt, will noch größer sein!

Zeichnung: Wähle von den fünf Bildern jenes aus, das deine Situation am treffendsten ausdrückt, und male es auf einen großen Papierbogen in großen Farbflecken. Eine Farbe wähle für dich, eine für deinen Partner, eine für euer gemeinsames Schicksal und eine für die Gnade Gottes. Male bei Musik sehr bewegt und großflächig (Fingerfarben). Betrachtet und besprecht die Bilder!

Phantasiebild: Der Rosenstrauch

Die Blüten sind mit Stempel und Staubgefäßen und der Anlockungskraft von Farbe und Duft die Geschlechtsmerkmale der Pflanzen. Es ist darum natürlich (und nicht nur übertragen symbolisch), daß Blumen und Blüten auch als Verleiblichung der menschlichen Liebesneigung, als Spiegelbild der Liebesfähigkeit und sinnvolles Geschenk im Austausch der Liebe gelten. Vor allem gilt dies in unserer Kultur für die Rose, die man pflücken und in der man seine Liebe betrachten kann, die man aber auch bei einer Phantasiereise so aus den Tiefen des Unbewußten herausholt, daß man eine ebenso tiefe und manchmal erschütternde Erkenntnis über Stand und Sehnsucht, Geschichte und Schicksal der eigenen Liebe bekommt. Wir greifen bei der Übung auf die berühmte Rosenstockmeditation zurück von J. O. Stevens, Die Kunst der Wahrnehmung. Übungen der Gestalt-Therapie. Aus dem Amerikanischen v. Anna Sannwald. Copyright Christian Kaiser Verlag, München (1976, S. 48):

„Setze dich bequem in einen Stuhl, oder legt euch, wenn möglich zu einem Kreis geordnet (Köpfe nach innen), auf den Rücken. Schließe die Augen und nimm deinen Körper wahr. Ziehe deine Aufmerksamkeit von äußeren Ereignissen ab und achte darauf, was in dir vorgeht... Gewahre jedes Unbehagen und finde eine bequemere Lage... Achte darauf, welche Körperteile in deine Wahrnehmung treten... welche ungenau und undeutlich sind... Wenn du irgendeine Spannung merkst, versuche sie zu lockern... Wenn das nicht geht, versuche diesen Körperteil absichtlich anzuspannen und gib acht, welche Muskeln beteiligt sind... Entspann dich jetzt... Konzentriere dich auf das Atmen... Gewahre all seine Einzelheiten... Fühle, wie die Luft durch Mund und Nase eindringt... hinunter... Fühle, wie Brust und Bauch sich bewegen... nun stelle dir vor, deine Atemzüge seien wie sanfte Uferwellen, und jede Welle wasche ein wenig Spannung aus deinem Körper heraus... und befreie dich immer mehr... Deine Gedanken kommen und gehen wie die Wolken: alles darf kommen, alles wird auch wieder gehen.

Stell dir vor, du bist ein Rosenbusch. Werde ein Rosenbusch und entdecke, wie das ist, ein solcher zu sein... Laß deine Phantasie sich einfach entwickeln... Was für eine Art Rosenbusch bist du?... Wo wächst du?... Wie sind deine Wurzeln?... In was für einem Boden steckst du?... Versuche nachzufühlen, wie deine Wurzeln in den Boden hinunterreichen... Wie ist dein Stamm, wie sind deine Zweige?...

Entdecke alle Einzelheiten darüber, ein Rosenbusch zu sein... Wie fühlst du dich als ein solcher?... Wie ist deine Umgebung?... Wie ist dein Leben als Rosenbusch?... Was erlebst du, und was geschieht, wenn die Jahreszeiten wechseln?... Versuche immer mehr von deiner Existenz als Rosenbusch zu entdecken, wie du dein Leben empfindest und was dir zustößt... Laß die Phantasie hierbei verweilen...

Nach kurzer Zeit werde ich euch bitten, eure Augen zu öffnen...“

Zur Aufarbeitung : Erzähle das geschaute Bild der Gruppe, indem du dich mit dem Rosenstock identifizierst und in der Gegenwart sprechend dich beschreibst: Ich bin ein hoher Rosenstock, ein wilder, und stehe am Waldesrand... (oder: schreib das nieder oder male es auf ein großes Blatt Papier). Höre ruhig zu, wie die Gruppe dich erlebt. Die Gruppenmitglieder antworten ebenfalls so, daß sie sich mit diesem Rosenstock und seinen Einzelheiten in seiner Gestalt und Geschichte identifizieren: Wenn ich dieser verwilderte Rosenstock wäre... Wenn ich so dünne Wurzeln hätte, dann ginge es mir... Wenn ich so von Raupen zerfressen wäre... Wenn ich so stark duften würde...

Was lösen die Spiegelungen der Gruppenteilnehmer in dir aus? Woran wirst du aus der Geschichte deiner Liebe erinnert? Was magst du davon der Gruppe erzählen, was für dich behalten? Was wünschst du für deinen Rosenstock? Was erbittest du für ihn vom himmlischen Gärtner?

Hymnus

Dem gehorsamen Sohn

Durch alle Strophen zieht sich das Symbol der Wüste: Die 1. Str. sieht in dem zu Disteln und Dornen verwüsteten Paradies ein Bild der menschlichen Sünde. In der 2. Str. wird Jakob als Inbegriff des betrügerischen und sündigen Menshen genannt, von dessen Seite jedoch der barmherzige Gott nicht weicht. Erst der Wüstenaufenthalt des fastenden Jesus zeigt *den* Menschen, *den* Sohn, der Gott wirklich gehorsam war (3. Str.). In der 4. und 5. Str. befinden wir selbst uns wie Jesus in der Wüste: Wir bitten um Beistand in der Versuchung und um Stärkung durch das Manna auf unserem Wüstenweg zum neuen Paradies.

1. Herr, wie haben wir zur Wildnis
   deinen Garten doch gemacht:
   Disteln sind ja nur und Dornen
   aller Menschenwerke Pracht,
   weil, die Frucht des Frevels essend,
   deines Wort's wir nicht gedacht.

2. Jakob sind wir, voll von Tücke
   nur auf Eigenes bedacht.
   Doch du bleibst an unsrer Seite,
   sendest Träume in der Nacht
   und begleitest unser Leben,
   bis zur Liebe es erwacht.

3. Vielgeliebter Sohn des Vaters,
   Jesus: bittrer Öde Pein
   trugest du für alle Menschen.
   Doch du nährtest dich allein
   von dem Wort aus Gottes Munde,
   treu an unser statt zu sein.

4. Weiche auf des Herzens Starre
   und verstopfe unser Ohr
   vor des Teufels Trug und Tücke.
   Deine Hand, die uns erkor,
   führe durch der Zeiten Wüste
   uns an Paradieses Tor.

5. Öffne wiederum die Himmel,
   nähre uns mit süßem Brot.
   Laß zu Lobgesängen werden
   deiner Weisungen Gebot,
   wenn auf Pilgerfahrt wir singen,
   tröstend uns in aller Not.

6. Dir, der ist und der gewesen,
   der auch wiederkommen wird
   und der alles, was da lebet,
   aus dem Nichts heraufgeführt:
   Dir die Weisheit, Macht und Ehre
   in die Ewigkeit gebührt!

8. David – Bilder biblischer Partnerschaft

(Bildübersicht S. 56 f.)

Zur geschichtlichen Lage

Mit der Wende vom zweiten zum ersten Jahrtausend v. Chr. brach für Israel ein neuer Abschnitt seiner Geschichte und damit ein neuer Abschnitt der Heilsgeschichte überhaupt an. Bis jetzt war das große heilsgeschichtliche Thema die „Landnahme", um das die ersten sechs Bücher des AT ständig kreisen. Nun wird mit einem Schlag das Königtum zum politischen und der „Gesalbte" zum religiösen Hauptthema. Der Anlaß dazu kam von außen. Die Israeliten waren als Halbnomaden immer mehr vom Osten her in Palästina eingesickert und hatten sich vor allem im dünn besiedelten, wasserarmen Bergland niederlassen können, während die fruchtbaren Ebenen zum Teil noch von kananäischen Stadtstaaten beherrscht wurden. Zur gleichen Zeit faßten aber die „Seevölker", unter ihnen vor allem die Philister, vom Westen her in Palästina Fuß. Diese Völkerschaften waren vermutlich vom Norden gekommen, hatten vergeblich versucht, im Nildelta seßhaft zu werden, und hatten daraufhin den Küstenstreifen bei Gaza besetzt und für das kleine Land eine beträchtliche politische Macht aufgerichtet. Die Philister bildeten mit ihren schwer befestigten Städten eine Art Soldatenstaat. Sie besaßen bereits ein Berufsheer, dem sie Landstriche und feste Orte zum Leben gaben, und diese Söldnertruppen mußten für die philistäische Oberschicht (zu einer dichteren Besiedlung kam es ja wohl nicht) die Eroberungskriege führen. Zu der straffen militärischen und politischen Organisation kam noch der ungeheure Vorteil, daß die Philister bereits die Eisengewinnung und -verarbeitung verstanden und so den Israeliten wirtschaftlich und militärisch weit überlegen waren.

Israel war diesen straff geführten feindlichen Nachbarstaaten nicht gewachsen. „Israel" war überhaupt noch keine feste politische Größe, sondern eine religiöse. Politisch waren die Israeliten ein loser Stämmeverband, eine Amphiktyonie. Sie waren religiös um das kultische Zentrum der Bundeslade geschart, traten aber nur in Notzeiten unter einem charismatischen Führer, einem „Richter", als politische Ganzheit in Aktion. Weil jeder Stamm sein Eigenleben führte, war politisches und militärisches gemeinsames Handeln nur in äußerster Bedrängnis und auch da nur mühsam zu erreichen. Die Israeliten waren den Feinden im Westen daher empfindlich unterlegen. Das erste Buch Samuel berichtet, wie die entscheidenden Schlachten zuungunsten der Israeliten ausgingen, das Zentralheiligtum Schilo zerstört und die Lade als Beutestück geraubt wurde. Die Philister verlangten Steuern, entwaffneten den Heerbann, verboten das Schmiedehandwerk und setzten Bewachungsposten ein, die jede Wiederaufrüstung und militärische Reorganisation verhindern sollten. Lediglich das für den Ackerbau und die Wirtschaft nötige Eisen wurde zugestanden, doch mußte es von Philistern bezogen werden. Die Philister schickten sich an, für dauernd die Herren im Lande zu werden. Daß sie dem Land bis heute den Namen gaben – „Palästina (Philistina)" –, zeigt deutlich genug, wie die Geschichte Israels wieder einmal auf des Messers Schneide stand.

Der große entscheidende Führer Israels in jener schier ausweglosen Situation war Samuel, der Prophet (1 Sam 3,20), der Richter (7,15) und Seher (9,11). Doch keiner dieser Namen kann seine Bedeutung ganz einfangen. Er ist eine der großen Gestalten der Frühzeit, ohne die Israels Bestand nicht denkbar wäre. Seine Aufgabe war es, das Volk Gottes in eine neue Epoche hinüberzuleiten.

Als nun auch noch im Osten die Feinde andrängten, konnte nur noch eine einheitliche, starke Dauerführung Israels aus der totalen Ohnmacht heraushelfen. Es ist nicht verwunderlich, daß die starken Könige der Nachbarstaaten dafür das Vorbild waren. Doch Israel war aus religiösen Gründen dem heidnischen Königtum gegenüber äußerst skeptisch, denn diese Könige hatten zugleich die höchste priesterliche Gewalt inne und betrachteten sich als Söhne der Repräsentanten ihrer Götter. Für Israel schien der König der absolute Gegensatz zu Jahwes Hoheitsanspruch zu sein. Nur zögernd wandte sich daher Israel dem Königtum zu und reagierte äußerst empfindlich auf jegliche Übergriffe der politischen Macht in den Bereich des Jahweglaubens. Das wird schon beim ersten König, Saul (ca. 1020-1000 v. Chr.), ganz deutlich. Er wurde von Samuel gesalbt und von den ältesten Israels durch das Los gewählt. Unter den Augen der philistischen Wachposten gelingt es ihm, den entmachteten Heerbann wieder geschlossen aufzubieten. Er zerreißt ein paar Rinder und schickt Fleischstücke zu den einzelnen Stämmen. Dieses Geheimzeichen zum verzweifelten Aufstand wurde verstanden, in kurzen Feldzügen werden die Bewachungsposten der Philister erledigt. Saul setzt sich als König durch – und scheitert zugleich an seinem Königtum.

Schon der Amtsantritt Sauls wird auf zweierlei Weise beurteilt: Im Kap. 9 wird das Königtum als Gebetserhörung und im Kap. 10 als ein Zugeständnis Gottes an das von ihm abfallende Volk gesehen. Gewiß sprechen sich darin die Erfahrungen aus, die spätere Generationen mit dem Königtum gemacht haben, zugleich aber offenbart sich die Tragik, die über dem Königtum Sauls waltet. Er tritt als ein strahlender und ein vom Volk geliebter Held sein Königsamt an und ist vom Erfolg begleitet. Doch bald bricht der Konflikt zwischen der politischen und der sakralen Macht aus. Der König überschreitet seine Kompetenzen. Was uns in Kap. 14 und 15 berichtet wird, mag eine alte Erinnerung an den grundsätzlichen Konflikt sein. So wie es dasteht, erscheint uns die Strafe hart, wenn nicht ungerecht: Saul wird von Gott als König verworfen! Das Verwerfungsurteil Gottes durchkreuzt nun alle Wege des Königs. Gott zieht sich von ihm zurück, darum wird der König mißtrauisch, jähzornig und schwermütig. Er weiß, daß ihm in David der Gegenspieler ersteht, und doch trägt er sein Los mit menschlicher Größe. Sein Untergang könnte der Untergang eines Helden in einer griechischen Tragödie sein.

Zur Darstellungsweise der Bibel

Die Mosesbücher enthalten sakrale Überlieferungen Israels, die einen langen Weg der Sammlung und Ballung hinter sich haben. In den Samuel- und Königsbüchern tritt uns zum erstenmal regelrechte Geschichtsschreibung entgegen, die zugleich eine neue Auffassung von Geschichte, auch von der Geschichte Gottes mit dem Menschen verrät. Dazu sagt Gerhard von Rad: „Diese Geschichtsschau bezeichnet den Durchbruch zu einer ganz neuen Auffassung von Jahwes Handeln in der Geschichte. Für die alten Erzähler trat Jahwes Walten in der Geschichte vornehmlich im Wunder in Erscheinung, im Charisma eines Führers, in Katastrophen oder sonstigen zeichenhaften Machterweisen; vor allem war es an sakrale Institutionen (heiliger Krieg, Lade usw.) gebunden. Das ist nun alles ganz anders geworden. Nirgends ereignet sich ein Wunder, und nirgends ist in dem Geschehen eine sakrale Stelle, etwas wie eine heilige Mitte, von der aus die großen geschichtlichen Anstöße ausgehen. Die Kausalkette der menschlichen Ereignisse ist lückenlos geschlossen; nirgends ist vom Erzähler eine Stelle freigehalten, an der sich das göttliche Handeln mit der irdischen Geschichte verzahnen kann; und eine heilige Mitte, auf die das turbulente Geschehen offensichtlich oder verborgen bezogen wäre, würde man hier vergeblich suchen. Der Raum, in den sich diese Geschichte begibt, ist von vollkommener Profanität, und die Kräfte, die darin spielen, gehen nur von Menschen aus, die sich keineswegs von besonderen religiösen Impulsen leiten lassen. Aber der Historiker bedarf all der hergebrachten Mittel der Darstellung gar nicht mehr, weil sich seine Auffassung vom Wesen der göttlichen Geschichtslenkung völlig verändert hat. Jahwes Walten umgreift alles Geschehen; es tritt nicht intermittierend in heiligen Wundern in Erscheinung, sondern ist dem natürlichen Auge überhaupt verborgen. Aber es durchwirkt kontinuierlich alle Lebensgebiete, die öffentlichen ebenso wie die ganz verborgenen, die religiösen wie die ganz profanen. Das sonderliche Betätigungsfeld dieses Geschichtswaltens ist aber das menschliche Herz, dessen Impulse und Entschlüsse Jahwe souverän seinem Geschichtsplan dienstbar macht."

Eduard Schillebeeckx äußert in seinem Buch „Menschen, die Geschichte von Gott", Freiburg 1990, eine interessante Vermutung: Für den Erzähler der Paradiesesgeschichte, den Jahwisten, der am Hofe Salomos lebte, könnte die Gestalt und das Leben Davids vor Gott das Vorbild für seine Figur des Adam gewesen sein. In David wäre ihm so das Menschsein vor Gott überhaupt aufgeleuchtet: die Begnadetheit dieses so liebenswerten, von Gott geschaffenen Menschen; sein entsetzlicher Abfall von Gott mit seinen tragischen Folgen, darunter auch der Brudermord wie bei Kain, weil Davids Söhne zu Brudermördern geworden sind. Das würde uns berechtigen, in David unser eigenes Menschsein vor Gott gespiegelt zu sehen.

Das natürliche Sakrament

Die neun Bilder von Anne Seifert zeigen zentrale Begegnungen aus der Geschichte Davids, die sowohl das Wirken der Menschen wie auch das Wirken Gottes darstellen. Gerade in und durch die menschlichen Begegnungssituationen ist Gott am Werke, ohne daß dieses göttliche Wirken durch Wunder oder sonstige Symbole greifbar würde. In der Art und Weise, wie hier Menschen einander begegnen, begegnet auch Gott, er allerdings als erlösende und heilbringende Macht.

Diese Begegnungen können wir „archetypisch" nennen, insofern solche Konstellationen im Leben eines jeden Menschen vorkommen können. Betrachten wir die Davidsbilder als Bilder der Erlösung, so schenken sie uns die Verheißung, daß Gott auch uns in solchen Situationen nahe ist, uns hilft und sein Heil schenkt. Diese archetypischen Begegnungen werden nun so etwas wie ein „natürliches Sakrament", das will besagen, daß auch uns in den vielfältigen Begegnungen mit Mitmenschen der verborgene Gott mitbegegnet und sein Heil wirkt. Als solche natürlichen Sakramente können wir die Bilder so benennen:

1) Samuel salbt David – das natürliche Sakrament der Vater-/Mutterschaft.
2) David spielt vor Saul – das natürliche Sakrament des Sängers.
3) David und Jonathan – das natürliche Sakrament der Freundschaft.
4) Michal rettet David - das Sakrament der Gattenschaft.
5) David hilft Saul – das natürliche Sakrament des Friedensbringers.
6) David tanzt vor Jahwe – das natürliche Sakrament der Gottesebenbildlichkeit.
7) Davids Ehebruch – das „Anti-Sakrament" der Sünde.
8) Nathan überführt David – das natürliche Sakrament des Gewissens und der Buße.
9) David trauert um Abschalom – das natürliche Sakrament der Trauer.

Die Übertragung dieser Heilsbilder auf unser eigenes Leben macht sie zu Metaphern der eigenen Heilserfahrung und zu Quellen eigener Heilsgewinnung. Man kann sowohl den gesamten Zyklus vorstellen und aufarbeiten, wie auch jedes einzelne Bild für eine bestimmte Vertiefung benützen.

1. Teil

Samuel salbt David
(1 Sam 16,1-13 / 1. Bild)

Auf dem Bild steht der große alte Samuel vor uns, der für das Volk Israel in der Übergangszeit vom Stämmebund zum Königtum so wichtig war. In der Art, wie Gott mit ihm (mystisch) spricht, sehen wir, daß er einer der ganz großen Vertrauten Gottes ist. Samuel trauert echt menschlich um Saul und weiß zugleich, welche Gefahren er für sich und die Betroffenen heraufbeschwört, wenn er schon zu Lebzeiten des Regierenden den Gegenspieler benennt. Zudem mußte er auf dem Weg von Rama nach Bethlehem an Sauls Königsburg vorbei. Auch die Ältesten von Bethlehem ahnen nichts Gutes, sie wissen ja von dem Zerwürfnis zwischen dem König und dem Propheten.

Die Salbungserzählung bildet für den ganzen Davidszyklus eine Schlüsselstelle, sie will den theologischen Grund der ganzen kommenden Geschichte angeben: David ist all das, was er geworden ist, nur deshalb geworden, weil Gott ihn schon von allem Anfang an ausersehen hatte. So sehr die Salbung Davids ein politisches Geschehen ist – primär ist sie eine Sache Gottes, und darum ist es angemessen, daß sie anläßlich eines Gottesdienstes, bei einer Opfermahlzeit, stattfindet. In erzählerischer Spannung wird das Ungewöhnliche der Erwählung Gottes ausgedrückt: nicht der Erstgeborene, nicht die Großen, Stattlichen, sondern der, an den keiner gedacht hatte! Die einzige Voraussetzung, die dieser mitbringt, ist seine

Schwäche, denn: „Was schwach ist vor der Welt, hat Gott erwählt" (1 Kor 1,27). Daran wird sichtbar: Es ist alles Gottes Tat und Wille, was hier beginnt. Samuel vernimmt wohl in seinem Inneren Gottes Stimme und ist selbst der Unwissende und staunend Geführte, der sich sagen lassen muß, daß Gott den Menschen nach anderen Maßstäben ansieht und erwählt: Er blickt auf das Herz und nicht auf die Erscheinung. Die Salbung mit erlesenem Öl aus einem Rinderhorn geschieht wohl verborgen und nicht vor der versammelten Opfergemeinde. Die Salbung vermittelt den Empfang des Gottesgeistes – wie bei den Richtern und bei Saul, nur mit dem Unterschied, daß es hier heißt: Der Geist Gottes kam auf ihn von jenem Tage an und weiterhin. Damit beginnt die Linie, die bis zum König der Endzeit weitergeführt wird, auf dem auch der Geist Gottes ruht (Jes 11,2), und bis zur Taufe Jesu (Mk 1,10f.), die ja der Salbung entspricht.

Das natürliche Sakrament der Vater- und Mutterschaft schenkt dem Säugling die Erfahrung, daß er unbedingt geliebt und angenommen ist, d.h., daß er geliebt wird, weil er Liebe braucht, und nicht, weil er für etwas belohnt wird. Je stärker diese unbedingte Liebe ist, umso tiefer wird im Menschen das Urvertrauen gelegt, das die natürliche Wurzel des religiösen Gottesglaubens ist. Immer wieder brauchen wir auf entscheidenden Stadien unseres Lebens solche Vater- und Muttergestalten, durch die uns die unbedingte Liebe Gottes vermittelt wird.

Das Ursakrament der Mutter (eine natürliche Theophanie Gottes) ist der Prototyp jeder menschlichen Gnadenbegegnung, durch die mein Ich erweckt wird, weil mich ein Du liebend anlächelt: ein Freund oder eine Freundin, ein Lehrer oder eine gütige Frau oder auch eine durch die Bibel vermittelte Person, vor allem Christus. Das „Lächeln der Mutter" wird so zum Bild der Gnaden schlechthin; dazu schreibt Hans Urs von Balthasar:

„Wenn die Mutter viele Tage und Wochen das Kind angelächelt hat, erhält sie einmal das Lächeln des Kindes zur Antwort. Sie hat im Herzen des Kindes die Liebe geweckt, und indem das Kind zur Liebe erwacht, erwacht es zur Erkenntnis: die leeren Sinneseindrücke sammeln sich sinnvoll um den Kern des Du. Erkenntnis (mit ihrem ganzen Apparat von Anschauung und Begriff) beginnt zu spielen, weil das Spiel der Liebe, von der Mutter her, vom Transzendenten her, vorgängig begonnen hat. So legt sich Gott als Liebe vor dem Menschen aus: von Gott her leuchtet die Liebe auf und stiftet dem Menschenherzen das Liebeslicht ein, das gerade diese – die absolute – Liebe zu sehen vermag. Wie kein Kind ohne Geliebtwerden zur Liebe erwacht, so kein Menschenherz zum Verstehen Gottes ohne die freie Zuwendung seiner Gnade – im Bild seines Sohnes" („Glaubhaft ist nur Liebe", Einsiedeln 1985, S. 49f.).

Die Sprache der Psalmen weiß noch, daß die Gnadenzuwendung Gottes mit seinem „Zulächeln" identisch ist, sowie der Verlust der Gnade mit dem Abwenden seines Angesichts:

> Gott sei uns gnädig und segne uns.
> Er lasse über uns sein Angesicht leuchten!
> Verwirf mich nicht von deinem Angesicht
> und nimm deinen heiligen Geist nicht von mir,
> aber verbirg dein Angesicht vor meinen Sünden,
> tilge all meine Frevel!   *(aus Ps 61 und 51)*

Wunderbar und ganz präzise hat Paulus den Zusammenhang zwischen dem Lächeln Gottes auf dem Antlitz Christi und der schöpferischen Erleuchtung unseres inneren Ichs ausgedrückt, nur mit der Erschaffung des Lichts am ersten Schöpfungstag vergleichbar:

> Gott, der sprach: Aus Finsternis soll Licht aufleuchten!, er ist in unseren Herzen aufgeleuchtet, damit wir erleuchtet werden zur Erkenntnis des göttlichen Glanzes auf dem Antlitz Christi.   *(2 Kor 4,6)*

Gottes Liebe leuchtet uns entgegen durch das Lächeln Christi, durch das Lächeln einer Mutter oder eines Freundes, und macht uns selber hell und licht. Damit wir aber dieses Lächeln auf dem Gesicht eines Menschen als Entgegenleuchten der Huld Gottes selbst erkennen, braucht es einen schöpferischen Akt Gottes in unserem Inneren, der ein Schöpfungsakt wie die Erschaffung des Lichtes selbst ist, aber gerade durch das Zulächeln dieses Menschen vermittelt wird. So von außen und innen gleichzeitig erleuchtet, wird auch unsere Erkenntnis licht und zur Glaubenserkenntnis, daß Gott uns in diesem Menschen begegnet ist.

Das natürliche Sakrament der leiblichen und geistigen Vater- und Mutterschaft ist eine Gotteszuwendung, die jeden Menschen erreicht.

David spielt vor Saul
(1 Sam 16,14-23; 18,1-8.12-16 / 2. Bild)

Mächtig steht Saul vor uns. Oft überfällt ihn ein böser Geist, der wohl Ausdruck von Depression, Verfolgungswahn und allgemeiner Verdüsterung der Seele ist. Wenn die Bibel diesen Geist auf Gott selbst zurückführt, überspringt sie damit die natürlichen Ursachen, offenbart aber, daß zwischen Saul und Jahwe eine Beziehung in Brüche gegangen ist, an der auch der einst so strahlende König zu zerbrechen beginnt.

Hofleute wollen dem König helfen und raten ihm, einen Zitherspieler an den Hof zu holen – ein sehr frühes Beispiel von echter Musiktherapie!

David wird dabei als ein junger Mann beschrieben, der die Zither zu spielen versteht, „er ist tapfer und ein guter Krieger, wortgewandt und von schöner Gestalt, und der Herr ist mir ihm" (18). Und in der Tat heißt es, wenn David vor Saul spielte: „Dann fühlte sich Saul erleichtert, es ging ihm wieder gut, und der böse Geist wich von ihm" (23).

Das Singen verleiht der Seele Flügel, ermöglicht ihr, sich über sich selbst zu erheben und zu transzendieren. Die Sänger alter Zeiten, wie Orpheus, wurden als gottbegnadete Menschen angesehen, die durch ihr Lied alles, was bewußt oder unbewußt im Labyrinth des Herzens schlummert, so ins Bewußtsein heben können, daß dies für den Menschen erhellend und befreiend wird. Vom Klagelied bis zum Hochzeitsgesang, vom Wiegenlied bis zur wilden Ekstase steigt im Lied die Seele wie eine Lerche auf und singt „in den Höhen". Jugendlich sitzt David auf den Thronstufen Sauls und schaut in die Ferne; vielleicht will das offene Fenster daran erinnern, daß David mit seinem Singen Saul aus seinem Kerker befreien könnte. Es gibt Malereien aus der Spätantike, bei denen man nicht entscheiden kann, ob sie den heidnischen Orpheus oder den biblischen David darstellen.

Gerade für unsere Jugendlichen ist die oft „wilde" Musik wie ein befreiender Rausch, der man die Kraft der „Seelenbefreiung" genausowenig absprechen darf wie dem stillen Klagelied eines einsamen Menschen. So wurde der Psalmensänger David zum Symbol der vor Gott singenden und ihn lobenden Seele. Lieder oder oft nur Erinnerungen an Lieder sind manchmal die letzten Verbindungsbrücken, die Menschen zu ihrer Religion haben. Die Seele selber will ein Lied werden vor Gott.

Saul war David zunächst sehr zugetan, er gab ihm sogar seine Tochter Michal zur Frau. Auf dem Bild sehen wir aber, wie beide voneinander wegblicken und Saul drohend den Speer über David hält, denn aus dem zuvor geliebten Harfenspieler wurde ein beargwöhnter Gegner: „David zog ins Feld, und überall, wohin Saul ihn schickte, hatte er Erfolg, so daß Saul ihn an die Spitze seiner Krieger stellte. David war beim ganzen Volk und bei den Dienern Sauls beliebt. Als sie nach Davids Sieg über den Philister heimkehrten, zogen die Frauen aus allen Städten Israels König Saul singend und tanzend mit Handpauken, Freudenrufen und Zimbeln entgegen. Die Frauen spielten und riefen voll Freude: ‚Saul hat tausend erschlagen, David aber zehntausend.‘ Saul wurde darüber sehr zornig. Das Lied mißfiel ihm, und er sagte: ‚David geben sie zehntausend, mir aber geben sie nur tausend. Jetzt fehlt ihm nur noch die Königswürde.‘ Von diesem Tag an war Saul gegen David voll Argwohn“ (18,5-9).

Das Bild als Psychogramm betrachtet: Was wir hier auf dem Bild sehen, kann auch tief in der Seele eines Menschen als bleibende Erinnerung eingraviert sein, nämlich immer dann, wenn ein Kind einen Vater so bedrohend wie Saul erlebt hat oder eine Mutter oder die häusliche Atmosphäre überhaupt. Da das Kind ein Überlebenskünstler ist, wird es oft durch seine Art zu „spielen“ sich selber viel zu helfen wissen. Dennoch kann in der Seele ein Elternbild haften bleiben, das dem Menschen durchs Leben hindurch entweder innerlich Schrecken und Ängste verursacht, oder nach außen hin Ablehnung von oder Unterwürfigkeit unter die Autorität bringt. Die Betrachtung des Bildes mag viel in unserer Seele in Bewegung setzen – wie wird die Lösung und Er-lösung sein?

Die verinnerlichten, als „Feinde“ erlebten Menschen, vor allem Eltern und Autoritäten, nennt die klassische Psychotherapie ein rigoroses „Überich“, die Transaktionsanalyse das „kritische Elternich“. Die Befreiung von diesen feindseligen Instanzen (deren Bösartigkeit z.B. das Wort „Gewissens-*bisse*“ verrät) bedarf oft eines langen und mühsamen Prozesses der Befreiung und der Therapie. Es ist nun interessant, daß die Erforschung der Psalmen in den „Feinden“ der Klagelieder gerade auch diese verinnerlichten Gegenspieler des Ichs ausgemacht hat. Helmut Jaschke ist dem Heilungsweg der Psalmen als Befreiung vor den krankmachenden Feinden so nachgegangen, daß er die Heilkraft der Psalmen fruchtbringend herausstellt. Er schreibt in „Aus der Tiefe rufe ich, Herr, zu Dir. Psychotherapie aus den Psalmen“, Freiburg 1989, S. 8: „Erfahrungen in Therapien mit depressiven Menschen zeigten mir, daß sich die Anklänge an die Psalmen immer wieder wie von selbst ergeben, wenn die Klienten ihren Zustand und ihr inneres Ringen äußerten. Die sorgfältige bibeltheologische Studie von Othmar Keel (Feinde und Gottesleugner) half mir das, was ich zunächst mehr gefühlsmäßig wahrnahm, argumentativ zu untermauern: nämlich, daß die Psalmen zu einem großen Teil das Krankheitsbild der Depression bieten und Schritte aus dieser Seelenwüste zeigen.“

David und Jonathan
(1 Sam 20,1-21,1 / 3. Bild)

Wir sehen, wie sich David und Jonathan umarmen. Jonathan ist der älteste Sohn Sauls und damit der Kronprinz – ihm gegenüber müßte David als der politisch größte Gegenspieler und Rivale erscheinen. In dieser vielleicht schönsten Freundeserzählung aus der Weltliteratur wird uns jedoch das natürliche Sakrament der Freundschaft vorgestellt, das selbst tödliche Rivalitäten überwinden und zum Heil bringen kann: „Jonathan schloß mit David einen Bund, weil er ihn wie sein eigenes Leben liebte. Er zog den Mantel, den er anhatte, aus und gab ihn David, ebenso seine Rüstung, sein Schwert, seinen Bogen und seinen Gürtel“ (1 Sam 18,4-5).

Je mehr David am Hofe Freunde und im Volk Ansehen gewann, umso größer wurde das dämonische Mißtrauen Sauls gegen ihn: „Wieder kam vom Herrn ein böser Geist über Saul, während er in seinem Haus saß und den Speer in der Hand hielt und David auf der Zither spielte. Da versuchte Saul, David an die Wand zu spießen; aber er wich Saul aus, so daß der Speer in die Wand fuhr" (19,9-10).

Die Feindschaft Sauls gegen David spitzte sich immer mehr zu, so daß David von Jonathan erfahren wollte, wie sicher sein Tod eine beschlossene Sache sei. Er erwähnte dafür sein Fernbleiben beim kultischen Neumondfest: „So kam der Neumond, und der König setzte sich zu Tisch, um das Mahl zu halten. Er setzte sich wie jedesmal auf seinen gewohnten Platz an der Wand; Jonathan saß ihm gegenüber, und Abner saß an Sauls Seite. Davids Platz aber blieb leer. Saul sagte an diesem Tag nichts, denn er dachte: Es ist ihm etwas zugestoßen, was ihn unrein sein läßt; sicher ist er nicht rein. Als aber am zweiten Tag, dem Tag nach Neumond, der Platz Davids wieder leer blieb, sagte Saul zu seinem Sohn Jonathan: Warum ist der Sohn Isais gestern und heute nicht zum Essen gekommen? Jonathan antwortete Saul: David hat mich dringend gebeten, nach Betlehem gehen zu dürfen. Er sagte: Laß mich gehen; denn in der Stadt findet ein Opfer unserer Sippe statt. Mein Bruder selbst hat mich aufgefordert (zu kommen). Wenn ich dein Wohlgefallen gefunden habe, dann möchte ich jetzt gehen und meine Brüder wiedersehen. Deswegen ist David nicht an den Tisch des Königs gekommen. Da wurde Saul zornig über Jonathan und sagte: Du Sohn eines entarteten und aufsässigen Weibes! Ich weiß sehr gut, daß du dich zu deiner eigenen Schande und zur Schande des Schoßes deiner Mutter für den Sohn Isais entschieden hast. Doch solange der Sohn Isais auf Erden lebt, wirst weder du noch dein Königtum Bestand haben. Schick also sofort jemand hin, und laß ihn holen; denn er ist ein Kind des Todes. Jonathan antwortete seinem Vater Saul: Warum soll er umgebracht werden? Was hat er getan? Da schleuderte Saul den Speer gegen ihn, um ihn zu töten. Nun wußte Jonathan, daß sein Vater beschlossen hatte, David umzubringen" (20, 24-33).

Jonathan ging aufs Feld hinaus zu dem Versteck, das er mit David vereinbart hatte. Da kam es zur ergreifenden Abschiedsszene.

„David verließ sein Versteck neben dem Stein, warf sich mit dem Gesicht zur Erde nieder und verneigte sich dreimal tief vor Jonathan. Dann küßten sie einander und beide weinten. David hörte nicht auf zu weinen, und Jonathan sagte zu ihm: Geh in Frieden! Für das, was wir beide uns im Namen des Herrn geschworen haben, sei der Herr zwischen mir und dir, zwischen meinen und deinen Nachkommen auf ewig Zeuge" (20, 41f).

Das Sternbild der Zwillinge Kastor und Polydeukes zeichnet das natürliche Sakrament der Freundschaft an den Himmel. Der eine, ein himmlisch geborener Halbgott, kommt seinem Bruder auf Erden immer dann zur Hilfe, wenn er in Not ist – so hoch schätzten die Alten, schätzt die Bibel die Freundschaft als ein Medium, in dem Gottes unverbrüchliche Liebe begegnet!

Freundschaft verändert beide Partner und kann auch zum Leiden werden, weil ein Freund am Leid des anderen mitleidet und es so in sein eigenes Herz nimmt, daß es zu seinem Leiden wird – allerdings eingebettet in sein Lieben und Hoffen für den anderen. So kann Freundschaft als Gefäß für die Selbstmitteilung und Offenbarung Gottes verstanden werden: „Gott hat in seiner Güte und Weisheit beschlossen (Placuit Deo), sich selbst zu offenbaren und das Geheimnis (sacramentum) seines Willens kundzutun (...): daß die Menschen durch Christus, das fleischgewordene Wort, im Heiligen Geist Zugang zum Vater haben und teilhaftig (consortes: eigentlich „Gefährten") werden der göttlichen Natur (..). In dieser Offenbarung redet der unsichtbare Gott (..) aus überströmender Liebe die Menschen an wie Freunde (..) und verkehrt mit ihnen (...), um sie in seine Gemeinschaft einzuladen und aufzunehmen." So beginnt die dogmatische Konstitution des zweiten Vaticanums über die Offenbarung.

Michal rettet David
(1 Sam 19,8-17 / 4. Bild)

In der folgenden Szene aus der Verfolgungszeit Davids rettet ihn Michal, seine Frau – das ist wie ein archetypisches Bild, in dem sichtbar wird, daß die Frau grundsätzlich zur Retterin des Mannes werden kann:
David floh und brachte sich in Sicherheit. Noch in der selben Nacht schickte Saul Boten zum Haus Davids, die ihm auflauerten und ihn am nächsten Morgen töten sollten. Doch Michal, Davids Frau, warnte ihn und sagte: Wenn du dich nicht noch in dieser Nacht in Sicherheit bringst, wirst du morgen früh umgebracht. Michal ließ David durch das Fenster hinab, so daß er fliehen und sich in Sicherheit bringen konnte. Dann nahm Michal das Götterbild, legte es in Davids Bett, umgab seinen Kopf mit einem Geflecht von Ziegenhaaren und deckte es mit einem Kleidungsstück zu. Als nun Saul die Boten schickte, die David holen sollten, sagte sie: Er ist krank. Saul schickte die Boten zurück, um nach David zu sehen und befahl: Bringt ihn im Bett zu mir her; er soll umgebracht werden. Als die Boten kamen, entdeckten sie im Bett ein Götterbild mit einem Geflecht von Ziegenhaaren um den Kopf. Da sagte Saul zu Michal: Warum hast du mich so betrogen und meinen Feind entkommen lassen, so daß er sich in Sicherheit bringen konnte?
Die Frau befreit den Mann aus dem Kerker seiner Einsamkeit: In Beethovens Oper „Fidelio" tut Leonore in Männerkleidern und mit dem Namen „Fidelio" in einem Stadtgefängnis Pförtnerdienste, weil sie dort in einem Kerker ihren seit zwei Jahren verschollenen Mann vermutet. Dieser, Florestan, soll in Kürze getötet werden. Leonore erbittet vom Himmel Kraft, diese Tat verhindern zu können. Nach langem Bitten läßt sie der Kerkermeister mit in die Tiefe steigen. Nach längerer Bemühung erkennt Leonore das Gesicht ihres Gatten. Dieser ahnt allerdings nicht, wer sich hinter der Gestalt des jungen Mannes verbirgt, der abgewandten Gesichts ihm Brot und Wein reicht. Als Florestan getötet werden soll, wirft sich Leonore dazwischen, und mit dem Rufe: „Töt erst sein Weib!" deckt sie den geliebten Mann mit ihrem Leibe. Durch das Eintreffen des Ministers im Augenblick der größten Gefahr wird Florestan gerettet – doch war es seine Frau, die ihm das Leben ermöglichte und ihn aus dem Kerker der Einsamkeit befreite.
Die Frau befreit den Mann aus dämonischer Verwirrung und Ruhelosigkeit: Ein holländischer Seemann, der einst in Freveltaten Gott versucht hatte, muß nun über die Meere irren und darf nur alle sieben Jahre einmal an Land anlegen. Vergeblich hatte dieser den Tod durch selbstgewählten Untergang gesucht. Einzig die selbstlose Treue einer opferwilligen Frau vermöchte ihn vom Fluch ewiger Verdammnis zu befreien. Heute ist wieder einmal der letzte Tag seiner Rettungsfrist, doch zweifelt er an seinem Heil und hofft, wenigstens am Jüngsten Tag ins Nichts versinken zu dürfen. Ein Norweger bietet ihm, ohne zu wissen, was er tut, die Hand seiner Tochter an, die zu seiner Erlöserin werden soll, denn sie will den Verfluchten, ohne ihn

noch zu kennen, vom Fluche befreien. Auf Wunsch ihres Vaters verlobt sie sich mit dem Holländer, der um sie wirbt, den sie aber noch nicht erkennt. Als sie zum Schrecken aller sein wahres Wesen erfährt, läßt sie ihn nicht im Stich, sondern ihr freigewählter Tod bringt ihm und ihr die ersehnte Erlösung – „stark wie der Tod ist die Liebe", sagt das Hohelied.

Wer das Bild betrachtet, wird ahnen, mit welcher Berechtigung die Frau für viele Männer zur Retterin und dadurch zu einem Sinnbild und Sakrament des Erlösers Christus geworden ist.

David, der Friedensbringer
(1 Sam 26,1-25 / 5. Bild)

Dieses Ereignis ist so ergreifend und so wunderbar erzählt, daß man die Geschichte vorlesen muß, wärend das Bild betrachtet wird. Saul will David nach wie vor töten und liegt auf der Verfolgungsjagd in einem Erschöpfungsschlaf, inmitten seiner Soldaten, die ihn mit ihren Leibern schützen, aber ebenfalls schlafen. David schleicht sich wagemutig bis zu Saul und nimmt von dessen Kopfende Krug und Speer. Sein Gefährte wird zu seinem Versucher, weil er Saul getötet wissen will, doch entlockt er David nur das herrliche Bekenntnis: „Bring ihn nicht um! Denn wer hat je seine Hand gegen den Gesalbten des Herrn erhoben und ist ungestraft geblieben? ... Mich aber bewahre der Herr davor, daß ich meine Hand gegen den Gesalbten des Herrn erhebe" (9f.).

Wenn ich Saul bin: Wer war einmal so gut zu mir? Wer hat jene Brücken zu mir wieder gebaut, die ich vorher abgebrochen habe? Wer hat mir seine Hand entgegengestreckt, obwohl ich meine zurückgezogen hatte? Wer hat angefangen, den ersten Schritt zu tun, wo ich es noch nicht wollte, nicht konnte? Wem verdanke ich, daß ich aus dem selbstgewählten Kerker des Trotzes und der Ablehnung wieder herausgefunden habe?

In welchen Kerkern befinde ich mich noch? Aus welchen Ressentiments möchte ich herauskommen? Wo pflege ich gegen andere Vorwurf und Argwohn? Bei wem warte ich darauf, daß er den ersten Schritt tut? Bei wem könnte ich den ersten Schritt tun?

David tanzt vor Jahwe
(6. Bild)

In einer Entscheidungsschlacht gegen die Philister kamen Saul und drei seiner Söhne um, er stieß sich selbst das Schwert in die Brust (1 Sam 31,1-13). Als David dieses erfuhr, sang er seine ergreifende Todesklage (2 Sam 1,1-27). Die Männer des Stammes Juda kamen, um David zu ihrem König zu machen, sie salbten ihn in Hebron, so wurde David zum Gesalbten des Herrn (2 Sam 2,4).

Nachdem ihm ein endgültiger Sieg über die Philister gelungen war, eroberte er die Jebusiterstadt Jerusalem und baute sie zu seiner Hauptstadt aus.

Als er in seinem Palaste wohnte, wollte er auch die Bundeslade in die Königsstadt bringen lassen, doch verkündete ihm der Prophet Natan, daß Jahwe in keinem Hause wohnen wolle, das ihm David baue. Gott wolle vielmehr umgekehrt dem David ein „Haus" bauen, das heißt, seine Familie so festigen, daß sie vor ihm so lange Bestand habe, bis einer seiner Nachkommen daraus als Messias hervorgehen werde. Das Kapitel sieben aus dem zweiten Samuelbuch schildert den Höhepunkt im Leben Davids:
Er ist König in einer königlichen Stadt, er ist der Gesalbte des Herrn, auf dem die Messiasverheißung ruht. David holte die Bundeslade aus der Tenne eines Bauern in festlichem Zug nach Jerusalem: „David und das ganze Haus Israel tanzten und sangen vor dem Herrn mit ganzer Hingabe und spielten auf Zithern, Harfen und Pauken, mit Rasseln und Zimbeln..." (2 Sam 6,5). David wurde zwar von seiner Frau Michal verlacht, weil er sich durch sein Tanzen vor den Mägden Israels bloßgestellt hätte. Doch David sagte ihr: „Vor dem Herrn, der mich statt deines Vaters und seines ganzen Hauses erwählt hat, um mich zum Fürsten über das Volk des Herrn, über Israel, zu bestellen, vor dem Herrn habe ich getanzt; für ihn will ich mich gern noch geringer machen als diesmal und in meinen eigenen Augen niedrig erscheinen" (6,21f.).
Das Bild zeigt David auf dem Höhepunkt seines Lebens, und es ist nicht verwunderlich, daß der Erzähler der Paradiesesgeschichte (wie manche meinen), der zur Zeit Salomos lebte, David als Vorbild für die Figur Adams genommen hat, jenes Menschen schlechthin, der ursprunghaft aus der Hand Gottes hervorgegangen ist, begnadet und liebenswert, ein König in der Schöpfung und berufen zur Freundschaft mit Gott.

Das Sakrament der Gottebenbildlichkeit

Keiner von uns ist gerufen, in der Gesellschaft wie David eine Königsrolle zu spielen oder Stammvater eines Messias zu werden. Wie David sind wir aber von Gott geliebt und vom Schöpfer als sein Ebenbild und Gleichnis geformt worden. Irenäus von Lyon (gestorben um 202) sieht in Gott, dem Vater, den Töpfergott, der uns aus dem Lehm der Erde mit seinen beiden „Händen", dem Logos und dem Geist, als seine Gefäße formt, in die er sich ergießen will. Er fordert uns auf, für diese „plasmatio", für dieses Geformtwerden weicher Ton zu bleiben, nicht zu erstarren, um jene Gestalt werden zu können, zu der Gott uns bilden will. Wie auf David ruht der Geist Gottes bleibend in uns, und wir sind ineins mit Jesus, dem gesalbten Messias, ein königliches Geschlecht. Darin liegt auch die Verbindung zum Symbol des „Königs" in den Märchen, das in der Entzauberung aus allerlei Tiergestalten das „Königwerden" als Ziel aller Selbstverwirklichung kennt.
Angesichts des unbedingten ICH des Ewigen ist es unsere vornehmste Aufgabe, ein Ich zu werden, in dem sich das Ewige spiegelt und ausgedrückt weiß. Das gilt für jeden Menschen aller Zeiten und Religionen, denn „Er, das wahre Licht, das *jeden* Menschen erleuchtet, ist in die Welt gekommen. Und allen, die ihn aufnahmen, gab er Macht, Kinder Gottes zu werden" (aus dem Johannesprolog).

> Herr, unser Herrscher,
> wie gewaltig ist dein Name auf der ganzen Erde;
> über den Himmel breitest du deine Hoheit aus.
> Aus dem Mund der Kinder und Säuglinge schaffst du dir Lob,

deinen Gegnern zum Trotz;
deine Feinde und Widersacher müssen verstummen.
Seh ich den Himmel, das Werk deiner Finger,
Mond und Sterne, die du befestigst:
Was ist der Mensch, daß du an ihn denkst,
des Menschen Kind, daß du dich seiner annimmst?
Du hast ihn nur wenig geringer gemacht als Gott,
du hast ihn mit Herrlichkeit eingesetzt über das Werk deiner Hände,
hast ihm alles zu Füßen gelegt:
Alle die Schafe, Ziegen und Rinder
und auch die wilden Tiere,
die Vögel des Himmels und die Fische im Meer,
alles, was auf den Pfaden der Menschen dahinzieht.
Herr, unser Herrscher,
wie gewaltig ist dein Name auf der ganzen Erde.   *(Psalm 8)*

2. Teil

Davids Sünde
(2 Sam 11,1-27 / 7. Bild)

Die meisterhafte Erzählung bringt nur Tatsachen: das Entzücken Davids an der fremden Frau und sein Ehebruch mit ihr (1-4); sein vergeblicher Versuch, die Schwangerschaft der Frau durch die Heimkehr ihres Mannes zu „legalisieren" (5-13); Davids unverschämter Befehl und Rechtsbruch, diesen Mann Urija in der Schlacht töten zu lassen (14-27).
Die Erzählung läßt kein Wort fallen über die Seelenzustände, Gefühle und psychischen wie moralischen Motive der Personen. Beinhart werden durch die Handlung die Stufen der Sünde beschrieben. Diese Zucht ist zugleich die Stärke der Erzählung, die auch der Religionslehrer übernehmen soll, wenn er den Text liest oder nacherzählt. Die Wucht der Tatsachen – der Sünde wie der Buße – wirkt für sich. Das also ist David auch!
Die Geschichte von David und Bethseba hat seit altersher Entsetzen und Staunen hervorgerufen; Entsetzen darüber, daß König David, dessen Frömmigkeit vor Augen liegt, solche Tat begehen konnte, Staunen, weil die Bibel sie in so schonungsloser Offenheit erzählt, obwohl David der Täter ist, der große und gefeierte König, der Prototyp des Messias. Der Sinn im Zusammenhang des ganzen Geschehens kann nur der sein, daß offenbar wird: Gottes Sache wird nicht durch sündenlose und „heilige" Menschen zum Ziel geführt, sondern durch Gott selbst, und zwar trotz der Sünde seiner Sachverwalter. Oder von David aus gesehen: Wenn der Mensch auch so begnadet und auserwählt ist, so steht er doch immer wieder als *Sünder* vor Gott, und das kann oft erschreckend zum Ausbruch kommen.

Gottes Zorn und Davids Buße
(2 Sam 12,1-25 / 8. Bild)

„Dem Herrn aber mißfiel, was David getan hatte" (11,27b): Gottes Nein zur Tat Davids ist sein „Zorn", sein „Gericht", seine „Strafe", doch alle Härte des Widerstandes Gottes *gegen* David entspringt der Liebe und Sorge Gottes *um* David. Im Propheten Nathan verkörpert sich Gottes Nein in der Geschichte ebenfalls wie sein Ja für den Fortgang des Heilsgeschehens.

Durch die Parabel und den Prophetenspruch Nathans wird offensichtlich, daß die Schwere der Sünde, die „Verachtung Jahwes" (12,9), nicht zunächst im Ehebruch und in der Unkeuschheit gesehen wird, sondern im Rechtsbruch. David hat seinem Untergebenen die Frau und das Leben geraubt. Die Strafe, die sich durch die Davidsgeschichte hindurchziehen wird, ist demnach als Entsprechung zur Tat das Schwert, das weiterwüten wird, und die Rechtsbeugung durch den Frauenraub Abschaloms. Diese Sicht ermöglicht es, daß man die Geschichte als „Freveltat gegen Gott" erzählt und nicht (nur) als Übertretung des sechsten Gebotes.

In der Entsprechung von Schuld und Strafe zeigt sich diese Erzählung wie die des Kapitels 7 als Schlüsselwort; beide machen die kommende Geschichte unter der Sicht der göttlichen Wege verständlich. Die eine läßt den Bestand des Hauses in der Verheißung Gottes gründen und die andere die folgenden blutigen Thronstreitigkeiten in der Sünde Davids.

David spricht sich selbst das Urteil (12,5), und Nathan bestätigt es (12,13): David ist dem Tod verfallen. Nur weil er sich sofort dem Urteil beugt und seine Schuld eingesteht, wird das Urteil ausgesetzt. Der Tod des geborenen Sohnes ist die Sühne für die Öffentlichkeit der Schuld, die Sühne dafür, daß sich Gott bei seinen Feinden wegen seines Erwählten lächerlich gemacht hat. Davids Buße um Abwendung der Strafe ist ehrlich (12,22) und darf nicht nur als Lebensklugheit oder gar Berechnung angesehen werden. Für ihn bedeutet der Tod des Kindes zugleich, daß seine Tat nun gesühnt ist. Das wird auch im Jubel über den zweiten Sohn, Salomo, und in dessen Namen sichtbar, denn „Schalomo" kommt von „Schalom – Frieden, Heil". Nun ist wieder Friede zwischen ihm und Gott und der Sohn nicht ein Mensch unter Schuld und Strafe, sondern ein „Liebling" Gottes. Das ist wichtig für die vorausgesehene Thronfolge Salomos, die also wieder im Zeichen des Segens steht.

Davids Totenklage um seinen Sohn Abschalom
(2 Sam 18,6-19,9 / 9. Bild)

Der Prophet Nathan hatte in seiner Strafpredigt zu David gesagt: „Du hast den Hetiter Urija mit dem Schwert erschlagen ... darum soll jetzt das Schwert auf ewig nicht mehr von deinem Haus weichen!" (9f.) Die schrecklichen Ereignisse unter den Söhnen Davids, denen es um die Thronnachfolge ging, werden als unmittelbare Folge der Untat Davids hingestellt: Amnon, der älteste Sohn Davids und somit der Kronprinz, vergewaltigte seine Halbschwester Thamar und wurde deswegen von seinem Halbbruder Abschalom erschlagen (13,1-37); Abschalom wurde zunächst verbannt, nach seiner Rückkehr plante er einen erfolgreichen Aufstand gegen David selbst. Dieser mußte in das Jordantal fliehen – wieder zum Flüchtling geworden, legt er seine Sache ganz in Gottes Hand. Es kam zur Entscheidungsschlacht, wobei David aber seinem Feldherrn Joab auftrug, Abschalom zu schonen, den er trotzdem so sehr liebte. Doch Joab zeichnet Abschalom zum Kind des Todes (durch die Durchbohrung) und gibt ihn seinen Leuten zur Tötung frei. Das ist nicht nur Grausamkeit, sondern auch ein sachlicheres Staatsdenken, als es David hatte, denn nur Abschaloms Tod kann den Thron Davids noch retten; die Tötung hat also einen gewissen offiziellen Charakter und geschieht darum auch im Kreise der Soldaten! Nun läßt Joab zum Sammeln blasen: es war nur ein Krieg zwischen zwei Personen, nicht zwischen Völkern. Die beiden Boten (18,19-23) bringen in den weiteren Verlauf noch eine große Spannung. Davids Reaktion (19,1-5) ist ganz von persönlichen Gefühlen geprägt, die zwar menschlich verständlich sind, doch ist in der Situation von einem König mehr verlangt. Joabs Vorhalte (V6f.) sind gerechtfertigt, er zeigt sich in diesem Krieg als der, der sich sachgerechter um das Staatswohl zu kümmern weiß. Der Untergang Abschaloms erscheint als ein Werk der Gerechtigkeit, der König ist wieder durch Gottes Hand gehalten worden. Die Frage der Thronnachfolge ist nicht gelöst.

Der Aufstand Abschaloms gegen David ist wie das Hereinbrechen der Ödipus-Tragödie: Der Sohn erhebt sich gegen den Vater und will ihn aus dem Weg räumen, ja er übernimmt offiziell als Herrschaftszeichen dessen Frauen und geht öffentlich zu ihnen ein! Wie ganz anders aber als in der Tragödie ist die Reaktion Davids: Er will das Gesetz von Sünde und Strafe durchbrechen; er liebt trotz allem seinen Sohn und will ihn retten. Seine erschütternde Totenklage zeigt eine Liebe, der es eindeutig um die Beziehung und nicht um die Macht geht; wie eine Vorahnung des guten Vaters vom verlorenen Sohn, der unendlichen Liebe Gottes, der um seine Menschenkinder trauert!

Wenn der Erzähler der Sündenfallgeschichte im Buche Genesis die Davidsgeschichte vor Augen hatte, dann hat er die Schreckenstaten der Davidssöhne im Brudermord Kains zusammengefaßt und als die typische Folge des Abfalls Adams, des Menschen schlechthin, von Gott dargestellt.

In David begegnet uns einerseits der, der durch seine Sünde weiter Schuld und Schrecken ausgelöst, der aber auch durch seine unbedingte Vaterliebe den Horizont der Erlösung eröffnet hat. Der große Bogen von Davids „Schuld und Sühne" wird vom Jahwisten in der Sündenfallerzählung zusammengefaßt, ins Überzeitliche und für alle Menschen Grundsätzliche erhoben. Sie wird aus der Erfahrung der geschichtlichen Ereignisse um David und seine Söhne erhoben, auf alle Menschen ausgedehnt und so zur Deutung für die Lawine von Schuld und Straffolgen in der Welt überhaupt hingestellt (was den Begriff „Erbsünde" vielleicht etwas verstehbarer macht). Das klagende Vaterherz Davids läßt etwas von jener Liebe Gottes ahnen, die größer ist als alle Anklage gegen uns: „Wenn unser Herz uns auch verurteilt – Gott ist größer als unser Herz, und er weiß alles" (1 Joh 3,20).

David ist in den Abgrund der Sünde gefallen, doch Gottes Erbarmen hat den Sünder heimgesucht und durch seinen Propheten zurückgeholt. In Reue und Umkehr hat David das Erbarmen Gottes in sich einströmen lassen. In seinem Verhalten gegenüber Abschalom verzichtet er auf Strafe und Vergeltung und zeigt jenes bedingungslose Erbarmen, das Gott ihm erwiesen hat. So kann die unbedingte Vater- und Mutterliebe zum natürlichen Sakrament der Vergebung, der Barmherzigkeit und des neuen Lebens werden. Das „Anti-Sakrament" der Sünde kann sich zum natürlichen Sakrament des Gewissens und der Buße wandeln.

Die frappierende Vermutung, daß der Erzähler der Paradiesesgeschichte den Aufstieg und den Fall Davids vor Augen gehabt habe, ergibt zweierlei Gesichtspunkte: erstens kann man bei der Behandlung des „Sündenfalls" im Buch Genesis darauf hinweisen, daß diese Geschichte durchaus aus konkreten Erfahrungen gewonnen wurde, die dann verallgemeinert als typisch (Mythos) für die ganze Menschheit ausgedehnt und angesehen wurden.

Zweitens kann man aber gerade in dieser einmaligen, geschichtlichen Tragödie Davids selber diese Typik entdecken und sie als Verallgemeinerung und Metapher auch für unser Tun anwenden.

David wie Adam werden durch die Schöpferhand Gottes aus dem „Stoff" dieser Erde gebildet und durch den Geistatem Gottes belebt, der nie mehr von ihnen weicht.

David wie Adam sollen nach dem Willen Gottes ein glückliches und „paradiesisches" Leben haben.

Beide leben als Hirten mit und unter den Tieren und sind berufen „Hirten der Menschen" zu werden.

Adam wie David sind voll Anmut und Gnade, liebenswerte Menschen in den Augen Gottes und in unseren Augen.

Beide sind Liebhaber und Lieblinge der Frauen, sie sind reich an Liebe. Beiden macht Gott die Grenze ihrer Geschöpflichkeit bewußt, denn nur ihn sollen sie als Gott anerkennen und nicht der Versuchung verfallen, selber (wie die orientalischen Könige rings um Israel) wie ein Gott sein zu wollen.

Der Hoheitsanspruch Gottes wird an ganz bestimmten Forderungen konkretisiert, durch die sein Rechtsanspruch aufgerichtet wird: Von einem bestimmten Baum dürfen sie nicht „essen", doch ist ihnen ansonsten der ganze „Garten" der Schöpfung zum Genuß und zur Verantwortung übergeben.

Beide „reden sich ein" (das meint wohl das Symbol der Schlange), daß Gott mit ihnen doch nicht so selbstlos großzügig sei; sie schließen von ihrem Neidblick auf Gott, projizieren also ihre Herzensenge auf ihn.

Von Eva, der Frau, heißt es, daß sie sah, „daß es köstlich wäre, von dem Baum zu essen, daß der Baum eine Augenweide war" (Gen 3,6). Von Bethseba heißt es: „Die Frau war sehr schön anzusehen" (2 Sam 11,2b). Wenn im Hohenlied der Mann wie die Frau als Apfelbaum besungen werden, an deren Früchten man sich satt essen soll, dann wird man auch diese Hintergründigkeit beim Paradiesbaum mitgehört haben. Doch Davids Sünde ist vorerst eindeutig eine Freveltat gegen Gott und ein Bruch des Gottes- und Menschenrechtes, sowie ein Mord an Urija und seinen Mannen. Was für Mann und Frau im Paradies die Sünde konkret war, bleibt offen, und sie werden beide der Sünde geziehen.

David wie Adam/Eva werden von Gott selbst zur Verantwortung gezogen, er redet in ihrem Gewissen oder ein Prophet Gottes redet ihnen ins Gewissen.

Der Schuld folgt die Strafe, der Mensch wird aus dem Paradies vertrieben, David durch seinen Sohn Abschalom von seinem Thron und seiner Stadt vertrieben.

Der Abfall von Gott wird zum Überfall über den Menschen:

Kain erschlägt seinen Bruder Abel, Lamech singt sein Rachelied. Amnon vergewaltigt seine Schwester Thamar, Abschalom erschlägt seinen Bruder Amnon, vertreibt David und wird schließlich selbst ermordet.

Über Adam und David/Eva bricht die Endlichkeit als Tod herein: Abel stirbt, der Sohn Davids aus dem Ehebruch sowie seine Söhne Amnon und Abschalom – und David fällt über sich selbst das Todesurteil!

Gott schont den Sünder: Er gibt den Stammeltern Aufschub des Todes, umhüllt sie mit Fellen der Barmherzigkeit, schützt Kain durch ein Zeichen. David will Abschalom schonen und bricht in erschütternder Klage über seinen Tod aus.

Anwendungen

Der Rückgriff auf die Davidsgeschichte wird für das Verständnis der Paradieserzählung in Unterricht und Predigt sehr hilfreich sein. Der „Sündenfall" Davids wiederum kann als Typos und Metapher für unsere eigenen Sünden bei Bußandachten die Herzen erschüttern und für die Umkehr bereiten, ohne daß wir in unseren einzelnen Sünden „herumstochern" müßten. Wenn wir selber „David sind", dann stehen wir mit ihm unter Gottes Gericht und Gnade.

Übungen zum Davidsleben

Einem Partner einen Brief schreiben

Betrachte die neun Bilder des Davidszyklus: Bei welchem Bild bleibt dein Auge hängen? Welches würdest du heute auswählen und über dein Bett hängen? Wenn du sozusagen auf dem Bild David bist, welche Person ist dann dein Partner... Samuel... Saul...Jonathan... Michal... Bethseba... Nathan... Abschalom..? Wenn du an dein Leben denkst: Welche wirkliche Person taucht hinter der biblischen Figur auf? Schreib dieser einen Brief, doch nenne sie mit dem Namen der biblischen Person, auch wenn sie anderen Geschlechts ist, wenn du z.B. unter „Samuel" eine mütterliche Person anredest.

Die Sternbilder deiner Beziehungen malen

Im Sternbild der Zwillinge sind Kastor und Polydeukes wie David und Jonathan an den Himmel projiziert; du kannst nun David und seine Beziehungspartner (wie sie auf den Bildern zu sehen sind) oder wichtige eigene Beziehungspartner zu Phantasiesternbildern formen (z.B. die Abkürzungen der Namensbuchstaben) und mit gelber Farbe auf blaues Papier die „Sternbilder" deiner Beziehungen malen. Die Sternbilder am Nachthimmel waren ja die „Bibel" der heidnischen Analphabeten. Wenn ein Kind seine Eltern fragte: „Und wer ist das da oben?", dann erzählten Vater oder Mutter die Geschichte jener in den Himmel versetzten Personen und „verkündeten" so die mythischen Personen ihrer Religion.

Gott danken

Denke an Personen, die für dein Leben wie ein Vater oder eine Mutter waren, wie ein Freund oder eine Freundin: Schreibe einen Dankpsalm an Gott für diese Personen, in dem du aussprichst, was sie dir im Leben bedeutet haben!

Mein Sonnensystem der Beziehungen

Das Sonnensystem Davids: Stell dir David als Sonne vor, zeichne diese mit den Initialen Davids als Sonnenscheibe in der Mitte eines Blattes. Zeichne die Personen, die im Leben Davids eine Rolle gespielt haben, wie Planeten um ihn herum! Wie groß, in welcher Farbe und in welcher Entfernung kommen etwa Samuel oder Saul vor? Was kannst du aus der Betrachtung des Blattes ersehen?

Zeichne das Sonnensystem deiner eigenen Beziehungen: dich selbst als Sonne in die Mitte, die Menschen, die für dein Leben wichtig sind oder waren, wie Planeten rings um dich herum! Wer fällt dir ein? In welcher Größe, Farbe und Entfernung stehen die einzelnen Personen zu dir? Was kannst du aus dem Blatt ersehen? Wie es deinem Nachbarn erklären? Wenn du mit den Personen eine Zwiesprache hältst: Was sagst du den einzelnen?

Das Münzsoziogramm

Sammle dir eine Handvoll Münzen: große und kleine an Wert, gültige und alte, inländische und ausländische, einige besonders hervorstechende. Lege mit den Münzen ein Soziogramm deiner Beziehungen, indem du mit dir selbst beginnst: Welche Münze entspricht deinem Wert? Leg sie in die Mitte und denk von ihr aus an Menschen, die in deinem Leben eine Rolle spielen oder spielten. Wähle für jeden achtsam eine Münze nach seinem Wert, den er für dich hatte, und lege diese Münze in einen passenden Abstand zu dir in der Mitte. Schiebe die einzelnen Münzen so lange hin und her, bis Distanz und Nähe zu dir stimmen. Was sagt dir das Bild der aufgelegten Münzen? Welche Beziehung möchtest du verändern, verbessern? Sprich laut mit dir selbst, zu den Münzen oder zu den teilnehmenden Gruppenmitgliedern! Wenn du diese Beziehungen nach deinen Wünschen veränderst – was kannst du zur Veränderung dieser Beziehung in der Realität selbst beitragen?

Der große Bußpsalm 51

Dieser Psalm ist sicher erst nach dem Babylonischen Exil entstanden, denn er greift auf die Verheißungen des Propheten Ezechiel vom neuen Geist und vom neuen Herz und des Propheten Jeremia vom neuen Bund zurück. Wenn die Schriftsteller und Redaktoren der Bibel ihn David in den Mund legen, dann haben sie das Exemplarische sowohl der Buße Davids wie dieses Psalms entdeckt, denn im ersten Vers heißt es: „Ein Psalm Davids, als der Prophet Nathan zu ihm kam, nachdem sich David mit Bethseba vergangen hatte".

Wir wählen einzelne Verse aus und stellen sie wie eine Überschrift über eine Strophe: Schreibe den Bibelvers mit eigenen Worten, gefüllt mit eigener Erfahrung weiter!

1. Gott, sei mir gnädig nach deiner Huld,
   tilge meine Frevel nach deinem reichen
   Erbarmen, denn du...

2. Meine bösen Taten erkenne ich,
   meine Sünde steht mir immer vor Augen.
   Gegen dich hab ich gesündigt,
   was dir mißfällt, hab ich getan, denn ich...

3. Verbirg dein Antlitz vor meinen Sünden;
   tilge all meine Frevel.
   Ein reines Herz erschaffe mir, Gott,
   und gib mir einen neuen, starken Geist,
   gib, daß ich...

4. Mach mich wieder froh mit deinem Heil;
   mit einem willigen Geist rüste mich aus!

Dann lehr ich Abtrünnige deine Wege,
daß die Sünder umkehren zu dir,
dann werde ich...

5. Herr, öffne mir die Lippen,
   damit mein Mund deinen Ruhm verkünde,
   denn du...

Hymnus

Dem neuen David

Die 1. Str. zitiert die Königspsalmen Jahwes, die 2. Str. wendet den Preis des Königtums auf Christus, den Geistgesalbten Gottes, den neuen David. In der 3. Str. wird Christus gebeten, die Menschen seiner milden Herrschaft, die dem Glanze der Sonne nach Psalm 19 gleicht, zu unterwerfen. Der Hymnus kreist also um das Geheimnis des Himmelfahrtsfestes, jenem Herrschaftsantritt Jesu, der durch den Dienst der Jünger (4.Str.) über die Welt verbreitet und verkündet wird. Die 5. Str. greift 1 Kor 15,24 auf, wonach die Zeit vollendet ist, wenn Christus sein Königtum dem Vater übergibt. „Herrschen" heißt für Jesus das Heil aufrichten.

1. Preist den Herrn, alle Lande,
   singet ihm ein neues Lied;
   kündet, wie der Völker König
   sieghaft durch die Zeiten zieht:
   Städte sollen neu entstehen,
   jede Wüste wieder blüht.

2. Herre Christ, aus Todes Tiefen
   stiegst du auf zu Gottes Thron:
   o, wie salbte dich der Vater,
   rief zur Rechten er den Sohn.
   Völker gab er dir zum Erbe,
   Ruhm als bittren Leides Lohn.

3. Jauchzend tratst du, neuer David,
   deines Reiches Herrschaft an.
   Mache nun auch, Leben spendend,
   alle Welt dir untertan:
   keiner deinen Gluten, Sonne,
   säumig sich entziehen kann.

4. Boten walten deines Amtes,
   Herolde ziehn vor dir her;
   Fischer fangen mit dem Worte
   Menschen aus des Todes Meer:
   eben machen sie die Pfade,
   König, deiner Wiederkehr.

5. Komm, Herr Jesus, Sohn des Menschen,
   töte noch des Leibes Tod!
   Übergib das Reich dem Vater,
   unterwirf dich deinem Gott:
   rühme ihn, der Ruhm und Ehre
   überquellend dir entbot!

6. Dir, der ist und der gewesen,
   der auch wiederkommen wird
   und der alles, was da lebet,
   aus dem Nichts heraufgeführt:
   Dir die Weisheit, Macht und Ehre
   in die Ewigkeit gebührt!

9. Jesusbegegnungen

(Bilderübersicht S. 58 f.)

1. Teil

Die Heilung eines Blinden in Betsaida
(Mk 8,22-26 / 1. Bild)

a) Die Strophe, die das Leiden des Blinden vorstellt, besteht in einem Satz: Er war blind und als solcher darauf angewiesen, daß andere ihn zu Jesus brachten. Es gibt Blindheit, die durch Ablösung der Netzhaut oder Zerstörung des Sehnervs entsteht. Ein anderer Grund liegt in einer schleichenden Kurzsichtigkeit von Kindheit an, von der man weiß, daß sie das Wachstum des Augapfels entstellt, wenn das Kind nicht aushält zu sehen, was es mitansehen muß: Zorn, Streit, Haß... Traumatische Schreckensszenen können ebenfalls zu einer Schockerblindung führen.

b) Liebevoll berührend nimmt sich Jesus des Blinden an: nimmt ihn bei der Hand, führt ihn hinaus, bestreicht seine Augen mit Speichel, legt ihm die Hände auf, fragt ihn...

Das Bild nachmodellieren

Stellt euch zu zweit hin, betrachtet das Bild. Abwechselnd ist einer Jesus, einer der Blinde. Bildet die Haltung der Personen nach, macht so ein „Stelldiapositiv" und verweilt längere Zeit dabei: Welche Gefühle und Gedanken steigen in euch auf?

c) Der Mann konnte nicht plötzlich sehen, Jesus mühte sich länger um ihn, denn die Menschen, die er (vielleicht aus Gründen von der Kindheit an) nicht ansehen und aushalten konnte, nahm er erst allmählich wahr. Hier wird sichtbar, daß selbst bei Jesus eine wunderbare Verwandlung ihre Zeit brauchen kann, wenngleich es bei ihm gewöhnlich im Augenblick geschah, was begreifbar wird, wenn er als der Punkt Omega der Schöpfung diese berührt und vollendet.

Der Wellenschlag des Wunders

Jesus konnte in seiner Vaterstadt keine Wunder tun, weil sie ihn ablehnten (Mk 6,5.3.). Jesus pflegt das Wunder dem Glauben des Geheilten zuzuschreiben: „Dein Glaube hat dich geheilt!" Und doch besteht kein Zweifel, daß die Schöpferkraft Gottes das Wunder wirkt. Wie läßt sich dieser „Brief mit zwei Absendern" verstehen?

Die Wärme Gottes (sein anbrechendes Reich) öffnet ihm die Herzen wie Blumen – die Menschen öffnen ihm vertrauensvoll ihr Herz, was „glauben" heißt, so daß Gottes Schöpferkraft in sie einströmen kann: Beides ist also ein Geschehen, das von beiden Beteiligten her betrachtet werden kann, da es ein dialogischer Prozeß ist. Gerade dieser Kern ist das Wunder des Wunders, die Wiederverbindung von Gott und Mensch (von der negativen Seite her formuliert: die Sündenvergebung). Das Wunder des Glaubens übertrifft alle Wunder, es ist das Wunder der Gnade, von dem alle weitere Wirkung ausgeht.

Wir können Geschichten des Wunders wie Wellenschläge betrachten, die ein ins Wasser geworfener Stein auslöst. Schicht um Schicht durchdringt das Gnadenwunder den Menschen: zuerst Herz und Personkern, dann seine psychische Heilung (was biblisch die Entdämonisierung, dogmatisch die Aufarbeitung erbsündlicher Beschädigungen meint); der psychisch Geheilte verfügt wieder so über die Kräfte der Freiheit, daß auch sein moralisches Handeln frei und gottgewollt human wird; ein weiterer Wellenschlag verändert nun seine Leiblichkeit, die ganz oder teilweise gesunden kann, und als letzten Ring dürfen wir die Verwandlung unseres Daseinserlebnisses zum Tode als eines zum ewigen Leben betrachten.

Diese Wunder geschehen unentwegt am Menschen, nur brauchen sie im Unterschied zu Jesus längere Zeitläufe und müssen nicht jede Schicht gleicherweise heilen und verwandeln, wohl aber den Menschen insgesamt, der auch mit einem bleibenden Körperleiden in Frieden leben kann.

Im Fall der Blindenheilung ist schon viel gewonnen, wenn ein Mensch lernt, die Welt „mit angstfreien Augen" zu sehen und zu erleben.

Die Anrede Jesu an die zu Heilenden – „mein Kind" – vermittelt die Wärme der Familiarität; seine aufmunternde, bedingungslose Akzeptanz – „Fürchte dich nicht!" – die bedingungslose Liebe eines Freundes und der behutsame körperliche Umgang wie hier beim Blinden die Einfühlungsgabe und Geduld eines Arztes oder Therapeuten: alles das ist das Medium, in dem sich die heilende Liebe Gottes dem Menschen wirksam zuwendet und zugleich offenbart. Wir dürfen darum annehmen, daß überall dort, wo Menschen so wie Jesus einander Gutes tun, die Heilkraft Gottes mit am Werk ist. Nicht zufällig wurden die Christen bis in das zweite Jahrhundert von ihren Zeitgenossen „therapeutes" genannt.

Die Erlösung des Gelähmten
(Mk 2,1-12 / 2. Bild)

Leibhaftig sehen

Streckt eure rechte Hand und den Zeigefinger aus; fahrt mit ihm alle Linien nach, die ihr auf dem Bild seht, vor allem die Konturen der Personen! Geht mehrmals in der Luft die Linien nach, die sich in der Beziehung von Jesus zum Gelähmten ausdrücken, wobei ihr jedem Impuls folgt und mehrmals alles das nachzeichnet, was eure Augen sehen: Was könnt ihr da alles entdecken?

Die Heilungsgeschichten der Evangelien haben, wie die Exegese entdeckt hat, den gleichen Aufbau wie die Klagepsalmen:
a) Die erste Strophe bringt in den Psalmen die Klage des Leidenden, in den Heilungsgeschichten schildert sie die Not des Kranken.

b) Das Heilswort, das in den Psalmen der Priester spricht und der Bittende mit „DU aber..." auf Gott wendet, spricht in den Wundererzählungen Jesus selbst zum Kranken, wobei er sich ihm auch leibhaftig und zärtlich zuwendet.

c) Die Strophe des Lobgelübdes und Dankes der Psalmen wird in den Evangelien als Beschreibung der wiedergefundenen Gesundheit des Kranken und als Staunen und Lobpreis der Gemeinde wiedergegeben.

Man kann darum jede Heilungsgeschichte in einen Psalm zurückverwandeln, indem man das, was vom Kranken in der dritten Person gesagt wird, in die erste Person, in die Ichform zurückverwandelt: So kann sich jeder von uns neutestamentliche Psalmen schreiben, in denen er selber als „Ich" vorkommt.

Die Einleitungsverse erinnern daran, daß Jesus in Kafarnaum „wie zu Hause" war und sich die Leute um ihn drängten, wenn er vom Reich Gottes sprach. Markus sagt statt dessen: „und er verkündete ihnen das Wort", wobei er einen typischen Ausdruck der nachösterlichen Urgemeinde verwendet und so das einstige Jesusereignis in seine und auch in unsere Gegenwart hereinholt. Das besagt: Wie wir hier und jetzt versammelt sind, so ist Jesus unter uns, und wir sind sein Zuhause.

a) Der Gelähmte ist auf die Hilfe seiner Freunde angewiesen, und ihre Liebe zu ihm und ihr Vertrauen zu Jesus läßt sie den ungewöhnlichen Weg über das aufgerissene Flachdach gehen, der den Kranken direkt vor Jesus bringt – ein schöneres Bild für unser Fürbittgebet für Freunde könnte es nicht geben!

Mir gestand einmal eine Frau, daß sie ihrem gehaßten Mann täglich statt Zucker lieber Gift in den Kaffee täte – nach einer Woche war ihr rechter Arm gelähmt und keine Ärzte konnten ihr helfen! Der Schrecken über ihre Absicht, die ihr unverhohlen bewußt wurde, verhütete die Tat, indem er ihren Arm lahm legte. Ins Unbewußte verdrängte Schuld oder Angst verbrauchen von uns so viel Kräfte zur Niederhaltung, daß wir lahm oder wie lahm werden können: tiefer Blutdruck, ständige Müdigkeit, Unfähigkeit zur Arbeit, Lustlosigkeit... Nicht vergessen werden dürfen aber die Querschnittgelähmten oder jene, die eine fortschreitende Krankheit ans Bett fesselt.

b) Im Vers 5 sieht Jesus *ihren* Glauben und sagt zum Gelähmten: Mein Sohn! An anderer Stelle: Meine Tochter, mein Kind, fürchte dich nicht, dein Glaube hat dich geheilt... So sprechen ein Vater oder eine Mutter zu ihrem leidenden Kind und nehmen es in ihre schützende Liebe hinein. Mit dieser wärmenden Zärtlichkeit und heilenden Zuwendung neigt sich Jesus auch uns zu und ermöglicht uns so, wie ein Kind loszulassen, zu weinen und zu vertrauen und uns ganz in seine heilenden Hände fallen zu lassen. Damit kann ein Prozeß der Verwandlung beginnen, den wir aus Kindertagen kennen, der aber nun durch die mütterliche Zuwendung des Gottesmannes von der heilenden Schöpferkraft Gottes wunderbar vollendet wird.

„Deine Sünden sind dir vergeben" ist aus dem Munde des historischen Jesus ungewöhnlich, er formulierte eher: Glaube nur! Der Friede sei mit dir! „Sündenvergeben" ist eine urkirchliche Sprachwendung, ein urkirchliches Geschehen, das die Gemeinde im Namen des Menschensohnes vollzog, wobei sie sich direkt auf ihn berief, denn er sagte ja:

> Wenn dein Bruder sündigt, dann weise ihn unter vier Augen zurecht.
> Hört er auf dich, so hast du deinen Bruder zurückgewonnen...
> Amen, ich sage euch:
> Alles, was ihr auf Erden lösen werdet, das wird auch im Himmel gelöst sein...
> Alles, was zwei von euch auf Erden gemeinsam erbitten,
> werden sie von meinem himmlischen Vater erhalten.   *(Mt 18,15.18b.19)*

Wenn die Brüder und Schwestern der Urgemeinde einander verziehen und sich versöhnten, so wurde das von der Verheißung Jesu getragen, daß Gott der Grund und Spender des Verzeihens ist, was bei den Rabbinern der damaligen Synagoge unannehmbar war. Wenn Markus Jesus die Gedanken ihres Herzens erkennen und ihn auch zu ihnen liebevoll sprechen läßt, so wird hier gleichsam eine urkirchliche Heilungsgeschichte mit der Wundererzählung miterzählt, in der es um die Gewinnung uneinsichtiger Theologen geht.

c) Im Heilswort sagt Jesus zum Gelähmten: Du bist mein Kind, du bist wieder mit Gott verbunden, und meine mütterliche Zuwendung ermöglicht es dir, daß du wieder leben und auf eigenen Füßen stehen kannst, werde wieder aktiv: „Steh auf, nimm deine Tragbahre und geh nach Hause!" (Mk 2,11) – was dieser auch tut.

Die neue Eltern-Kindbeziehung zwischen Jesus und dem Kranken verwandelt diesen vor aller Augen, so daß diese Augenzeugen in das wunderbare Geschehen mit einbezogen werden, indem sie Gott loben: Auch diese Schlußverse sind ein Reflex dessen, daß solche Erzählungen die Gemeinden von einst und heute zum Lobpreis Gottes erwecken – auch das ist noch eine Wirkung des Wunders, das die Herzen verwandelt und zu Gott hin öffnet.

Der Gelähmte
Ein persönlicher Psalm

Der Gelähmte ist unfähig zu gehen;
>   gefesselt an die Bahre,
>   angewiesen – total angewiesen auf die anderen,
>   richtet er sich mühsam auf,
>   erwartet Hilfe, schaut aus,
>   wer sich ihm zuwende.

Ich bin der Gelähmte,
>   wie gefesselt und unfähig,
>   aufzustehen, auf andere zuzugehen
>   und neue Wege zu wagen.
>   Mühsam, wie mit letzter Kraft, versuche ich
>   mich aufzurichten und auszuschauen:
>   Wer, was hilft mir zu neuer Kraft, zu neuem Leben?

Aber da bist du, Herr, Erbarmer.
>   Du neigst dich herab, ganz herab zu dem Gelähmten.
>   Deine Hand faßt meine Hand.
>   Deine Hand berührt meine Stirn.
>   Dein Licht leuchtet auf über mir.
>   Dein Wohlwollen, deine Güte, dein Heil
>   umfangen, durchtränken, retten mich, den Gelähmten.

Ich will den Herrn preisen allezeit,
>   denn ER wendet sich mir zu in großem Erbarmen.
>   Herr, du bist mein Licht, mein Leben, meine Kraft.
>   Dein Leben durchströmt mein Leben,

deine Stärke kräftigt meine Glieder,
dein Wille beflügelt mein Wollen,
deine Liebe durchströmt all mein Tun.

Herr, angebrochen ist dein Reich, deine Herrschaft
mitten in meinem Leben.
Lob und Preis sei dir.
Alleluia.

(Persönliche Anmerkung des Verfassers J.U.B.:
Ich wurde mit 21 Jahren innerhalb von wenigen Minuten durch eine schlaffe Lähmung plötzlich total bewe-
gungsunfähig. Ein Beruf, eine Gesundung waren aussichtslos. Trotzdem bekam ich mein Leben samt Bewe-
gungsfähigkeit innerhalb von zwei Jahren mühsam und langsam wieder ganz zurück. Heute weiß ich, wer
mich geheilt hat: daß ER mein Heiland ist.)

Die Heilung der gekrümmten Frau
(Lk 13,10-17 / 3. Bild)

Jesus konnte wie jeder erwachsene jüdische Mann beim Sabbatgottesdienst in der Synagoge die Heilige Schrift auslegen, was oft einfach in der Übersetzung und Aktualisierung
des althebräischen Textes in die Muttersprache bestand. Mehrmals wird dabei berichtet, daß
Jesus, während er die Bibel auslegte, in der Schar der Anwesenden einen Notleidenden
„sah" und zu sich rief. Die Beschäftigung mit dem Gotteswort öffnete ihm die Augen für die
Anwesenden, vor allem für jene wie diese Frau, die unbemerkt und gedemütigt in der Frauen-
ecke oder irgendwo „hinter" den anderen sich versteckte. „Steh auf und stell dich in die Mitte",
sagte er zu dem Mann mit der verdorrten Hand. Was er aus der Bibel über Gottes Wirken her-
auslas, setzte er sogleich in die Tat um: Er (Gott – Jesus) *sieht* das Elend der Menschen,
ruft sie beim Namen, *holt* sie in die Mitte, *sagt* ihnen das Heilswort, *legt* ihnen hilfreich die
Hände auf, *heilt* sie vom Leiden und *richtet* sie *auf,* so daß sie wieder als aufrechte Menschen in der Schar des Gottesvolkes *stehen* können und anfangen, Gott zu *preisen*
(vgl. Ex 3,7f.).
Er spricht davon, daß der Widersacher Gottes (Satan) sie in die Knechtschaft gebunden und
gekettet habe und man sie wie angekettetes Vieh gerade am Sabbat befreien und zu den
Quellen des Lebens führen müsse. Jesus tut an dieser Frau, was Gott beim Exodus an seinem Volk getan hat und was die Psalmenbeter immer wieder für sich erfleht haben. Wer so
wie er die Heilige Schrift liest und auslegt, kann nicht anders, als befreiend zu handeln.
Für die strenge Religionsauffassung seiner Zeit war jede Heilung am Sabbat eine Arztarbeit
und darum verboten. Für Jesus ist jegliche Befreiung der Menschen aber gerade der Sinn des
Sabbats, an dem Mensch und Vieh, Freie und Sklaven zu ihrer Würde finden und mit Gott
zusammen feiern sollten. Das Gegenteil davon, die Fesselung und Niederkrümmung des
Menschen, ist Tat „Satans". Als Petrus Jesus vom Leidenweg abhalten wollte, fuhr Jesus ihn
an: „Weg mit dir, Satan, geh mir aus den Augen!" (Mk 8,33). Textlich besteht kein Zweifel, daß
Jesus damit Petrus selbst meinte. „Satan" ist hier also nicht ein Teufel in Person, sondern ein
Mensch in gottwidriger Absicht. Was gegen den Willen Gottes geschieht (wie die Krümmung
der Frau), ist „satanisch".

Sabbat, Gottesdienst und Religion wollen die Heilsabsicht Gottes offenbaren und verwirklichen, die darin besteht, daß Gott Menschen will, die vom Leiden befreit aufrecht vor ihm stehen und als seine befreiten Geschöpfe ihn preisen. So formuliert Jesus: „Der Sabbat (die Religion) ist für den Menschen da, nicht der Mensch für den Sabbat (die Religion)" – und das gerade auch für alle gedemütigten, von ihrem Schicksal gekrümmten, von der Gesellschaft und auch von der Religion an den Rand gedrängten Frauen! (Es ist mehr als eine Pikanterie, wenn bei der Neuordnung der Sonntagslesungen die Textstellen, wo von den Jüngerinnen Jesu (Lk 8,1-3) und von der Heilung der gekrümmten Frau (Lk 13,10-17) erzählt wird, vergessen wurden, wodurch die Männer, die diese Lese–„Ordnung" geschaffen haben, diese Frauen um Jesus aus der Heilsverkündigung hinausdrängten.) Wir können nur hoffen, daß durch diese Jesusworte „alle seine Gegner beschämt" werden und das ganze Volk sich freut „über all die großen Taten, die er vollbrachte" (Lk 13,17).

Sich das Bild leiblich einprägen
Verwendet eure linke Hand als flache „Silberplatte" und den Zeigefinger der rechten Hand als „Gravurstift": Zeichnet mit dem Finger die Gestalt Jesu in die linke Handfläche und dann mit dem Finger der linken Hand in die rechte Handfläche! Was empfinden eure Hände? Was erlebt ihr, wenn ihr beide Handflächen zueinander führt?

Psalm

Ich bin die gekrümmte Frau.
Mein ganzer Körper ist verbogen.
Der Kopf hängt schief.
Die beiden Arme stehen nach außen.
Die Beine sind verrenkt.
Ich muß mich auf einen Stock stützen.
Mein Blick geht nach unten.
Meine Wirbelsäule fällt aus ihrer natürlichen S-Form.

Und in mir?
Was ist in mir verbogen?
Was ist verrenkt?
Was hängt schief?
Was hat keine Richtung?
Was zieht nach unten?
Wie hält mein Rückgrat?
Welche Beziehungen und Begegnungen haben mich so gestaltet?
Welche eigene Schuld hat mich so werden lassen?
Und wie verkrümme ich die, die mir begegnen?

Du aber, Herr, hältst meine Hand.
Du richtest mich auf.
Du machst mich gerade.
An dir habe ich Halt.
Deine aufrechte, offene Zuwendung verändert mich.
Herr, halte mich, richte mich auf,
auch dann, wenn ich in meiner Verkrümmung verharren will.

Bleib in meiner Nähe.
Richte mich, mach mich richtig,
denn dann kann ich die, die mir begegnen, aufrichten.
Hilf denen, die ich verkrümmt habe.
Mach du gerade, was ich verbogen habe.

Lob sei dir, Herr,
denn du löst, was verkrampft ist.
Du renkst ein, was verrenkt ist.
Du richtest auf, was gebeugt ist.
Lob sei dir, Herr, in Ewigkeit.

Die Erlösung von Besessenheit
(Mk 5,1-20 / 4. Bild)

„Im ganzen Neuen Testament begegnen wir keiner Darstellung von solch unheimlicher Zerrissenheit, Ohnmacht und Ausgeliefertheit. Folgen wir den einleitenden Sätzen dieses Berichtes bei Markus, so wird uns ein Mensch vor Augen gestellt, der auf das tiefste an sich selber leidet und dessen gesamtes Handeln nur aus Widersprüchen und aus unheilbaren Gegensätzen zu bestehen scheint. Es ist ein Mann, der sein Zuhause dort hat, wo es kein Zuhause gibt, und der sein Leben gründet am Abgrund des Todes. Seine Heimat ist die Heimatlosigkeit, sein Leben das Unleben, seine Kontaktform die Kontaktvermeidung. Es ist, als sähe dieser Mann die ganze Welt nur durch die Schleier der Zerstörung, selber ein so zerstörter, daß ihm der Dauerzustand der Angst ungemein vertrauter vorkommt als die scheinbare Ruhe aller anderen, von denen er sich getrennt fühlt, als läge die Weite des ganzen Sees Gennesaret zwischen ihm und ihnen" (Eugen Drewermann, Das Markusevangelium I, Olten 1988, S.360).
Von der dritten in die erste Person übersetzt liest sich diese Leidensgeschichte wie ein Klagepsalm so:
   Als Jesus aus dem Boot stieg, lief ich ihm entgegen.
   Ich war von einem unreinen Geist besessen.
   Ich kam aus den Grabhöhlen, in denen ich lebte.
   Man konnte mich nicht bändigen,
   nicht einmal mit Fesseln.
   Schon oft hatte man mich an Händen und Füßen gefesselt,
   aber ich hatte die Ketten gesprengt und die Fesseln zerrissen;
   niemand konnte mich bezwingen.
   Bei Tag und Nacht schrie ich unaufhörlich in den Grabhöhlen und auf den Bergen
   und schlug mich mit Steinen.
   Als ich Jesus von weitem sah, lief ich zu ihm hin,
   warf mich vor ihm nieder und schrie laut:
   Was habe ich mir dir zu tun, Jesus, Sohn des höchsten Gottes?
   Ich beschwöre dich bei Gott, quäle mich nicht!

Jeder kann diese Stelle mit eigenen Worten wie ein Gebet in der Gegenwartsform etwas abgemildert schreiben, etwa so:

> Jesus, komm zu mir,
> ich laufe dir schon entgegen,
> denn in mir ist etwas, was ich nicht selber bin:
> Ich lebe bereits wie tot
> und schlage doch wie wild um mich herum,
> denn alles erlebe ich wie Fesseln und Kerker...
> Mir kommt die Welt ganz feindlich vor,
> und dennoch schreie ich Tag und Nacht
> nach irgendwem und irgendwas...

Hier offenbart sich die Erfahrung eines Menschenlebens, das die Welt außerhalb von sich feindlich und innerhalb seiner selbst ganz leer und einsam erlebt. Alles ist sehr mühsam und wie ein ständiger Abwehrkampf, und selbst Menschen anderer Art, die so wie Jesus in sich ruhen, sind nicht auszuhalten und werden zur Qual... Ein solcher Mensch muß die Umwelt (als Kind) tatsächlich so feindselig erlebt haben, daß er sich die Welt gar nicht anders vorstellen kann und sein gespeichertes Innenerleben ständig nach außen projiziert. In gleicher Weise reden manche Psalmen oft von der Bedrängnis durch „Feinde" (vgl. Helmut Jaschke, Aus der Tiefe rufe ich, Herr, zu Dir. Psychotherapie aus den Psalmen, Freiburg 1989; ders., Psychotherapie aus dem Neuen Testament. Heilende Begegnungen mit Jesus, Freiburg 1987, S.65: Ich bringe mich um, weil ihr mich nicht liebt. Der Besessene von Gerasa).

Wenn die Bibel von „Dämonen" und „Besessenen" redet, ist sicher nicht „Satan" gemeint, denn dieser ist (wie wir schon sahen) der Inbegriff (ob Person oder Personifizierung) des bösen, gottwidrigen *Tuns*, während ein „Besessener" nur das *Opfer* der bösen Taten anderer ist: Opfer eines lieblosen Familienmilieus, einer inhumanen Gesellschaft oder menschenfeindlicher Strukturen; diese wurden so massiv erlebt, daß er sie verinnerlicht hat, was besagt: fremde Mächte und Instanzen (Elternbilder...); Worte, Normen, Verbote, die andere sagten, sagt man sich von innen her selbst (negatives Überich...); das eigene Ich wird wie von fremden Rollen, „Stimmen" und Stimmungen so beherrscht, daß es darunter erdrückt wird. Solche Opfer negativen Tuns anderer nennt der Volksmund einen *„armen* Teufel". Gibt „es" Dämonen? – Als eigene Personen und Substanzen nicht, als Einwirkung fremder Personen auf mich sehr wohl, die dann in meinen Träumen wie selbständige Unwesen erscheinen können.

Im Bibelgespräch tut man gut, das Bildwort „Dämon" mit konkretem Inhalt zu erfüllen und vom „Dämon der Angst, der Krankheit, der Hysterie, des Massenwahns, der Neurose, der Epilepsie (vgl. Mk 9,14-29)..." zu sprechen. Worin besteht nun aber die Heilung von dämonischer Besessenheit?

Das Bild des unerlösten Menschen, das in den Dämonisierten gezeichnet wird, reflektiert der Apostel Paulus im 7. Kapitel des Römerbriefes und bedenkt die Erbsündenlehre dort, wo sie von der Verminderung der Freiheit und der Rationalität des Menschen durch die Einwirkung überkommener Fremdschuld spricht. Die Heilung davon kann nur in einem gegenläufigen Prozeß geschehen. Spricht man von einem „Besessenen", so hat die gnadenlose Ichschwächung bereits einen Grad erreicht, wo nur noch die Hilfe von außen etwas ändern kann: durch die Begegnung mit Menschen des Friedens (einem Heiland), durch die Teilhabe einer heilen Gemeinschaft (Kirche, Gruppe) oder durch gnadenvolle Erschütterungen des Lebens von

Gott her (Bekehrung des Saulus). Im Mann von Gerasa beobachten wir die Ambivalenz des in sich Verstrickten: Er schreit nach Menschen und meidet sie gleichzeitig; er läuft auf Jesus zu und wehrt ihn ab. Auch dieses äußere Hin und Her offenbart die innere Zerrissenheit und verlangt vom Helfer viel Geduld, der allein durch seine Gegenwart die Verschlossenheit des Zerrissenen aufsprengt und eine Alternative anzeigt.

Das Erzählstück mit der Schweineherde hat symbolischen Charakter: für den Juden war das Schwein unrein wie ein Dämon; ihre riesige Zahl spiegelt die Selbstzersplitterung des Menschen und seiner Tendenzen (ebenso wie eine römische Legion); wenn ich schon von meinen alten Mustern loslassen muß, so sollen sie doch in meiner greifbaren Nähe bleiben; ihr Sturz in den See befreit mich endgültig von ihnen. Dieser konkrete Heilungsvorgang könnte eine langjährige therapeutische Mühe spiegeln: vom beschwörenden Befehl des Loslassens zur analytischen Namensnennung, die das Unwesen aus dem Versteck des Unbewußten hervorholt bis zum zögernden Hin und Her... Doch wie schön und aufatmend ist das Bild, das uns den vorerst so gequälten Menschen bekleidet (gesellschaftlich akzeptabel) zu Füßen Jesu (auf der Seite des Heilers) sitzend (zum Frieden gekommen) zeigt. Jesus läßt ihn nicht als Jünger mitziehen, denn er soll zuerst lernen, in einer Familie zu leben und deren Frieden entdecken und mitbauen. Dort allerdings soll er nicht verschweigen, daß die Quelle seines Heiles Gott ist, der ihm in Jesus begegnet ist.

Schreibe mit der Dankesstrophe deinen Psalm auf persönliche Weise zu Ende und lies ihn vor!

Ich bin der Besessene von Gerasa

Geh weg! Was willst du von mir?
Laß mich meinen Weg gehen!
Ein Dämon treibt mich, schüttelt mich.
Am liebsten würde ich in die Luft gehen.
Arme und Beine gehorchen mir schon lange nicht mehr.
Ein böser Geist hat sich in mein Herz geschlichen.
Ich habe ihn zuerst nicht kommen hören.
Jetzt quält er mich bei Tag und Nacht,
er läßt mir keine Ruhe mehr.
Sobald ich beginne, Hoffnung zu schöpfen,
kommen aus der Tiefe
Angst und Qual und verschlingen alles.
Niemand ist da, der mir den Weg zeigen könnte,
der mich frei macht – allein bin ich verloren.

Du aber durchkreuzt plötzlich mein Leben.
Auf einmal stehst du vor mir.
Du fliehst nicht vor meinen Verrenkungen,
nicht vor meinen verletzenden, verächtlichen Worten,
nicht vor meinem erschreckenden Anblick.
Du stehst vor mir, unvermittelt, auf meinem Weg,
du begegnest mir mit deinem starken Blick.
Ich schrei dich an – und du bist immer noch da.

Herr, wie groß ist deine Liebe, daß sie alle Qual besiegt.
Herr, wie stark leuchtet dein Licht, daß es meinen Schatten vertreibt.
Herr, wie fühle ich mich frei – deine Hand weist mir den Weg.
Wohne in meinem Herzen für immer!

Jesus und die Ehebrecherin
(Joh 8,1-11 / 5. Bild)

Zur Bildbetrachtung

Beachte die Menschengruppen und laß von jeder Sprechblasen aufsteigen: Was würden sie fühlen, denken oder sagen? Sprecht das laut in der Gruppe aus.

Außer den Berufungs- und Heilungsgeschichten haben wir drei Erzählungen von der Begegnung Jesu mit Sündern: mit Zachäus, mit der weinenden Sünderin und mit der Ehebrecherin. In keiner Begegnung richtet er einen Vorwurf an die Person, keine zwingt er zu einem Geständnis ihrer Schuld, die Frauen nimmt er vielmehr vor den Männern in Schutz und den Zachäus holt er von sich aus vom Baum herab. Er sagt selbst, daß er nicht gekommen sei, die Sünder zu richten, sondern zu retten. Diese „Lieblingsgeschichten" der Katechese verbreiten ein Vertrauen, das auch uns samt unserer Schuld umfaßt.

Die Schriftgelehrten machen die Situation für Jesus zu einer Falle: Stimmt er dem Gesetz des Mose zu, verleugnet er sein Evangelium. Bleibt er bei der Frohbotschaft, verletzt er das Gesetz. Wie erinnert das doch an die Situation der Geschiedenen und ihrer Wiederverheiratung, in der es so oder so nicht ohne Schuld herzugehen scheint. Betrachtet man aber Bild und Erzählung, so sieht man, daß sich Jesus dieser Vorwurfsituation grundsätzlich entzieht. Wenn es darum geht, Schuld aufzurechnen und zuzuschreiben, dann hat er damit nichts zu tun. Auf der Ebene des Gesetzes bleibt das Dilemma, Jesus aber steht auf der Ebene der Gnade. Und was schreibt er in den Sand – oder uns ins Stammbuch? Phantasiert darüber und sprecht es aus!

Daß ein Mensch ein Sünder sei, ist für Jesus nichts Neues. „Wer von euch ohne Sünde ist", klingt in seinem Munde nicht zynisch oder vorwurfsvoll, sondern macht uns auf unser aller Schuld vor Gott aufmerksam und damit aufmerksam darauf, daß wir alle des Erbarmens Gottes bedürfen. Nicht die Frage nach der Schuld, sondern nach der Möglichkeit des Verzeihens soll gestellt werden. So hilft Jesus den Männern der Theologie und des Rechts, die Ebene des Beschuldigens zu verlassen, weil sie selber nach ihrer eigenen Begnadigung Ausschau halten müssen. So erlöst Jesus die Gemeinschaft seiner Kirche vor dem Klima wechselseitiger Schuldzuweisung. Die Frau rettet er vor dem Tod durch Steinigung und die Männer vor der (ach so zwingend erscheinenden) Aufgabe der Züchtigung und Tötung. Wir wissen, wieviel Menschen scheinbar im Namen Gottes verbannt und verbrannt wurden...

Wer hätte damals das rechte Wort sagen müssen, damit dieser Schriftgelehrte und jener Pharisäer seinen Stein fallen lassen und demütig davongehen hätte können? Wer müßte es heute sagen?

Wie die Frau mit seiner, mit meiner Schuld allein vor Jesus zu stehen, ist schon eine Befreiung: weg sind die Ankläger, weg der mögliche Tod, weg die Angst und auch weg die Sünde, weil er sie hinwegnimmt.

Gebet
Stellt euch eure Familie, eine Pfarrei, ein Klassen- oder Konferenzzimmer vor, in denen die lauten oder leisen Beschuldigungen wie glühende Fäden hin- und hergehen, und stellt euch weiter bildhaft vor: da, in dieser Gemeinschaft, sitzt auch Jesus!

Eigener Psalm zum Bild der Ehebrecherin

ICH, die Ehebrecherin, stehe da, wie ein begossener Pudel. Es schmerzt in meinem Bauch; ich halte ihn (=mich selbst) mit meinen Händen. Aber mich hält nichts, ich bin haltlos. War *ich* ungehalten? Warum sind die *anderen* nun so entsetzlich ungehalten mir gegenüber? Ich bin entsetzlich ungehalten mir gegenüber?
Ich bin enttäuscht. Ich fühle mich verraten. Ich dachte, wir lieben uns. Wir vom Dorf gehören doch zusammen. Ihr kennt mich doch!
Ich schäme mich so. Am liebsten würde ich im Erdboden versinken. Ich fühle mich schuldig. Ich habe eure Regeln mißachtet. Ich habe euere Loyalität verraten.
Zählt denn nichts mehr, was war?
Je lauter ihr schreit, desto ruhiger werde ich.
Ich gebe auf, ihr könnt machen, was ihr wollt.

DU, Jesus, du setzt dich einfach in den Sand. Jetzt sind die auf dich wütend. Möchtest du auch einfach versinken?
Klein sein wie ein Kind und in den Sand kritzeln?
Das ist gut: Du hast die Ruhe weg. So kann man sogar eine schreiende Meute ansprechen. Ihre Aggression läuft sich tot, läuft ins Leere.
Du wirkst nicht schüchtern, sondern bewußt:
Du sitzt da wie ein Buddha, friedlich, majestätisch.
Du hast Zeit, bis sie still werden und dich fragen,
was du denkst.

Danke, Jesus, daß du mich im Ruhig- und Gelassensein solidarisch unterstützt. Plötzlich habe auch ich die Kraft, ohne Angst, ohne Zorn, ganz ruhig zu sein, nicht resigniert.

Bitte, wenn die ausgeschrien haben, dann sag ihnen die Wahrheit. Sei mein Anwalt. Stell alles richtig. Überzeuge sie. Rette mich.

Hilf mir, neu anzufangen, miteinander. Amen.

Zweiter Teil

Der auferstandene Christus
(6. Bild)

Wir sehen vor uns ein ungewöhnliches Christusbild: Jesus nicht als Pantokrator, sondern als afrikanischer Trommler. In den Evangelienbüchern oder Kirchen des Mittelalters wurde vor den Jesuserzählungen das Bild des thronenden Christus gemalt (in der Apsis oder auf dem Titelblatt), dies in dem Wissen, daß die biblischen Erzähler Jesus nicht nur als historische Person schildern. Die Evangelien sind keine Erinnerungen an einen Toten, sondern Erinnerungen an einen „jetzt – Lebenden". Die Erzählungen werden weitergegeben, um uns bewußtzumachen, daß dieser, der damals so heilte, jetzt als Auferstandener unter uns weiterhin wirkt.

Das Bild des Auferstandenen ist an sich ein Phantasiebild. Während der ersten drei Jahrhunderte hat man für die Christusdarstellung das vertraute Bild des guten Hirten verwendet. Man konnte ja nicht den Pantokrator, den Herrscher darstellen, denn die römischen Kaiser waren Anti-Christen und Christenverfolger. Erst als die römischen Kaiser im byzantinischen Reich christlich wurden, wurde das Bild des thronenden Herrschers frei für das Bild des auferstandenen Christus.

Interessant ist, daß sich in der afrikanischen Frömmigkeit innerhalb und noch mehr außerhalb der katholischen Kirche ein sehr lebendiges Bild für Jesus heranbildet – der Trommler. Dieser trommelt eine Botschaft durch den Urwald und durch die Welt und bringt die Menschen zum Tanzen. Diese Darstellung greift auf Schamanentraditionen zurück und ist ein Bild, das Jesus in Bewegung darstellt und wie er andere in Bewegung versetzt.

Für uns bedeutet das, daß wir unter all diesen Jesusbildern einen aktiven Christus annehmen dürfen, der für uns trommelt, der uns in Schwung und zum Tanzen bringt.

Der Christ weiß, daß sein Herr lebt und sich ihm zuwendet. Wir stehen vor unserem auferstandenen Herrn und schauen zu ihm empor, ob wir ihn nun im Bild des guten Hirten, des Pantokrators, des Königs, des erhöhten Gekreuzigten, des Herzens Jesu oder des Trommlers sehen.

Die Hinwendung zum Erhöhten öffnet uns Auge und Ohr für ihn und vor allem den Mund: Die Anrufung Christi, das Gebet und der Hymnus, die Akklamation dieses guten Freundes ist die natürliche Gebetsform, die unsere Beziehung zu ihm aktualisiert wie das: Maran atha – Kyrie eleison – Miserere mei – Mein Jesus Barmherzigkeit – Halleluja – Christe, du Lamm Gottes – oder das ostkirchliche Jesusgebet...

Der Seesturm – Rettung aus Todesangst
(Mk 4,35-41 / 7. Bild)

Die Evangelien verkündigen den auferstandenen Herrn und greifen dabei auf die Erzählungen aus seinem Leben zurück, um zu veranschaulichen, was wir heute noch von ihm erwarten dürfen. Die Christusüberlieferung greift, um das Wirken Christi heute vorzustellen, aber auch auf Motive aus dem Alten Testament zurück und überträgt sie auf sein heutiges Handeln. Literarisch gesehen entstehen so *Christuslegenden,* deren Inhalt sein geglaubtes heutiges Wirken, deren Form alte religiöse und biblische Symbolsprache ist. So ist die Erzählung vom Seesturm wie die Noahgeschichte des Neuen Testaments oder wie ein erzähltes und aktualisiertes Psalmstück:

> Gott gebot und ließ den Sturmwind aufstehn,
> der hoch die Wogen türmte,
> die zum Himmel emporstiegen
> und hinabfuhren in die tiefste Tiefe,
> so daß ihre Seele in der Not verzagte,
> die wie Trunkene wankten und schwankten,
> am Ende waren mit all ihrer Weisheit,
> die dann in ihrer Bedrängnis schrien zum Herrn,
> die er ihren Ängsten entriß
> – er machte aus dem Sturm ein Säuseln,
> so daß die Wogen des Meeres schwiegen –,
> die sich freuten, daß die Wogen sich legten
> und er sie zum ersehnten Hafen führte:
> sie alle sollen dem Herrn danken für seine Huld,
> für sein wunderbares Tun an den Menschen.
> Sie sollen ihn in der Gemeinde des Volkes rühmen,
> ihn loben im Kreis der Alten.   *(Ps 107,25-32)*

Erkennt man diese Christuslegenden als Glaubenszeugnisse in biblischer Symbolsprache, dann erzählen sie nicht ein einzelnes Ereignis, sondern sammeln viele einzelne Schicksals- und Glaubensereignisse in ein einmaliges Bild, in dem sich dann wiederum Christen aller Zeiten in ähnlicher Situation wiederfinden können. Dies sind Situationen äußerster Bedrängnis und Angst in Krieg und Verfolgung, in Krankheit und Todesnot, in seelischer Verzweiflung oder in existentiellen Katastrophen. Wie sammelt die Erzählung dann unsere Todesängste? Wie lenkt sie sie auf Christus?

Zur Bildbetrachtung

Was siehst du auf dem Bild? Strecke deine Finger aus und fahre die Konturen nach! Bei welcher Gestalt bleibt dein Auge hängen? An welche deiner Ängste wirst du erinnert (Krebsangst, Arbeitsplatzverlust, Beziehungsbruch, Entlarvung, Neurosenängste, Feindesfurcht, Alpträume...)? Beachte: Jede Gestalt wird von dem geprägt, woraufhin sie schaut (wer auf den Sturm schaut, ist...; wer auf Christus schaut...; auf das Segel...). Was sagt dir das, daß du dich gerade in dieser Figur wiedersiehst?

Die Noahgeschichte der Evangelien

Chaoswasser und Meeressturm sind aus den Schöpfungsmythen bekannte Bilder für den Abgrund des Nichts, das den Menschen außerhalb der Hand Gottes umgibt. Der Schauder des Nichts ist die unweigerliche Folge, wenn der Mensch von der Schöpferhand Gottes, die ihn trägt, wegsieht. Hier stellen sich also die zwei grundsätzlichen Möglichkeiten des Daseins: mit dem Blick auf Gott in Vertrauen zu leben – im Absehen von Gott in Angst zu versinken. Manchmal stellen uns (philosophische) Einsichten oder mehr noch Träume sehr klar vor diese Alternativen, gewöhnlich aber konkretisieren sich Angst oder Vertrauen an alltäglichen Vorkommnissen oder Entscheidungen, die aber alles Abgründige heraufschwemmen. Horche in dich hinein, laß Situationen auftauchen, wo dich Angst beschlichen hat, wo du dich nach Vertrauen gesehnt hast...

Was will uns auf diesem Bild die Christusgestalt sagen? Was strahlt seine Haltung angesichts des Untergangs aus? Worauf ist sein „Blick" gerichtet? Worin gründet er, daß er im scheinbaren Untergang schlafen kann, wenn man im Schlaf ein Bild des Vertrauens, des Sich-Fallenlassens sehen kann? Wenn du Christus mit Buddha vergleichst, was kannst du von beiden lernen?

Die Jüngerschar bildet immer die Gemeinde, die Kirche Jesu ab.

Vielleicht entstand dieser Text angesichts früher Christenverfolgungen, sicher aber will er Christen in Verfolgungszeiten Trost und Hilfe geben – inwiefern?

Wenn dieses Bild ein Psychogramm, ein Querschnitt deines Seelenlebens ist und jede Gestalt ein Impuls oder eine Tendenz in dir selber verkörpert: Welchen Spiegel hält dir das Bild vor? Wie willst du mit deinen disparaten, desintegrierten Seelenkräften umgehen?

Schreib diese Erzählung in einen ganz persönlichen Psalm um, in dem du nichts von deinen Ängsten verschweigst und dich an Christus wendest mit „Du aber...". Lest einander die Psalmen so vor, daß ihr beim Lesen und Hören alle Seelenregungen nachempfindet!

Male die Stelle als großes Farbbild oder mit farbigen Filzstiften auf das Glas eines Dias: Projiziert es an die Wand!

Ein Psalm zu Mk 4,35-41

Sturm peitscht hohe Wellen gegen das schaukelnde kleine Boot, in dem die Angst unterzugehen mich umklammert.

Angreifende Wasser gehen über mich hin. Ich schaue aus nach Hilfe und wundere mich über Jesus, den ruhenden Pol.

Ich komme mir vor, als gingen mir die Wasser bis zum Hals; restlos ausgeliefert der vernichtenden Übermacht der Natur.

Du aber, Jesus, bist dabei. Du bist genauso in Gefahr. Trotzdem machst du nicht den Eindruck, als würde dich diese Gefahr aus der Fassung bringen.

Im Blick auf dich verlieren Sturm und Ängste ihre Gewalt, wächst in mir etwas von deinem Halt und deiner Gelassenheit.

Dank sei dir, Jesus, daß du nahe bleibst, auch wenn es drunter und drüber geht.
Dank für den Halt, der dich selber hält.
Dank für den Halt, der in dir wirkt und den du sichtbar machst.

Die Auferweckung eines jungen Mannes
(Lk 7,11-17 / 8. Bild)

Diese Totenerweckung Jesu mit ihren legendären Zügen ist eine „Brennpunktgeschichte", d.h., sie sammelt Erfahrungen und Eindrücke vom Wirken Jesu und bringt sie in ein Bild, das mit den Erzählmotiven aus dem Wirkungskreis der Propheten Elija und Elischa gemalt ist. Von diesen beiden Gottesmännern aus dem 9. Jh. wird außer ihrem prophetischen, politischen Kampf um den Jahweglauben noch von ihrer hilfreichen Tätigkeit für die armen, kleinen Leute in deren alltäglichen und existentiellen Nöten erzählt. Eine ganz frühe Interpretation Jesu muß auf diese Geschichten zurückgegriffen haben, um Jesus ebenfalls als Gottesmann zu verstehen, der dem Volke nahe ist und den Menschen beisteht. Das Wirken Jesu und der beiden Propheten wird vor allem als lebensspendend gesehen: Elischa reinigt die vergiftete Quelle und befreit so das Land von Fehlgeburten, er entgiftet die Speise in einem Suppentopf und bewahrt so seine Jünger vor dem Tod – in seiner Nähe muß das Leben wieder lebendig und lebenswert geworden sein.

Die Erweckung des Jünglings von Naim greift auf eine ganz ähnliche Elijageschichte in 1 Kön 17,17ff. zurück und ist demnach eine auf Jesus übertragene Legende, die ihn als Lebensspender inmitten unserer Todeslandschaft zeigt.

Bedeutet der Tod für den Sterbenden das Ende des Lebens, so für die Hinterbliebenen das Ende der Gemeinschaft. Für sie bringt er Abschied, Trauer und Einsamkeit. Wie verändert das Bild und die Gegenwart Jesu diese Situation? Wen oder was erweckt er zum Leben, wenn unser Todeszug seinem Lebenszug begegnet? Damit konfrontiert uns diese Geschichte mit unseren eigenen Fragen, wie wir zu Tod und Abschied, zu Trauer und Einsamkeit stehen, wenn wir an Jesus glauben. Gerade die Legende ermöglicht es, daß hier viele Fäden verknüpft werden.

Zur Bildbetrachtung

Zeichne das Bild mit dem Zeigefinger nach!

Stellt die Person Jesu und der Mutter zu zweit dar!

Schreibe einen Psalm, in dem du dich mit der Mutter oder dem Jüngling oder der Tragbahre identifizierst: „Ich bin..."

Such dir einen symbolträchtigen Stein, der für eine Beziehungsperson steht; nimm ihn vor der Gruppe in die Hand und laß ihn langsam fallen: Wie schwer oder wie leicht fällt dir das Abschiednehmen?

Schreib an eine geliebte Person, die (etwa durch den Tod...) von dir gegangen ist, einen Abschieds- und Dankesbrief!

Laß deine Trauer und deine Tränen fließen!

Die Hochzeit in Kana
(Joh 2,1-12 / 9. Bild)

Vom Propheten Elischa wird erzählt, daß er sagte: „Holt mir einen Harfenspieler! Als der Spieler über die Saiten fuhr, kam die Hand des Herrn über Elischa, und er rief: So spricht der Herr: Macht in diesem Tal Grube neben Grube! Ihr werdet weder Wind noch Regen sehen. Doch dieses Tal wird sich mit Wasser füllen, und ihr werdet trinken" (2 Kön 3,15ff.). Ein andermal ließ er hundert Männern zwanzig Gerstenbrote vorsetzen – sie wurden alle satt und ließen davon noch übrig (2 Kön 4,42-44).

Als Gläubiger einer verschuldeten Witwe ihre zwei Söhne in die Sklaverei abführen wollten, ließ er sie von den Nachbarn viele Schüsseln und Krüge ausleihen, die sich dann so wunderbar mit Öl füllten, daß sie davon die Schulden bezahlen und mit ihren Söhnen leben konnte.

Diese und ähnliche Speisungswunder, die von den Gottesmännern überliefert sind, wollen auf symbolische Weise erzählen, „wovon" eine Gemeinschaft lebt; daß die Quellen menschlichen Gemeinschaftslebens durchaus endlich sind, durch Gottes Wirken aber neu erschlossen und vermehrt werden können. Die Weinspende Jesu zu Kana ist aus ähnlichem Traditionsgut gesponnen und stellt ihn in die Reihe der Gottesmänner Israels, die dem einfachen Volk so hilfreich nahe sind.

Der Evangelist Johannes hat die Erzählung seinem Evangelium eingefügt und seiner Theologie durch wichtige Ergänzungen angepaßt. Wenn Jesus sagt: „Meine Stunde ist noch nicht gekommen" (2,4b), so drückt der Evangelist dadurch aus, daß die Erschließung der Quellen ewigen Lebens in der Stunde der Erhöhung Jesu am Kreuz erfolgt; von ihm her strömt die Welt Gottes in unser begrenztes Leben. Das ist die „Herrlichkeit", die göttliche Macht und Lebensfülle Jesu, die er seinen Jüngern offenbart und die wir im Glauben empfangen.

Die Erschließung göttlicher Lebensquellen wird in dieser Erzählung in einen Ring von menschlichen Gemeinschaften hineingestellt; das kann sein: ein Ehepaar, eine Nachbarschaft und ein Verwandtenkreis, die Jüngerschar Jesu, eine Festgemeinde. All diesen und ähnlichen Gemeinschaften kann es geschehen, daß die Quellen, aus denen ihr Miteinander lebt, versiegen. Von der Peinlichkeit bei einer Hochzeit kann es über die Leere und Dürftigkeit einer Jüngergemeinde bis zu einem Ehepaar gehen, das sich nichts mehr zu sagen hat.

Dann wird die Frage dringlich: An wen soll sich eine so tödlich leer gewordene Gemeinschaft wenden? Maria (vielleicht das Symbol der judenchristlichen Gemeinde) verweist durch ihren Glauben auf Jesus: Wenn hier noch einer helfen kann, dann wendet euch an ihn! Die Krüge, die leergeworden sind und auch für die religiöse Reinheit nichts mehr bringen, lassen sich nun wie Symbole unserer selbst betrachten: Leergeworden stehen wir da, vielleicht können uns Mitmenschen neu mit Leben füllen, dieses begrenzte Leben und diese so schnell zerrinnende Liebesfähigkeit kann aber nur Jesus in den Wein dauernder Liebeskraft verwandeln.

Jede Gemeinschaft macht die Erfahrung, daß die menschliche Liebesfähigkeit begrenzt ist, der Glaube hingegen ermutigt, daß man sich in solcher Not an den Gottesmann wendet, damit der Glaube an Christus bleibende Liebe schenkt.

Übung

Rufe dir eine Gemeinschaft, in der du lebst, vor Augen und zeichne ihre Mitglieder als Kreise oder Krüge verschiedener Größe und Farbe, wie du den einzelnen erlebst. Drücke die Liebesstärke oder -not der einzelnen in Farbe und Form aus, auch deren Nähe und Distanz! Was fällt dir auf? Was kannst du selber verändern? Was erbittest du an Veränderung von Gott?

Das Münzsoziogramm

Du kannst die gleiche Übung mit verschiedensten Münzen machen, mit großen und kleinen, in- und ausländischen, gültigen und alten... wähle für dich und jede andere Person die Münze sehr aufmerksam, lege sie sehr ehrlich in passender Distanz und Nähe!
Was fällt dir auf? Welchen „Wert" gabst du dir und anderen? Welche Veränderungen wünschst du dir? Wem sollte Gott helfen? Welche Aufgaben stellen sich dir im Prozeß einer Verwandlung? Frage die Gruppe, was sie beobachtet hat!

Übungen zur Jesusbegegnung

Das Handpuppenspiel
Ihr betrachtet alle neun Jesusbilder - wenn du dir eines auswählen und zu Hause über das Bett hängen könntest: Welches Bild würdest du nehmen? Entscheide dich für nur eines und sage das der Gruppe.
Bilde mit deinen beiden Händen die dargestellte Szene der Jesusbegegnung nach: Welche Hand ist Jesus, welche die Person, der er begegnet? Wir formen zunächst die Szene so mit den Händen nach, wie wir sie auf dem Farbbild sehen, der Mittelfinger bildet den Kopf, zwei Finger die Arme. Entwickle aus der Handstellung die ganze Geschichte: Die Annäherung der beiden Personen, die Zuwendung und Heilung, die Verabschiedung. Gib dir viel Zeit und mach alles mit geschlossenen Augen im Zeitlupentempo. Zerredet das Erlebnis nicht!

Die Heilung meines ganzen Menschen
Erinnert euch, daß Jesu Wunderwirken wie ein Stein ist, der in das Wasser meiner Seele fällt und Kreise zieht, die alle Schichten meines Wesens darstellen! Zeichnet die Ringe des Wunders in konzentrischen Kreisen von der Mitte aus und wählt dazu die passenden Farben: – der Kern der Gottesbeziehung im Herzen, – die psychische Heilung, – meine neue Moral und Humanität, – der neue Rahmen (reframing) meiner Weltanschauung angesichts von Tod und Ewigkeit. Zeichnet bei Musik, malt die Ringe nach Dicke und Farben sehr persönlich und betrachtet das Blatt in der Gruppe: Was ist schon geheilt, was ruft bei dir noch um Heilung?

Schreibe einen Jesuspsalm,
in dem du die Person, in die du geschlüpft bist, auf dem Bild genau betrachtest und zunächst nur das in Worte faßt, was deine Augen sehen, bevor du persönlicher wirst. Wende dich an Jesus mit: „Du aber..."

Aktualisieren
Verpflanze das Jesusbild in die Gegenwart und mach aus den Personen heutige Menschen, auch Jesus ist „incognito". Laß dir eine glaubhafte Geschichte einfallen – vielleicht aus deinem eigenen Leben (auch in Märchenform)!

Heilungsspiel
Die Hälfte der Schüler hockt im Kreis auf dem Boden mit dem Gesicht nach außen, die Finger decken die Augen und schließen die Ohren, der Mund ist zugepreßt und die gekrümmte Haltung verstärkt. Die andere Hälfte der Schüler geht langsam und schweigend im Kreis herum, bis jeder von ihnen wie ein Heiland vor einem Gekrümmten stehenbleibt, sich ihm zuwendet, langsam die Hände löst und die Sinne auftut und ihn zu sich emporzieht. Bedankt euch schweigend und wechselt die Rollen.

Das pantomimische Bibliodrama

Das Bibelspiel zählt zu den stärksten Medien des Unterrichts, seine größte Steigerung erfährt es in der Pantomime. Das Weglassen der Worte verstärkt den Gefühlsausdruck, vor allem wenn im Zeitlupentempo gespielt wird. Das Spiel braucht schon eine Einübung in das Spielen überhaupt und eine Vorbereitung vom biblischen Text her, was nach den Umständen verschieden ist:
a) In der Schule wird das Spiel den Abschluß einer Erzählreihe bilden und von Stunde zu Stunde schrittweise schon vorbereitet.
b) An Besinnungsabenden oder Wochenenden wird man für eine oder zwei Szenen die Vorbereitung schon in die Betrachtung von Bibeltext und Bild einbauen, ebenso in Firmgruppen.
c) In Selbsterfahrungsgruppen können dafür Tage verwendet werden und zu tiefsten Erlebnissen beim Spiel und bei der Aufarbeitung führen. (Samuel Laeuchli, Das Spiel vor dem dunklen Gott, Neukirchen-Verlag 1987; ders., Die Bühne des Unheils, Stuttgart 1988; Antje Kiehn, Bibliodrama, Stuttgart 1987).
Die Spielregeln sind beim pantomimischen Bibliodrama von allen Spielern sehr genau einzuhalten, wenngleich sie von Situation zu Situation verschieden sein können:

1) Raum und Zeit: Sie gliedern die Gruppe in Spieler und Zuschauer, der Raum muß vor dem Spiel ausgemacht und (durch einen Kreidestrich, ein Podium, seitlich hereingerückte Tische...) als Bühne genau markiert werden. Denn das Betreten der Bühne verhilft dem Schüler zur Identifizierung mit der Rolle, umgekehrt das Verlassen der Bühne zur Ablegung der Rolle. Weitere Raumgliederungen sind: der Vorhang, der durch Personen dargestellt wird, die eine Decke heben und senken können; die Beleuchtung von Bühne und Personen mittels Tischlampen oder Projektoren; an der Rampe oder an der Rückwand der Bühne ist für jeden Spieler ein Stuhl mit dem Gesicht zu den Zuschauern aufzustellen. Die Spielzeit, die ebenfalls zur Rollenübernahme verhilft, wird gegliedert durch: das Lichtaufleuchten, den Applaus, den Ein- und Ausmarsch der Spieler sowie durch Gong oder Glockenzeichen.

2) Spielgruppe und Zuschauer: Entweder teilt sich die ganze Gruppe in Spielgruppen auf, die zeitlich nacheinander, wenn auch auf Tage verteilt, auftreten, oder es werden schon zu Beginn einer Unterrichtsstunde einige Schüler für das Spiel gewonnen und benannt, was ihre Aufmerksamkeit weckt und steigert. Eine Gruppe soll wenigstens drei, aber nicht mehr als sieben Personen umfassen.

3) Die Auswahl des Stückes ergibt sich entweder aus der unterrichteten Erzählreihe, aus der vorangegangenen Bildbetrachtung oder nach freier Wahl. Der gewählte Bibeltext soll spielbar, darum am besten eine Erzählung oder ein Gleichnis sein, wenngleich auch starke Bildworte wie aus den Psalmen pantomimisch umgesetzt werden können.

4) Die dramaturgische Aufbereitung des Textes: Wir lesen den Text und entscheiden uns, in wieviel Akte wir ihn gliedern wollen und beachten dabei, daß die biblischen Geschichten schon sehr genaue Gliederungen aufweisen (am deutlichsten die Gleichnisse Jesu), wobei wir durchaus Ereignisse zu *einer* Szene zusammenziehen, anderes herausstreichen, wieder anderes weglassen können. Man mobilisiert die Phantasie der Schüler gut durch die Fragen:
a) Wieviel Akte wollen wir spielen?
b) Was ist der Schauplatz, was wären die Kulissen der Handlung?
c) Welche Personen treten auf oder welche „Dinge" sind darstellbar wie die Pfosten eines Tores, Bäume, Tiere, Wind und Wellen (Erwachsene können auch Geistiges personifizieren wie die Angst, die versucherische Stimme, das bessere Ich...)?
d) Was wollen die Personen in jeder Szene voneinander, und wie erreichen sie es? – Man kann die Szenen in Kästchen gegliedert mit Strichmännchen verdeutlichen und das ins Heft, auf ein Plakat oder an die Tafel zeichnen. Wir spielen ohne Requisiten wie zur Shakespearezeit, denn alles wird von Personen dargestellt.

5) Die Rollenaufteilung beginnt durch ein „Palaver", in dem jeder frei sagen kann, was er spielen möchte, ohne daß es bereits entschieden wird. Hierfür lasse man der Gruppe viel Zeit, Lust und Gelächter, denn es läuft jetzt ein wichtiger gruppendynamischer Prozeß ab: die Berührung von Scham und Scheu, die Manifestation der verborgenen Rollenkämpfe in dieser Gruppe, die genauere Betrachtung des Bibeltextes, dadurch die Mobilisierung der Phantasie – alles zusammen ist bereits eine Vorwegnahme des Spielens durch die Phantasie und Sprache der Schüler!

6) Die Zuschauer, ob Klasse oder Selbsterfahrungsgruppe, sind ebenfalls „Spieler", denn sie übernehmen die Rolle eines Theaterbesuchers und sollen sich in diese spielerisch einüben, was ihre Aufmerksamkeit und ihr Interesse am kommenden Spiel erhöht. „Gespielt" wird alles: Die „Bühnenarbeiter" übernehmen die Zurüstung der Bühne und des Zuschauerraumes, Vorhang, Gong und Beleuchtung. Während die Spielgruppe sich noch vorbereitet und einübt, können alle übrigen Zuschauer Rollen übernehmen (Kartenzwicker, Presseleute, Feuerwehrmann, besondere Besucher...); ein „Theaterdirektor" (der nicht der Lehrer selber sein soll) betreibt umsichtig die Vorbereitung im Theaterraum und hält den Kontakt zur probenden Spielgruppe aufrecht.

7) Das Probespiel: Die dramaturgische Aufbereitung des Bibeltextes und die Verteilung der Rollen können schon Stunden vorher geschehen, während die Spielgruppe unmittelbar vor dem Auftritt das Spiel so einübt, daß es mehr eine Absprache des Geschehens und nicht eine Vorwegnahme des Auftrittes ist. Der Lehrer kann nicht genug helfen, daß die Handlungen wirklich im Zeitlupentempo geschehen und die Verständigung nicht mit Worten, sondern mit Blicken erfolgt! Übt einige Gesten mehrmals!

8) Der Auftritt: Nach gegebenen Lautzeichen marschieren die Spieler im Gänsemarsch durch den Zuschauerraum auf die Bühne, bauen sich dort dem Publikum gegenüber auf und stellen sich mit ihren Rollen vor. Ein vorher gewählter Sprecher sagt: „Wir spielen... in ...Akten". Jeder Spieler sagt: *„Ich bin* ...(die Identifizierungsform!)... im ersten Akt ein Jünger... im zweiten Akt ein Türpfosten... im dritten Akt die untergehende Sonne..." – Vorhang, dahinter die Verständigung über die Ausgangsposition.

9) Das Spiel geschehe wirklich im Zeitlupentempo, gegliedert durch Vorhang, Beleuchtung und Applaus. Nach der letzten Szene setzen sich die Spieler auf die Stühle an der Rückwand oder Rampe, verweilen ein wenig in Stille, und dann liest der Sprecher den gespielten Bibeltext (ja nicht vor dem Spiel vorlesen, damit die Phantasie der Zuseher nicht vorweg durch den Text, sondern durch das Spiel beeinflußt wird).

10) Die Nachbereitung: Der Lehrer ermutigt zuerst alle zum stillen Verweilen, dann jeden Schüler dazu, auszusprechen, was er durch das Spiel erlebt hat und was ihn am Bibeltext nun berührt. Anschließend sprechen die Zuschauer darüber, was sie an den Spielern beobachtet, durchs Spiel empfunden und am Text nun besser verstanden haben. Die Spieler ziehen schließlich mit Dank und Applaus wieder durch den Zuschauerraum aus.

Einübung in die Christusgegenwart

Jede Mystik geht davon aus, daß Gott und sein Christus unmittelbar in uns wirken, doch daß wir unsererseits uns in diese Christusgegenwart einüben können. Entsprechend der mystagogischen Katechese kann diese Einübung in folgenden Dimensionen geschehen:

1) Christus vor mir: Die Evangelien breiten das Jesusleben so vor mir aus, daß ich ihn, sein Wirken und seine Gestalt, kennenlernen und mich immer neu in sie vertiefen kann. Wir wählen dazu Bild 4 (die Heilung des Besessenen) und 5 (die Ehebrecherin).

2) Christus über mir ist mein jetzt lebendiger, zu Gott erhöhter Herr: der Trommler (Bild 6), dem ich akklamiere, zurufe.

3) Christus mit mir: Ich darf erwarten, daß Christus so mit mir umgeht, wie er mit seinen hilfesuchenden Zeitgenossen umgegangen ist: Bild 1 (der Blinde) und 8 (die Witwe und ihr Sohn).

4) Christus in mir und unter uns – wie bei den Jüngern im Seesturm (Bild 7) und bei der Hochzeit (Bild 9).

5) Christus hinter mir: Er ermutigt mich, so zu handeln wie er, und steht dabei hinter mir: wie beim Lahmen (Bild 2) und der gekrümmten Frau (Bild 3).

Hymnen

Dem Künder der Heilsbotschaft

Das erste Wirken Jesu in Galiläa nennt man den „Galiläischen Frühling". Jesus tritt als der verheißene „Freudenbote" auf (Jes 40,1ff. – 1.Str.) Es ist die „Hochzeit" des Heiles, in der die Menschen von der Last des Gesetzes befreit werden (Mk 2,16ff. – 2.Str.). Die 3. Str. besingt das befreiende Entdämonisieren Jesu (Mk 1,21ff.), die 4. Str. sein revolutionäres, heilbringendes Verhalten den Frauen gegenüber (Mk 1,29ff. u.a.). In der 5. Str. sieht sich der Beter in der Rolle des Aussätzigen (Mk 1,40ff.) und sucht Zuflucht bei Jesus.

1. Freudenbote, Heilsverkünder,
   wie hast du in unsrer Nacht
   Gottes Königtum und Herrschaft
   wie ein Blütenmeer entfacht:
   Um die Hütten aller Armen
   Galiläas Frühling lacht!

2. Hochzeit ist und Zeitenwende,
   du bist da, der Bräutigam!
   Wie ein Wirbelwind der Freiheit
   Gott in alte Kerker kam
   und von tiefgebeugten Rücken
   Lasten des Gesetzes nahm.

3. Die von bösem Geist Geplagten
   heiltest du mit festem Wort,
   nahmst aus ihrer finstren Seele
   Ängste und Verzweiflung fort.
   Wie drang Gottes Freiheitswirken
   doch an jeden dunklen Ort!

4. Lilien blühten auf den Feldern;
   Frauen fanden bei dir Heil,
   durften salben dich und küssen,
   ihnen ward dein Wort zuteil.
   Wenn sie dich als Gast bewirten,
   lang in ihrem Hause weil!

5. Machen Aussatz und Verstoßung
   einsam mich und voller Scham,
   dann berühr mich mit den Händen,
   denn mit deinem Kommen kam
   Gottes Zärtlichkeit für alle,
   allen sie die Schande nahm.

6. Dir, der ist und der gewesen,
   der auch wiederkommen wird
   und der alles, was da lebet,
   aus dem Nichts heraufgeführt:
   Dir die Weisheit, Macht und Ehre
   in die Ewigkeit gebührt!

Dem Helfer in der Not

Die Erzählung von der Stillung des Seesturms wird hier zum Bild für alle Gefahren der Kirche, in der aber Christus anwesend ist. So kann die 4. Str. mit den Worten von 2 Kor 4,8ff. das Paradox der Situation ausdrücken, daß die Hilfe durch Christus immer größer ist als unsere Not. In der 5. Str. weitet sich die Erzählung zum Bild für die Endzeit. Einzelerzählungen aus dem Evangelium werden so aktualisiert.

1. Helfer du in Furcht und Fährnis,
   Zuflucht uns, wenn Zagen droht:
   o wie stilltest du das Stürmen,
   brachest banger Stunde Not:
   Winde fügen sich und Wellen
   wie ein Hündlein dem Gebot.

2. Magst du schlafen auch im Schiffe,
   Herre Christ, und langezu
   Not und Bitternisse tragen:
   Rettung bergen wir und Ruh:
   dich, das Wort, das Stürme bändigt,
   Friede selbst im Kampfe du!

3. Laß die Herzen deiner Jünger
   nicht in Ängsten untergehn,
   deiner Treue nimmer trauend;
   stärker als der Stürme Wehn
   sollen unsrer Hoffnung Hände,
   Thron der Gnade, zu dir flehn.

4. Mögen Mächte uns bedrängen,
   töten werden sie uns nicht
   noch Verzweiflung uns befallen,
   wenn auch Zweifel uns anficht.
   Keiner deiner Knechte, König,
   die Gewalt des Bösen bricht.

5. Einmal aber stehe wider
   aller Feinde Wüten auf.
   Einhalt biete deine Rechte
   dieser Weltenzeiten Lauf.
   O, und unsagbaren Frieden
   führe uns dein Wort herauf.

6. Dir, der ist und der gewesen,
   der auch wiederkommen wird
   und der alles, was da lebet,
   aus dem Nichts heraufgeführt:
   Dir die Weisheit, Macht und Ehre
   in die Ewigkeit gebührt!

Dem Bringer der Endzeit

Der Hymnus geht von dem Gedanken aus, daß die Endzeit, das Reich Gottes und damit die Erfüllung der Seligpreisungen in der Auferstehung Jesu schon angebrochen sind. Alle Strophen bitten darum, daß sich der Auferstandene öffne wie ein kostbarer Schrein oder wie ein Flügelaltar und so die Gaben der Endzeit an die Seinen verschenkt. Die Auferstehung wird als Beginn der Vollendung und das Reich als die Vollendung der Auferstehung gesehen. Wer das besingt, hat daran Anteil.

1. Der du auf dem Throne sitzest,
   Sprosse Davids, Judas Leu;
   Anfang du, o Herr, und Ende:
   sieh, das Alte ist vorbei!
   Welten wandle nun zum Aufgang,
   alles, Christe, mache neu!

2. O wie ging in deinem Tode
   unter dieser Zeiten Lauf!
   Zu dem Throne seiner Herrschaft
   hob der Vater dich hinauf:
   überbrausend brachen Quellen
   neuen Lebens in dir auf.

3. Du bist Gottes Reich und Herrschaft,
   du des Höchsten Herrlichkeit:
   tu dich auf, o Schrein der Gnade,
   öffne deine Tore weit
   und verschwende Vaters Fülle
   an die Knechte dieser Zeit!

4. Sieh, in dir brach an das Ende,
   breche es aus dir nun aus!
   Fallen mögen von dem Haupte
   Feuerlohen auf das Haus.
   Gib dem Dürstenden zu trinken,
   gib umsonst des Geistes Braus.

5. Du bist Gottes Ja und Amen,
   löse deine Worte ein:
   gib das Königtum den Armen,
   laß die Trauernden sich freun
   und wie Krüppel uns und Lahme
   bald beim Hochzeitsmahle sein!

6. Dir, der ist und der gewesen,
   der auch wiederkommen wird
   und der alles, was da lebet,
   aus dem Nichts heraufgeführt:
   Dir die Weisheit, Macht und Ehre
   in die Ewigkeit gebührt!

10. Jesu Passion einst und heute

(Bildübersicht S. 60 f.)

1. Teil

Das gekreuzigte Kind
(Joh 3,16 / 1. Bild)

Wir sehen vor uns das erschütternde Bild eines gekreuzigten Kindes, vielleicht aus Lateinamerika, worauf das Farbgewebe im Hintergrund hindeutet. Wieviele ergreifende Schicksale, Grausamkeiten und Verstoßungen kreuzigen wehrlose Kinder! Kann Gott da zuschauen?

Und doch ist Gott selber so ein wehrloses Kind geworden: Zu Bethlehem hat er sich als wimmernder Säugling in die Hände der Menschen gelegt, sich ihnen anvertraut und ganz ausgeliefert. Hilfloser als ein Säugling kann ein Mensch nie sein, ganz angewiesen darauf, daß Erwachsene ihn annehmen, daß sie dieses kleine Bündel an sich drücken, wärmen, ernähren und schützen.

Wer ist dieser Gott, der sich so wehrlos macht, sich ganz und gar den Menschen ausliefert und sich selber in ihre Hände legt mit der Bitte: „Nehmt mich an; wärmt mich mit eurer Liebe; nährt mich mit eurem Fleisch und Blut und schützt mich gänzlich Hilflosen?"

Sich so in die Hände eines anderen geben kann nur der, der liebt: Die Liebe schenkt sich vorbehaltlos her; teilt sich rückhaltlos dem anderen mit; verzichtet ganz und gar auf Macht und wird dadurch wehrlos und verwundbar. Wenn Gott so ist, so ganz Liebe und nur Liebe ist, dann muß er als Kind kommen, wenn er überhaupt als Mensch in die Welt kommen will.

Und so ist Gott schon in sich selber: nicht der Einsame, sondern der Liebende; nicht ein Gott, der monologisch bleibt, sondern einer, der immer schon dia-logisch ist. Er braucht dazu keinen zweiten Gott neben sich, weil er in sich selber schon ganz Liebe ist, ganz „Wort" ist, denn im Wort sprechen wir uns aus, teilen wir uns mit.

Wenn dieser Gott der Liebe sich uns so mitgeteilt und hingegeben hat, sich so vorbehaltlos uns zugesprochen hat, wie er in sich selber ist, dann ist er als Wort Fleisch geworden: leibhaftig uns in die Hände gelegt, als ein wimmerndes Kind angreifbar und uns so anrührend, daß wir ihn an unser Herz drücken. Dieser „Wort-Gott" ist als leibhaftiger Mensch sein Sohn, fleischgewordene Liebe:

> Denn Gott hat die Welt so sehr geliebt,
> daß er seinen einzigen Sohn hingab,
> damit jeder, der an ihn glaubt,
> nicht zugrunde geht,
> sondern das ewige Leben hat.   *(Joh 3, 16)*

Wie aber, wenn die Menschen diesen wimmernden Säugling, diesen wehrlosen Gott nicht so annehmen wie seine gute Mutter Maria oder die gerührten Hirten, wenn sie seine Wehrlosigkeit ausnützen und mit ihm tun, was sie wollen? Bleibt Gott dann auch noch dabei, wie ein Lamm unter Wölfen zu sein? Schenkt er sich uns dann immer noch vorbehaltlos? Liefert er seinen Sohn auch dann noch wehrlos aus? Ja, auch dann noch, denn:

> Er hat seinen eigenen Sohn nicht verschont,
> sondern für uns alle hingegeben.   *(Röm 8,32)*

Wie aktuell so etwas grausame Wirklichkeit werden kann, berichtet Elie Wiesel in seiner erschütternden Erzählung aus dem KZ; der spätere Nobelpreisträger hat es selbst erlebt:

Eines Tages, als wir von der Arbeit kamen, sahen wir drei Galgen auf dem Appellplatz aufgerichtet, drei schwarze Krähen. Abendappell. Um uns die SS, Maschinengewehre am Abzug: die übliche Zeremonie. Drei Opfer in Ketten – und eines von ihnen ist der kleine Diener, der Engel mit den traurigen Augen. Die SS war unruhiger, nervöser als gewöhnlich. Einen kleinen Jungen vor Tausenden von Augenzeugen zu hängen, war gar nicht so einfach. Der Lagerkommandant verlas das Urteil. Alle Augen blickten auf das Kind. Er war totenblaß, beinahe ruhig, er biß sich die Lippen. Die Galgen warfen ihre Schatten auf ihn.
Diesmal weigerte sich der Lagerkapo, als Henker zu fungieren. Drei SS-Leute traten an seine Stelle.
Gleichzeitig stiegen die drei Opfer auf die Hocker. Gleichzeitig wurden die drei Nacken in die Schlinge gelegt.
„Es lebe die Freiheit", riefen die beiden Erwachsenen. Das Kind aber schwieg. „Wo ist Gott? Wo ist Er?" fragte jemand hinter mir. Auf ein Zeichen des Lagerkommandanten hin wurden die drei Hocker umgestoßen.
Völlige Stille im Lager. Am Horizont ging die Sonne unter.
„Mützen ab!" schrie der Lagerkommandant. Seine Stimme war heiser. Wir weinten. „Mützen auf!"
Dann begann der Vorbeimarsch. Die beiden Erwachsenen lebten nicht mehr, ihre Zungen waren geschwollen, bläulich. Aber das dritte Seil bewegte sich noch. Das Kind war zu leicht, es lebte noch...
Mehr als eine halbe Stunde hing er so, im Kampf zwischen Leben und Tod, im langsamen Todeskampf starb er vor unseren Augen. Und wir mußten ihm ins Gesicht sehen. Er lebte noch, als ich an ihm vorbeiging. Seine Zunge war noch rot, seine Augen waren noch klar.
Hinter mir hörte ich denselben Mann fragen: „Wo ist Gott jetzt?"
Und in mir hörte ich eine Stimme antworten:
„Wo Er ist? Er ist hier – Er hängt hier an diesem Galgen..."
An jenem Abend schmeckte die Suppe nach Toten.

(Aus: Elie Wiesel, Die Nacht © Bechtle Verlag, Eßlingen-München. Mit Genehmigung der F.A. Herbig Verlagsbuchhandlung GmbH, München)

Jesus in der Presse
(Gal 2,20 / 2. Bild)

Wir sehen ein Bild in vielen Rotfarben: kräftig, blutrot, dunkel, aber auch rosa getönt. Ein junger Mann aus Lateinamerika liegt eingezwängt zwischen den Balken einer Weinpresse, die, an der Spindel von weißen Händen gedreht, ihn zusammendrücken wird. Ist das Bild realistisch oder symbolisch?

Das Wichtige aber: er drückt schützend ein ganz kleines Kind an seine Brust, als wolle er es retten. Das Bild stellt Jesus dar: seine Gesinnung, seine Lebensweise und sein Todesschicksal.

Er selber ist das Wort Gottes an uns, und dieser Gott kam in ihm, dem Sohn, als wehrloses, hilfloses kleines Kind in die Welt. Diese Gesinnung Gottes hat nun der Sohn zu seinem Programm gemacht: Er will die Hilflosen annehmen; die Wehrlosen schützen; den Kleinen das Reich Gottes schenken. Für sie setzt er sich ein, liefert er sich aus, ihnen schenkt er seine Zeit, sein Tun und sein Leben.

Wenn die Gesinnung Gottes sein Programm war: Warum ließen ihn dann andere nicht werken? Warum nahmen sie ihn in die Zange ihrer Kritik und Verfolgung? Warum ließen sie ihn nicht als „Spinner" gewähren? Warum witterten sie in seinem Einsatz eine Gefahr? Warum war der Wehrlose für sie ein Vorwurf? Warum fielen sie über ihn her, wie Wölfe über ein wehrloses Lamm herfallen und es zerreißen?

Wenn er Gott dankte, daß er sein Geheimnis nicht den Klugen und Weisen, sondern den Unmündigen und Kleinen geoffenbart hat (Mt 11,25) –, war das für professionelle Gottesgelehrte, für die offiziellen Schriftkundigen eine Verunsicherung ihres Status, die sie nicht aushielten?

Wenn er seine jugendlichen Freunde, die Fischer vom See verteidigte, als sie am Sabbat Ähren zupften, und dabei sagte, der Sabbat sei für den Menschen und nicht der Mensch für den Sabbat da (Mk 3,17) –, war das für die Pharisäer und Moralisten ein Frontalangriff gegen ihre Gesetzeshärte, die sie den Menschen auferlegten?

Wenn er die paar Groschen der armen Witwe höher einschätzte als alle Massenopfer im Tempel –, war das für die Priesterschaft eine Untergrabung ihres heiligen Dienstes und ihrer heiligen Rolle, so daß sie ihn aus dem Weg räumen wollten?

Wenn er die vielen Waisenkinder an sich zog, den landlosen Bauern das Reich Gottes verhieß, sich von verstoßenen Frauen salben und küssen ließ –, warum fühlten Herodianer, Sadduzäer und Römer ihre Macht gefährdet, ihr Bündnis von Thron und Altar untergraben, so daß sie den Entschluß faßten, Jesus umzubringen (Mk 3,6)?

Das Bild faßt die Gesinnung und das Lebenswerk Jesu zusammen und erinnert an die nächtliche Stunde am Ölberg, wo er den Kelch des Leidens auf sich zukommen sah und so in Angst verfiel, daß er Blut schwitzte. Er hat sein ganzes Leben, sein Reden und Wirken, den Menschen geschenkt, sich für sie dahingegeben – sollte er sich nun zurücknehmen?

Wenn Gott sich in seinem Sohn an uns hingab, so gibt sich dieser genauso für uns hin – wehrlos, weil er lieben will und unsere Gegenliebe sucht. Liebe muß aber auf Macht verzichten, denn man kann jemanden nur „gern" gernhaben – Liebe ist ohne Freiheit nicht möglich. Das gilt mir und dir, denn für dich und mich hat sich Jesus hingegeben, wie Paulus sagt (Gal 2,20):

Nicht mehr ich lebe,
sondern Christus lebt in mir.
Soweit aber ich jetzt noch in dieser Welt lebe,
lebe ich im Glauben an den Sohn Gottes,
der mich geliebt
und sich für mich hingegeben hat.

Wenn die Religion gottlos wird...

Der Prozeß Jesu zeigt eindeutig, daß er von den Leitern seiner Religion aus religiösen Gründen zum Tode verurteilt worden ist. Wie kann Religion, der es doch um Gott geht, ihn verwer-
fen, wenn er in ihrer Mitte auftaucht? Der Grund dafür liegt darin, daß keine Religion mit Gott
identisch ist, sondern daß sie lediglich das Medium der Gottsuche oder der Gottesoffenbarung sein kann; sie ist Gefäß und nicht Inhalt. Gott ist immer größer als sie; er ist immer das
Ziel, das die Religion übersteigt.
Nun kann es zu dem absurden Punkt kommen, daß eine Einzelperson, eine religiöse Gruppe
oder eine ganze Religion de facto gottesverlustig wird, wenn sie aus seinem Willen heraus-
fällt. Der Johannesbrief formuliert eindeutig, daß einer Gott, der die Liebe ist, nur erkennen
und erreichen kann, soweit er selber in der Liebe bleibt. Einer, der de facto gottlos wird, kann
und wird auch oft Religion über Bord werfen. Es kann aber auch die gegenteilige Konsequenz
gezogen werden, vor allem dann, wenn jemand von seiner Meinung überzeugt ist und von
seinem Gottesverlust gar nichts bemerkt. So sagt Jesus voraus: „Sie glauben, Gott einen
Dienst zu tun, wenn sie euch verfolgen" (Joh 16,2). Wie gebärdet sich nun eine Religion, die
Gott verloren hat, aber von sich sehr überzeugt ist? Darauf hat schon 1952 Bernhard Welte in
seinem Buch „Vom Wesen und Unwesen der Religion" hingewiesen. Gottlose Menschen
können von der Notwendigkeit ihrer Religion sehr überzeugt sein und alles dafür tun, daß sie
anerkannt, gepflegt und durchgesetzt wird, nur daß sich diese Eifer und Einsatz de facto nicht
mehr auf Gott richtet, sondern auf die Religion selbst; daß nicht mehr der Inhalt, sondern das
Gefäß gepflegt wird. Religion kann so an die Stelle Gottes selber treten und zur Empfängerin
der Hingabe und des Aufwandes werden, die Gott gebühren. Sie wird dann sozusagen ver-
doppelt, denn die Heiligkeit, die Gott gebührt, wird ihr zugeschlagen; die Religion, ihre Symbole, Personen und Institutionen werden nun mit jener Heiligkeit umgeben, mit jenem Eifer
gepflegt, mit jenem Ernst verteidigt, die man vermeintlich Gott gibt. Am Prozeß kann jene
unselige Verdoppelung deutlich gezeigt werden, die zum Gottesmord geführt hat.

Die Schriftgelehrten betreiben dann ihre Theologie mit einem Scharfsinn und einer Spitzfin-
digkeit, die lückenlos alles über Gott zu wissen meint und die vor allem den rechten Glauben
der Menschen nicht mehr an deren Hingabe an Gott, sondern an deren Unterwerfung unter
ihre lückenlose, weil mysteriumlose Theologie messen:
„Er hat Gott gelästert! Wozu brauchen wir noch Zeugen? Jetzt habt ihr die Gotteslästerung
selbst gehört... Er ist schuldig und muß sterben" (Mt 26,65f.).

Die Pharisäer waren eine Laienbewegung, die das Gesetz und den Willen Gottes im Alltag
radikal befolgen wollten und, sofern und soweit sie von der Liebe abwichen, de facto auch von
Gott abwichen. Dem so gottlos gewordenen religiösen Eifer ist es nun eigen, daß seine unse-

lige „Verdoppelung" in einer Verdoppelung eines moralischen Ernstes, der gesetzlichen Genauigkeit und der Intoleranz gegen alle Abweichler besteht. Je gottloser ein „Pharisäertum" ist, umso ernster und strenger wird es auftreten: „Wir haben ein Gesetz, und nach diesem Gesetz muß er sterben" (Joh 19,7).

Die Priester einer gottlos gewordenen Religion werden Kult und Gottesdienst sehr ernst nehmen, übersteigern und vor allem sich selbst beweihräuchern. Die Fehlformen können dahingehen, daß entweder der Kult wuchert und Hekatomben von Stieren geopfert werden; daß der kleinste Ritus geregelt und geheiligt wird, der heilige Geräte so tabuisiert wie die Bundeslade, aus der ein Blitz kam und den jungen Mann tötete, der verhindern wollte, daß sie vom Wagen in den Straßenstaub fiel (2 Sam 6,6f.).

Der Kult kann auch dahin pervertieren, daß er nur Gefühlsüberschwang oder ästhetischer Genuß ist, eine „Mozartmesse" zum reinem Konzert wird. Allen Spielarten eines gottlosen Kultes ist gemeinsam, daß man fanatisch die Heiligkeit des Tempels hüten, die wirkliche Heiligkeit Gottes aber vergessen wird: „Wir haben ihn sagen hören: Ich werde diesen von Menschenhand erbauten Tempel niederreißen und in drei Tagen einen anderen errichten, der nicht von Menschenhand gemacht ist" (Mk 14,58).

Die Politiker, also die Machthaber im Volk, können insofern mit einer gottlos gewordenen Religion mitspielen, als Thron und Altar miteinander einen Bund eingehen, um sich gegensei-

tig an der Macht zu halten. So paktierten die Sadduzäer mit den Römern, die Hohenpriester mit Pilatus und die Pharisäer mit den Herodianern. Immer darin einig, den in Jesus gegenwärtigen Gott aus dem Weg zu räumen: „Da gingen die Pharisäer hinaus und faßten zusammen mit den Anhängern des Herodes den Beschluß, Jesus umzubringen" (Mk 3,6).

Der Prozeß Jesu zeigt, daß von ihm, dem geschundenen Heiland, dem wehrlosen Lamm Gottes, die schärfste Religionskritik ausgeht, die nach dem Bewußtsein der Evangelisten auch der Kirche gilt, denn sonst hätten sie nicht die Verleugnung des Petrus, des ersten der Jünger, mit der Passion Jesu verflochten. Da wir nur soweit in Gott sind, als wir in der Wahrheit und in der Liebe bleiben, müssen wir immer damit rechnen, daß uns ganz oder partiell die Religion wichtiger werden kann als Gott selbst, daß wir mehr das Gefäß als seinen Inhalt pflegen.
Übertrage die Skizze der vorigen Seite auf ein Blatt Papier und bemale sie so mit Farben und Symbolen, wie es für dich stimmt. Die Skizze sieht nicht zufällig wie ein Fenster mit einem Fensterkreuz aus, dessen Mitte ein Kreisrund bildet, also die Urform des Mandala. Kritische Aufmerksamkeit ist geboten, die mit der Fehlform und der Gottesverdunkelung in der eigenen Religion rechnet.

Den Menschen ausgeliefert
(Mk 14,10-11 / 3. Bild)

Wer sich bedingungslos den Menschen schenkt und sich ihnen wehrlos hingibt, liefert sich ihnen auch aus: ihrer Willkür, ihrem Haß, ihren Mordabsichten. Es besteht also ein innerer Zusammenhang zwischen der Hingabe aus Liebe und der Selbstpreisgabe in Wehrlosigkeit. Das griechische Wort „paradidonai" umfaßt alle Variationen dieser Hingabe als: sich verschenken, sich hingeben, sich mitteilen, sich übereignen, sich ausliefern, ausgeliefert werden *und* jemanden verraten. Das gleiche Wort wird für die Selbstmitteilung Gottes, für die Hingabe Jesu und für den Verrat des Judas verwendet! Wer grundsätzlich der Gewalt abschwört, ist ihr auch ausgeliefert.
Jesus liegt wehrlos am Boden, will mit Hand und Blick die brutalen Männer von ihrer Gewalttat abhalten, bleibt ihnen aber ausgeliefert. So wie er sind Millionen Menschen der Brutalität der Gewalttäter ausgeliefert: die Juden in Auschwitz, die Indios in Lateinamerika, die zu Hexen gestempelten Frauen und die vielen, vielen Teile der Menschheit oder eines Volkes, die anderen im Weg stehen.
Den Psalmenbetern des Ersten Testaments war es schon ein unauflösliches Rätsel, daß Gott gerade die Gerechten so im Stich läßt; daß gerade jene Menschen niedergeknüppelt werden, die die Gesinnung Gottes zu der ihren gemacht haben. Hier tut sich ein ganz anderes Gottesbild auf, als es viele Jahwegläubige gedacht haben: Nicht im Sturm, Blitz und Erdbeben, nicht in der Vernichtung der Baalspriester (das muß Elija lernen) ist Gott gegenwärtig, sondern im gewaltlosen Säuseln des Windes.
Wenn es eine Macht Gottes gibt, dann ist es nur die Macht der Liebe, die unter den Bedingungen dieser Welt nur zu oft machtlos erscheint, so daß der Beter klagen muß:

Mein Gott, mein Gott, warum hast du mich verlassen,
bist fern meinem Schreien, den Worten meiner Klage?
Mein Gott, ich rufe bei Tag, doch du gibst keine Antwort;
ich rufe bei Nacht und finde doch keine Ruhe. *(Ps 22,2f.)*

Wie es diesem Gottesmann Jesus ergeht, so ergeht es oft und an allen Orten einem stigmatisierten Teil des Volkes – vielleicht kann man nur in der Gemeinsamkeit dieses Leides und dieser zum Himmel schreienden Klage auch den Schrei der Hoffnung mitheraushören und auf beide die Prophetenworte anwenden:

Wer hätte geglaubt,
was uns da berichtet wurde?
Wer hätte es für möglich gehalten,
daß die Macht des Herrn sich auf solche Weise offenbaren würde?
Denn sein Beauftragter wuchs auf
wie ein kümmerlicher Sproß aus dürrem Boden. –
So wollte es der Herr.
Er war weder schön noch stattlich,
wir fanden nichts Anziehendes an ihm.
Alle verachteten und mieden ihn;
denn er war von Schmerzen und Krankheit gezeichnet.
Voller Abscheu wandten wir uns von ihm ab.
Wir rechneten nicht mehr mit ihm.
In Wahrheit aber hat er die Krankheiten auf sich genommen,
die für uns bestimmt waren,
und die Schmerzen erlitten,
die wir verdient hatten.
Wir meinten, Gott habe ihn gestraft und geschlagen;
doch wegen unserer Schuld wurde er gequält
und wegen unseres Ungehorsams geschlagen.
Die Strafe für unsere Schuld traf ihn,
und wir sind gerettet.
Er wurde verwundet,
und wir sind heil geworden.
Wir alle waren wie Schafe,
die sich verlaufen haben;
jeder ging seinen eigenen Weg.
Ihm aber hat der Herr unsere ganze Schuld aufgeladen.
Er wurde mißhandelt,
aber er trug es, ohne zu klagen.
Wie ein Lamm, wenn es zum Schlachten geführt wird,
wie ein Schaf, wenn es geschoren wird,
duldete er alles schweigend, ohne zu klagen.
Er wurde verhaftet, verurteilt und hingerichtet,
und keiner hat sich darum gekümmert.
Und doch wurde er wegen der Schuld seines Volkes getötet.

Man begrub ihn zwischen Verbrechern, mitten unter den Ausgestoßenen,
obwohl er kein Unrecht getan hatte,
und nie ein unwahres Wort aus seinem Mund gekommen war.
Aber der Herr wollte ihn leiden lassen und zerschlagen.
Weil er sein Leben als Opfer für die Schuld der anderen dahingab,
wird er wieder leben und Nachkommen haben.
Durch ihn wird der Herr sein Werk vollenden.
Er hat so viel gelitten,
nun darf er wieder das Licht sehen
und wird für sein Leiden belohnt.   *(Jes 53)*

Jesu Hingabe unter uns
(1 Kor 11,23-24 / 4. Bild)

Die Selbsthingabe Jesu an uns, die Selbsthingabe der göttlichen Liebe, ist mit seiner *Überlieferung* an das Kreuz noch nicht an ihr Ende gekommen. Paulus schreibt der Gemeinde in Korinth: Ich habe vom Herrn *überliefert* bekommen („empfangen"), was ich euch dann *überliefert* habe: Jesus, der Herr, nahm in der Nacht, in der er *ausgeliefert* wurde, Brot, sprach das Dankgebet, brach das Brot und sagte: Das ist mein Leib, der für euch *ausgeliefert* wird („hingegeben wird") (1 Kor 11,23-24).
Es ist ein einziger Strom der Überlieferung, der sich als die Selbsthingabe Gottes in die Welt ergießt: Er entspringt im Herzen des Vaters, verwirklicht sich im Leben des Sohnes, wird von den Feinden mißbraucht, verströmt sich im Tod, strömt aber weiter im Abendmahl und ergießt sich als immer lebendiges Strömen beim Herrenmahl in jede Gemeinde jeder Zeit und Zone. (Der lateinische Fachausdruck für das griechische „paradidonai" heißt „tradere" – Tradition; vgl. dazu Hans Jürgen Verweyen, Gottes letztes Wort, Düsseldorf 1991, S.68: Tradition als inhaltliche Mitte von Offenbarung und Glaube).
Wir betrachten das Bild – eine Mahlszene mit Jesus: Ist es das Letzte Abendmahl, ist es eines seiner vielen Liebesmähler oder ist es all das zusammen? Links von der Jesusgestalt sitzt auf gleicher Bank mit ihm ein junger Mensch, bekleidet mit einem Poncho, der seine Hand erwartungsvoll zu Jesus hinstreckt und öffnet und dabei mich, den Betrachter, sinnend anschaut. Im engeren Freundeskreis, in der Jüngerschar Jesu, waren junge Menschen versammelt, die in der Gesellschaft Israels Todfeinde gewesen wären: gläubige Fischer, ein ehemaliger römischer Zollbeamter und wohl auch ein jüdischer Freiheitskämpfer. Von Jesus ging offensichtlich eine versöhnliche Kraft aus, die scheinbar Unvereinbare vereinen konnte. Diese Jünger werden das gewußt haben und darum ihre Hand immer wieder zu Jesus hingestreckt haben, damit er Versöhnung hineinlege.
Kann man sich heute einen Katholiken, einen Protestanten und einen Orthodoxen als Jünger beim Abendmahl Jesu vorstellen, wobei er nicht jedem ohne Unterschied seinen Leib in die offene Hand legt? Wenigstens er akzeptiert alle!
Rechts an der Schulter Jesu lehnt ein dunkelhaariger Bub mit kurzer Hose und buntem Poncho. Er hat an Jesus einen Halt gefunden, seinen Freund.

Ist es der Lieblingsjünger Johannes oder einfach ein Kind, das in der Jüngerschar Jesu nie fehlen darf? Da stellte er ein Kind in ihre Mitte, als sie auf seine Frage beschämt schwiegen, „denn sie hatten unterwegs darüber gesprochen, wer von ihnen der Größte sei" (Mk 9,34). Kann man sich beim Abendmahl Jesu den Unsinn vorstellen, daß Rangordnung und Tischkarten ausgegeben wurden? Daß es angesichts seines Todes(-mahles) eine Rolle spielt, wer obenstehen darf und wer unten bleiben muß? Der kleine Johannes jedenfalls ist dem Herzen Jesu am nächsten.

Auch eine Frau ist beim Abendmahl, wie viele Frauen bei seinen Liebesmählern waren. Sie kommuniziert mit ihm, weil ihre Hand seinen Fuß berührt, den sie vielleicht damals gesalbt, mit Tränen gewaschen oder mit ihren Haaren getrocknet hat. Zum Liebesmahl Jesu darf jeder kommen und jede mit ihm kommunizieren, die weiter nichts mitbringen kann als ihr offenes Herz. Oder ist es die Frau am Jakobsbrunnen, von der Jesus genau weiß, daß sie bereits von sechs Männern geschieden war und nun mit einem weiteren zusammenlebte? Aber auch sie durfte mit ihm kommunizieren, denn er schenkte ihr sein Wasser des ewigen Lebens und machte sie sogar zur Apostolin für die Samariter – wer doch alles bei den Liebesmählern Jesu zugelassen war! Wem er sich doch von Herzen gern „überliefert" hat!

Jesus selbst hält auf seinen Beinen eine große Schüssel und teilt großzügig das Brot aus, wie er seine Liebe austeilt. Ja, er macht sich selber zu diesem Brot, zu einer Speise, zu einem Lebensmittel. Der Sinn einer Speise liegt doch darin, daß sie nicht für sich, sondern für den Esser da ist; sie selber soll aufgezehrt werden und ihre Existenz verlieren, um als neue Lebenskraft in der Existenz des Essenden aufzugehen. Nahrung ist also reine Pro-Existenz, ist gerade das, was Jesus selber ist. Er läßt sich durch den gewaltsamen Tod in dieser Welt auslöschen, weil er weiß, daß er für uns und in uns weiterexistiert!

2. Teil

Menschen in der Passion Jesu
(Lk 23,26-33 / 5. Bild)

Wir sehen auf dem Bild eine Gruppe von Menschen, wie sie heute in Lateinamerika anzutreffen sind, Frauen mit Kindern, Männer, die eine Last tragen. Mit wenigen Gesten wird jedoch der spirituelle Hintergrund der Situation eröffnet: Menschen haben Schweres zu ertragen und zu erleiden, doch bei ihnen ist Jesus und in ihrer Mitte das Kreuz. Eine Gruppe, die in ihrem Leid Solidarität bekundet. Jesus, verurteilt und auf dem Weg zu seiner Hinrichtung, ist eher der, von dem Kraft und Hoffnung ausgehen. Er stützt den Kreuztragenden und tröstet die Weinenden; er, der in seiner schrecklichen Lage Gott nicht aus den Augen verliert, vermag die Lage dieser Menschen zu deuten, ja *umzudeuten,* denn nicht er ist der Beklagenswerte, sondern sie, die Opfer und Täter der Unmenschlichkeit werden. Das „Kreuz", das diese Leute in ihrem Leben zu tragen haben, ist Jesu Kreuz. Veronika, die Frau aus der Legende, hält ihm das Schweißtuch gleichsam als Symbol ihrer Seele hin, damit er sein Gesicht in sie eindrückt (vgl. 2 Kor 3,18), wie es die Erfahrung gläubiger Christen weiß. Alle Menschen der Passion werden von Jesus her ins rechte Licht gerückt; durch ihn kommt ihre Wahrheit zutage. Jeder spiegelt auch einen Aspekt unseres eigenen Verhaltens und bezieht uns so in die Passion Jesu und ihre Wahrheit mit ein.

„Ich" in der Passion Jesu

Wir suchen und verteilen die Rollen, die in der Passion Jesu vorkommen, oder erfinden auch neue dazu; wir lesen die Stellen aufmerksam und schreiben zunächst wie eine Überschrift, die uns anschaut, auf ein Blatt Papier: „Ich bin Petrus... Ich bin ein Mann aus dem Volk... Ich bin eine Jüngerin Jesu... Ich bin Pilatus..."
Die unten angeführten Beispiele zeigen, zu welcher Tiefenidentifizierung Jugendliche und Erwachsene in der Lage sind. Diese Texte können natürlich nur dann ihr volle Bedeutung entfalten, wenn sie laut vorgelesen werden.

Ein Kreuzweg

Wir können die geschriebenen „Passionspsalmen" in eine Kreuzwegandacht einbeziehen: Ein Lektor liest fortlaufend (ausgewählte) Stellen aus der Passion eines Evangelisten. Dazwischen trägt jeweils eine Person ihren Psalm vor, ihr „ich bin...", wenn sie innerhalb des Passionsverlaufs vorkommt.

Die große Gerichtsszene

Man kann im Religionsunterricht als Abschluß der Passionserzählung oder in einer Gruppe bei Einkehrtagen ein Bibliodrama spielen: einige Personen, Schüler, bilden den Gerichtshof, eine ist der Engel des Gerichts, der den Vorsitz führt. Die Teilnehmer haben je ihren Passionspsalm geschrieben und werden vom Engel aufgerufen, sich vor dem Gericht zu verantworten. Sie treten dann jeweils in die Mitte, lesen ihren „Ich-bin-Psalm" vor und werden dann von den Mitgliedern des Gerichtshofes befragt, wie sie dazu kamen, so und so zu handeln; wie sie damals zu Jesus standen und wie sie heute zu ihm stehen; welches Licht von Jesus her auf ihr Handeln fällt; wie sie heute über den ganzen Prozeß Jesu denken und was sie aus ihrer Erfahrung heraus heutigen Menschen, die in ähnlichen Rollen sind (Politiker Soldaten, PassantInnen, JüngerInnen, Kirchenmänner, Schriftgelehrte, Mitangeklagte...) als Botschaft sagen wollen. Ein solches Bibliodrama kann sehr intensiv werden, deshalb ist es gut, wenn man viel Zeit zur Verfügung hat.

Ich bin Kaifas

Ich bin Kaifas, ich habe vor ein paar Tagen mein Bestes gegeben. Es war ein komischer Rechtsfall. Auf der einen Seite so klar und abgeschlossen. Auf der anderen so verworren.
Endlich haben wir ihn, diesen Jesus, weg; da scheint er mehr dazusein als vorher. Ich habe mich doch nur an das Gesetz gehalten. Es ist mir unheimlich, was man da alles hört.
Beim Verhör haben wir ihm alles in den Mund gelegt. Er mußte nur mehr „ja" sagen. Warum haben wir dies getan? Haben wir ihn verurteilt, weil er Gottes Sohn war?

So oft habe ich schon einen Schuldspruch erteilt: Noch nie hat mich das länger beschäftigt. Warum gerade bei diesem Mann? Er hat Gott gelästert – unseren Gott! Für mich ist die Sache abgeschlossen. Wir hatten auch keine Zeugen mehr nötig, weil es doch so klar war. – Warum haben wir es ihm in den Mund gelegt? Zuvor sagte er noch: „Wenn ich es euch sage, dann glaubt ihr mir doch nicht." Und wie er dies gesagt hat, gleichsam als müßten wir es ihm jetzt sagen. Ja, gleich darauf haben wir es ihm gesagt. Natürlich haben wir es als eigenen Verrat aufgenommen, als eigene Falle. Nur weiß ich jetzt nicht mehr für wen. Uns war klar: für ihn; aber jetzt... Alles ist so seltsam für mich. Ich möchte so gerne mit anderen reden. Niemand aber ist da. Gestern als ich meinen guten Freund traf, ist er mir ausgewichen. Er tat, als wäre ich gar nicht da. Auf die andere Straßenseite ist er gegangen und hat dort mit einem ganz Fremden ein Gespräch angefangen. – Aber ich kann doch nichts dafür! Das Gesetz wollte es so, nicht ich. Ich kannte diese Jesus gar nicht. – Gehört habe ich aber viel von ihm. – Schade, daß ich ihn nie kennen-lernte. Er hätte mich schon interessiert. Jetzt ist er tot. Und doch lebt er in mir, jetzt mehr als zuvor. Die Nächte sind so lang, wo ich an ihn denken muß. In allem wird dieser Mann sichtbar.

Er wird mir zum Vorwurf. Überall begegne ich ihm: im Schweigen meiner Frau, im überlegenen Verhalten meiner Kinder, besonders meines Jüngsten; im Fernbleiben meiner Freunde, die mich früher täglich besuchten. Mit viel Überwindung traute ich mich gestern aus dem Haus, und dann dieser Freund. – Mit dem möchte ich nie wieder reden! In die Augen schauen möchte ich ihm nie wieder. Am liebsten möchte ich niemanden mehr sehen. Allein möchte ich sein...

Aber es ist so unheimlich hier. Es drückt etwas auf mich. Es drängt etwas gegen mich.

Was ist mit mir los? Ich bleibe nirgends sitzen. Und doch wage ich keinen Schritt hinaus, nicht einmal ans Fenster. Die dunklen Stellen im Zimmer sind mir doch noch am liebsten – da fühle ich mich noch halb-wegs wohl. Am liebsten wäre ich in einem stockdunklen Raum. – Ich mag nichts mehr sehen, hören, grei-fen, spüren, machen – ich mag nicht mehr leben!

Ich bin Petrus

Aber lieber sage ich meinen Namen nicht zu laut. Denn wer weiß... vielleicht ist einer noch nicht genug, und sie bekommen auch an mir noch Interesse. Eine schöne Suppe hast du dir da eingebrockt! Zuerst recht reden und Feuer und Flamme sein. Hast du denn das nicht voraussehen können, daß es dabei zu Schwierigkeiten kommen muß, wenn du auf diese Sache einsteigst? Was überlegst du denn auch zuerst nicht mehr? Du Dummkopf!

Und dann auch noch diese Blamage im Hof! Aber was hätte ich denn anderes tun sollen? Sollte ich ja sagen? In einer solchen Situation? Das kann sich doch ein jeder an seinen fünf Fingern abzählen, was dann geschieht. Das hätte doch auch er wissen müssen. Sicher, man kann es so oder so betrachten. Aber im Zweifelsfall hätte doch auch er so entschieden, daß es nicht beiden an den Kragen geht. Er hätte es vielleicht klüger angepackt als ich.

Ich muß sagen, sein Blick hat mich schon schwer getroffen. Aber was hätte ich tun sollen? Auch wenn ich ja gesagt hätte, hätte ihm das gar nichts geholfen. Es war schon besser so, daß ich mich aus dem Staub gemacht habe.

Aber was nun? Bin ich froh, daß es diesen Schlupfwinkel für mich gibt! Nichts sehen und nichts hören und vor allem nicht gesehen und erkannt werden, das brauche ich jetzt. Das tut mir wohl. Die Belastung ist ohnehin schon groß genug. Und bin ich nicht in meinem Kellerloch mit ihm in das Reich des Todes hin-abgestiegen?

Wie komme ich nur wieder heraus von hier? Ich kann gar nicht daran denken. Mir wird direkt schwindlig. Meine Vergangenheit – ich kann sie nicht einfach verleugnen. Es geht nicht! Das habe ich doch im Hof sehr deutlich zu spüren bekommen. Wollte er mir nicht gerade das sagen mit seinem Blick? Ich kann jetzt nicht einfach zurück nach Hause gehen und so tun, als ob nichts gewesen wäre.

Einfach wieder Fischer sein – das wär's! Aber es geht nicht! Diese Entscheidung ist gefallen. Es geht nicht mehr! Ich hätte keine ruhige Minute, wenn ich so tun würde, als wenn nichts gewesen wäre. Jeder Blick der anderen würde mich an seinen letzten Blick erinnern. Bis in die tiefsten Träume würde er mich verfolgen. Ich würde meine Ruhe nicht wieder finden.

Aber was sonst?

Ich kann auch nicht ewig hier in meiner Höhle sitzen bleiben. Zwar behagt es mir momentan sehr. Aber auf Dauer? Dazu bin ich nicht der Typ.

Und selber ausbrechen? Dazu bin ich zu schwach. Zumindest jetzt. Ich brauche einen, der mich herausholt aus diesem Loch. So einen wie ihn. Der es genauso macht wie er damals am See. Der mich einfach
holt und mir keine Wahl läßt.
Aber wird es noch so einen geben für mich?
Schön war's aber trotzdem die ganze Zeit mit ihm und den anderen zusammen. Wenn nur dieses Ende
nicht gewesen wäre!
Heraus möchte ich! Lange halte ich es nicht mehr aus, so allein hier. Ich bin doch ein eher rastloser Typ.
Wenn doch einer kommen würde, der mich holt, wenn doch er wieder kommen würde! Sonst werde ich
noch trübsinnig!
Es muß etwas geschehen mit mir. Auf das warte ich jetzt. Doch wenn nichts geschieht? Wenn sich nichts
tut?
Dann ist es wirklich bitter. Dann war meine Entscheidung im Hof falsch. Dann hätte ich doch ja sagen sollen. Dann wäre es doch besser gewesen, gleich mit ihm zu sterben.
Hoffentlich geschieht etwas. Es ist doch bisher auch immer etwas geschehen, das so vieles ins Rollen
gebracht hat. Wie viele wurden doch schon mit einem Schlag verändert? So viele wurden doch schon
von unsichtbarer Hand auf ein neues Gleis gesetzt, das sie in eine neue Welt brachte. Das war doch auch
bei mir damals so!
Diese unsichtbare Hand könnte ich jetzt wieder brauchen, wenn schon er nicht mehr ist. Sie wird doch
nicht auch mit ihm mitgestorben sein? Aber er hat ja auch über sich noch einen gehabt. Der müßte doch
für mich so eine Hand bereit haben, die mich hier herausholt. Ich warte und habe Sehnsucht nach dieser
Hand. Sie wird kommen und mich holen.
Wohin, das will ich ganz ihr überlassen.

Ich bin Barabbas

Ich sitze da im Gefängnis und habe Zeit – viel Zeit zum Nachdenken, Nachgrübeln, Schreien, Protestieren. Ich schreie es hinaus, denen zu, die schuld sind, daß ich so weit gekommen bin. Verhungert bin ich
neben denen, erfroren bin ich in ihrer Nähe, sie haben mich nur gebraucht – mißbraucht. So lange,
immer wieder, dann war es zu viel, dann brach ich aus, dann riß ich nieder, nicht was sich in mir angesammelt, aufgestaut hat, sondern ich riß andere nieder, ich tobte, schlug um mich, erschlug mich. Es war
mir egal, ich hatte kein Gefühl mehr für andere, es gab nur mehr mich. Ich will leben! Was ich in dieser
blinden Toberei getan habe, weiß ich nicht mehr.
Diese Flut, die so lange aufgestaut war, ist losgebrochen, so plötzlich, daß ich nicht bemerkt habe, gar
nicht bemerken wollte, was ich hier zerstörte.
Dieses Zerstören war wohltuend für mich! Aber auch erschreckend – zugleich befreiend!
Bis eines Tages Handschellen zuschnappten – und mich in meinem Erlösungs- und Befreiungstaumel
stoppten.
Warum schnappen Handschellen nicht nach denen, die noch weiter andere zerstören, erniedrigen, an
die Wand drücken, ausnützen, vergewaltigen? Und so brülle ich, schreie ich, weine ich, bis – bis sie mich
holen –, bis sie mich verurteilen, die, die keine Ahnung von all dem haben.
Die Tür geht auf, sie sind da! Ich gehe mit, ich bin schuldig, mitschuldig – nein – allein schuldig – ich habe
doch überrumpelt, zusammengetrampelt, alleine gelassen, durcheinandergewirbelt, gemordet.
Sie stellen mich neben einen anderen – wahrscheinlich auch ein Mörder, ein Verbrecher. Ich schaue ihn
nicht an, mich interessiert er nicht. Auf einmal höre ich eine Menschenmenge toben und höre meinen
Namen rufen. Die Soldaten haben Mühe, das Volk zurückzudrängen. Ich habe Angst, sie wollen mich
umbringen, sie wollen sich auf mich stürzen, ich höre nur – Barabbas, Barabbas – frei frei frei – kreuzige
ihn, kreuzige ihn.
Ich blicke den an, der neben mir steht. Mich treffen seine Augen, und mich trifft es ins Herz. Ich glaube zu
taumeln, mir wird übel, das Geschrei, der Tumult wird immer lauter, immer stärker, und ich muß ihn
immer wieder anschauen, diese Wärme hat noch niemand ausgestrahlt – überstrahlt auf mich, und
dabei so eine Jammergestalt, so eine Spottfigur.
Dann dämmert es in mir. Die Handschellen werden aufgemacht. Ich soll das Ostergeschenk an das Volk
sein?
Ich – Barabbas? – und das „Kreuzige ihn" gehört dem?

Sind die Menschen verrückt, ist dieses Volk irr? Haben sie schon einmal in seine Augen geschaut? Sind sie ihm schon einmal so nah gewesen? In seiner Nähe wird mir warm ums Herz, und doch überfällt mich nun meine ganze Schuld. Der neben mir ist unschuldig, der neben mir ist gut, *er* ist ein Geschenk, *er* ist eine Wohltat – doch ich, ich bin schuldig, schuldig, schuldig!
Das pocht in meinem Kopf – das klopft mein Herz, das schlägt mein Puls –, du bist schuldig!
Wer steht mir bei? Wer hilft mir? Wer erlöst mich? Wer befreit mich?
Die Soldaten drängen mich weg, drängen mich fort. Mein Name wird nicht mehr gerufen, nur das „Kreuzige ihn" tobt in meinem Kopf – nicht ihn –, nehmt mich.
Und so irre ich dahin mit meiner Schuld, die mir niemand abnimmt, abnehmen kann.
Keine Hand streckt sich mir helfend entgegen, weil auch ich die Hand nicht ausgestreckt habe. Ich bin allein!

Ich bin eine weinende Frau

Eine Frau, die weint über diese himmelschreiende Ungerechtigkeit, weint um diesen jungen Mann, der da zerschunden, ganz entmenschlicht geht, der die Güte aber dennoch durchblicken läßt, der sogar noch tröstet und mir sagt: „Weine nicht um mich, weine über dich selber und um deine Kinder. Denn es kommt einmal soweit, daß man sagen wird: Glücklich sind die Frauen, die keine Kinder haben, die nie ein Kleines zur Welt gebracht und gestillt haben."
Ich bin eine weinende Frau, ich weine um andere, um anderes, um mich damit zuzudecken, um mich zu befriedigen.
Ich weine oft aus Zorn über andere, um den Zorn über mich, auf mir, zu beruhigen.
Ich weine zu Jesus, um Jesus, um von ihm getröstet zu werden, geliebt zu werden, gehalten zu werden.
Ich weine, damit der Sturm, der Stolz, sich in mir legt, daß er umgewandelt wird in ehrliche Demut, in ehrliches Dienen. Ich weine, daß Jesus löst, erlöst. Ich weine für meine Fähigkeiten, die ich nach und nach von mir wegschiebe, weil vieles so sinnlos, so bedrohlich auf mich wirkt.
Ich weine, weil ich den Schmerz Jesu so körperlich empfinde, spüre. Ich weine, daß Jesus mich löst, erlöst.
Ich erwarte trotz seines eigenen Leidens, daß er mich beglückt. So unendlich viel warte ich auf ihn, erwarte ich von ihm.

Ich bin Veronika

Ich stehe eingekeilt zwischen der Menschenmenge. Wenn die anderen sich umdrehten – ich müßte mich mit umdrehen. Wenn sich die anderen in Bewegung setzten – ich müßte mit ihnen gehen. –
Wenn sie fielen – ich müßte mit zu Boden.
Links und rechts von mir werden Fäuste drohend erhoben. Empörung, Schimpfworte, Haß und Schadenfreude peitschen an mein Ohr. Wir warten auf den, der vor Gericht stand.
Er ist der *andere,* sein Pech!
Wo die Masse drohte, dort legte er die Hände auf. Wo die Menge fluchte, dort segnete er. Wo die Frommen sich entsetzt abwandten, dort zog er voll Liebe an sich.
Nun zerrt man ihn durch das Spalier der Spucker und Spötter. Mühsam wankt er durch die Gasse, gebeugt und zerschunden, besudelt von Hohn, gedrückt von Leid. Ein einziges *Nein* wirft sich ihm entgegen, kalt, dumm, schadenfroh.
Mit diesem Außenseiter kann niemand Schritt halten.
Niemand kann sich ihm nähern. *Man* ist empört. *Man* höhnt. *Man* weiß alles besser. –
Es beunruhigt mich. *Es* macht mich betroffen. *Es* widerstrebt mir, zu tun, was *man* tut. *Es* treibt mich, auszubrechen! –
Ich drehe mich in seine Richtung. *Ich* setze Fuß vor Fuß. *Ich* beginne, gegen den Strom anzukämpfen.
Ich breche aus der Reihe, ihre Blicke wie Nadelstiche im Rücken spürend: Was ist das für ein Weib? Das kann sie doch nicht machen! Sie kann doch unserem *Nein* nicht ihr armseliges *Ja* entgegensetzen! *Ich* stehe vor ihm, dem schwachen, und fühle mich mit einmal stark. *Ich* finde keine klugen Worte. *Ich* reiche ihm einfach mein Tuch – eine kleine, hilflose Geste.-
Er nimmt es. *Er* schaut in mich hinein.
Er weiß, das Tuch bin ich selbst. *Er* drückt sein Antlitz des Leides in die Sorglosigkeit meines Tuches.

Er macht die Gebende zur Beschenkten.
Ich halte nicht Blut und Schweiß in meinen Armen, ich halte ihn selbst. Sie zerren und stoßen ihn weiter.
Ich aber lege meine Hände um dieses Gesicht – und fühle mich umfangen.
Ich drücke sein Antlitz an mein flatterndes Herz – und finde mich ruhend an seiner Schulter, wie das Kreuz, das er schwankend durch die Gasse trägt. So will ich bleiben. So ist es gut.

Herr, ich bin dein Johannes,

dein Kleiner.
Ich bin so gern dein Kleiner.
Ich darf Locken tragen.
Du, der du mit meinen Locken spielst.
Es ist gut so.
Es ist gut, dein Jüngster zu sein.
Herr, als ich dich sah, ließ ich alles liegen.
Ich pfiff auf das Haus meiner Eltern,
auf alle die vielen Boote.
Barfuß komme ich.
Barfuß bin ich.

Herr, aber jetzt, wo du barfuß vor mir, neben mir stehst,
jetzt verstehe ich dich nicht.
Sag, bin ich noch zu jung?
Sag, warum läßt du dir das gefallen?
Schlag doch drein! Wehr dich! Hau sie nieder! Laß es dir nicht gefallen!
Herr, Herr, du schweigst.
Herr, sag was! Sag es mir ganz leise ins Ohr.

Komm her, mein Johannes.
Komm, mein Kleiner.
Setz dich zu meinen Füßen,
so, wie du es immer tust.
Komm und sei still. Schrei nicht so.

Herr, das sagst jetzt nicht du.
Ich darf doch schreien.
Herr, sie schlagen dich schon wieder,
diese verfluchten Hunde.
Herr, ich setze mich ja schon.
Ich gebe ja schon Ruhe.
Es ist gut, das Sitzen zu deinen Füßen.
Spürst du mich? Ich spüre es, und es ist so gut.
Herr, es ist gut, dein Schweigen.
Ich renne nicht davon.

Ich bin Maria

Es fällt mir so schwer; ich soll etwas sagen, etwas in Worten ausdrücken. Mit Worten kann ich wirklich nicht sagen, was mich bewegt. Nein, das kann ich mit Worten nicht. Es ist so viel – viel mehr – Worte umfassen es nicht.
Du ahnst es vielleicht – du Großer, der alles weiß, der mich so glücklich gemacht hat – damals, als ich ganz voll war von dir.
Als ich dich tragen durfte – ach, ich habe dich noch immer in mir... Aber ich habe mir alles so anders vorgestellt!
Immer wieder habe ich erfahren, daß ich dein Werkzeug bin – ein Werkzeug, das oft sehr hart angegriffen wird, das Rauheit und Härte verspürt.

Du hast von mir Besitz ergriffen – ich habe JA gesagt zu dir. Mit dir zu leben ist schön – du stellst aber auch manchmal harte Proben.

Ich denke an einige Ereignisse in meinem Leben.

Ganz besonders vor den Kopf gestoßen war ich, als du mir sagtest: „Frau, was suchst du mich... wußtest du nicht... Frau, was habe ich gemeinsam mit dir?"

Weißt du, es tut schrecklich weh, wenn man einen Menschen gern hat und so etwas zu hören bekommt.

Für alles Schöne in meinem Leben, für alles Hoffen, alles Erwarten, für alle Freude danke ich – für alle Begegnungen mit dir – du manchmal so Unbegreiflicher, ja Unverständlicher.

Eigentlich möchte ich dir sagen – obwohl du es ja weißt, daß ich das, was man dir antut, dir auflegt – alles selbst erleide, erlebe – ich fühle mich als Du.

Ich denke an die vielen Menschen, die du glücklich und heil machtest, ich bin stolz auf dich.

Oft verstehe ich aber nicht, warum dich die Menschen nicht annehmen, dich nicht leben und wirken lassen, dir sogar das Schwerste antun.

Ich möchte schreien – und kann es nicht – man tut mir einen tiefen Schmerz an – es tut sehr weh – was ich tun kann: ich weine – ich werde ganz still – ganz starr, fast tot.

Von mir ist alle Lust, alles Fröhliche und alles Leben gewichen – es ist so dunkel.

Jesus, wie du da so hilflos, so allein bist – ich möchte zu dir – spürst du es nicht?

Ich möchte dir helfen, deine Hand drücken und über deinen Kopf streicheln – dir den Schweiß, die Angst abwischen. Weil mir selbst so weh ist, kann ich es nicht mehr – ich kann nicht weinen, schreien – nur fassungslos stehe ich da – ganz starr – selbst tot – um mich ist alles belanglos geworden – man hat mir das Liebste genommen, das Wertvollste.

Dich, der du doch nicht mir allein gehörst, der aber alles für mich ist – eine Welt ist eingestürzt – es ist ein tiefer Abgrund da, der mich verschlingt – ich bin ohnmächtig – ich kann nicht mehr denken.

Ich habe einen Traum – Jesus, dein schönes Gesicht habe ich gesehen – du hast mich mit deinen Augen angeschaut und mich ganz durchschaut – dein Blick hat mein Herz wieder zum Pulsieren gebracht.

Meine Starrheit, mein Totsein ist vorbei!

Du hast meine Hand genommen und mich auf die Straße geführt – da habe ich die Welt neu gesehen. Einen neuen Morgen, eine neue Sonne. Ich habe zwar das Kreuz am Berg gesehen, doch du bist nicht dort, sondern bei mir.

Ich spüre deine Hand, deinen Blick, und nun will ich neu leben. Ich will mit dir gehen, dorthin, wo du mich hinführst, ich will mit dir unterwegs sein in eine neue Welt.

Laß mich selbst leuchtend sein – ein wenig DU sein – laß mich Weizenkorn werden.

Mit dir will ich ein Alleluja sein für die Menschen das voll Harmonie und Schönheit ist.

Wenn das Kreuz auch Tatsache ist, wenn ich es immer wieder zu tragen, zu spüren bekomme, dann soll dieses Kreuz mein Allelujalied nicht erdrücken. Das Alleluja vom neuen Morgen soll meine Lebensmelodie sein!

Ich bin der Hauptmann

Jesus, dein Leben war mir egal. Ich habe wohl hin und wieder etwas von dir gehört, es berührte mich aber nicht. Ich war recht zufrieden, so wie es war.

Dann mußte ich bei der Kreuzigung dabeisein. Ich zerbrach mir nicht sehr viel den Kopf darüber, ob du nun zu Recht oder zu Unrecht sterben mußtest.

Als ich aber dein Sterben miterlebt habe, hat mich dies ganz verändert. Ich begann plötzlich über das nachzudenken, was ich von dir wußte, was ich bisher von dir und dem, was du gesagt hast, gehört hatte.

Alles, was ich wußte, erschien mir plötzlich in einem anderen Licht, da ich dein Sterben miterlebt habe, da ich dich aus der Nähe kennengelernt habe.

Ja, und nun bin ich ein anderer geworden. Aus meiner Gleichgültigkeit oder Unwissenheit ist etwas gewachsen. Ich spüre, daß es anstrengend ist, nach deinen Vorstellungen zu leben, aber ich will keinen anderen Weg mehr gehen als diesen.

Wohin sollte ich sonst gehen, wie sollte ich sonst leben?

Manchmal überlege ich, wie mein Leben verliefe, hätte ich deinen Tod nicht miterlebt. Da nehme ich dann jedes Mal die Anstrengungen, die dein Programm verlangt, gerne auf mich und komme darauf, daß es mir so, wie es ist, ganz recht ist. Ich möchte nichts mehr vermissen aus meinem Leben und schon gar nicht, daß *du* es verändert hast! Ich denke jetzt nach, wie es wohl weitergehen wird mit mir.

Jesu Heimgang zum Vater
(Lk 23,33-46 / 6. Bild)

Wir sehen ein ergreifendes Bild der Kreuzigung Jesu: Jesus trägt keine Dornenkrone, sein Gesichtsausdruck ist gelöst, er legt seinen rechten Arm um den Verbrecher, der auf dem Kreuzbalken aufgehängt ist. Wir hören aus dem Bild die Worte heraus, die Jesus vor seinem Tod zum Verbrecher sagt: „Heute noch wirst du mit mir im Paradiese sein!" Es ist ein Bild voller Zärtlichkeit und milder Erlösung. Es erinnert nicht mehr an den entsetzlichen Todesschrei Jesu, sondern an seinen gottergebenen Heimgang: „Vater, in deine Hände lege ich meinen Geist!"

Wenn der sterbende Jesus sein Leben in die Hände Gottes legt, ist da nicht anzunehmen, daß ihn auch unmittelbar die Hände des lebendigen Gottes aufnehmen? Und wenn er zum Schächer sagt: „*Heute* wirst du *mit mir* im Paradiese sein", dann ist wohl ein Modell der Vollendung Jesu vorgestellt, das nicht erst nach drei Tagen (wie das apokalyptische Modell), sondern unmittelbar die Lebensübergabe Jesu als Eingang in das Reich Gottes sieht. Kirchenväter sprechen schon von einer „Himmelfahrt vom Kreuze aus". Der Evangelist Johannes formuliert das noch präziser, wenn er im Begriff der „Erhöhung" Jesu seine Erhöhung ans Kreuz und seine Erhöhung zum Vater als *ein* Geschehen zusammenfaßt. Auch die heutige Fundamentaltheologie geht von der Voraussetzung aus, daß die Vollendung Jesu nicht ein Akt Gottes sein kann, der erst *nach* seinem Tod als erneutes Ereignis geschehen sein kann. H.J. Verweyen sagt: „Wenn Gott erst nach dem Tode Jesu den entscheidenden Offenbarungsakt gesetzt hat, dann wird der Glaube an die Inkarnation des göttlichen Wortes unterhöhlt..."

Gott hat es vermocht, sein ganzes Wesen „im Fleische" zu offenbaren, d.h. in jener ohnmächtigen Spanne menschlichen Lebens zwischen Empfängnis und Tod, die der Christus mit uns allen gemein hat. Wäre das „Ein-für-allemal" Jesu erst in Ereignissen nach dem Tode Jesu begründet, dann würde der entscheidende Offenbarungsakt doch wieder von der Inkarnation in Richtung Inspiration verschoben" (a.a.O., S. 448f.).

Der zureichende Grund für den Glauben ist „nicht erst in Ereignissen nach dem Karfreitag zu sehen", sondern es ist „schlicht das Fleisch Jesu, d.h. die Freiheitsgeschichte des irdischen Jesus bis in seinen Gott verherrlichenden Tod, die sich bleibend als todentmachtend erweist" (S. 452).

Das Gespräch Jesu mit dem rechten Verbrecher wird nur vom Evangelisten Lukas erzählt und ist wohl eine Weiterentwicklung der Markusvorlage, in der auch der rechte Schächer Jesus lästert. Wenn nun Lukas die letzten Worte Jesu am Kreuz anders formuliert, so formuliert er damit seine Sicht von Tod und Auferstehung Jesu und von unserer Erlösung. Der rechte Schächer wird dadurch zu einer Symbolfigur der erlösten Menschheit überhaupt: Uns alle (die wir einmal sterben müssen) nimmt Jesus in seinem Heimgang zum Vater mit, uns, für die er am Kreuz und durch seinen Kreuzestod um die Vergebung unserer Sünden gebetet hat. Jeder von uns darf sich demnach im rechten Schächer selbst erkennen, jeden drückt der sterbende Jesus an sich, um ihn in das Reich Gottes mitzunehmen.

Sterben und Loslassen als Weg der Erlösung

Auf die Frage, warum Gott den Menschen immer wieder soviel Leid zumute, antwortete ein Weiser: Gott müsse die Menschen wie Kinder langsam der Erde entwöhnen, damit sie sein

Reich suchen. Als Elisabeth Kübler-Ross entdeckte, wie die Menschen von der Nachricht an, daß sie sterben müssen, bis zum friedlichen Hinscheiden einen Prozeß in genau angebbaren Phasen durchlaufen, war diese Entdeckung sensationell. Inzwischen weiß man, daß diese Prozesse des Trauerns bei allen Verlusten und Abschieden durchzumachen sind. Für mich persönlich war es sensationell, als ich in der griechischen Mythologie in den Totenflüssen die gleichen Phasen des Sterbeprozesses erkannte – sensationell, aber rückblickend doch kein Wunder, da ja die Alten seit Jahrtausenden wußten, was sie erlebten. Die Gebrüder Linn, Jesuiten, Psychotherapeuten und Sterbeseelsorger, begannen Sterbende anhand der letzten Worte Jesu am Kreuz über ihre Totenflüsse so zu begleiten, daß deren Überfahrt wie Jakobs Überschreitung des Jabbok oder wie der Durchzug durchs Rote Meer zu einem Weg der Erlösung werden kann (Matthew und Dennis Linn, Beschädigtes Leben heilen, Graz 1984).

Da die Friedhöfe und Totenstädte der Antike oft am jenseitigen Ufer eines Flusses oder Baches lagen, wurde die Beerdigung symbolisch zu einem Ritus des Übergangs von diesem zu jenem Leben. Zwar trugen die Flüsse an verschiedenen Orten verschiedene Namen; schließlich faßte die Mythologie aber fünf charakteristische Flußnamen so zusammen, daß man sich vorstellen muß, wie die Styx, der eine Totenfluß, sich wie in einem Delta in fünf Ströme auseinanderfaltet und ins Meer fließt. Yorick Spielgel machte in: „Der Prozeß des Trauerns", München 1973, darauf aufmerksam, daß diese Phasen bei jedem Abschiednehmen zu durchschreiten sind, bei einer Scheidung genauso wie beim Arbeitsplatzverlust, beim Tod eines Geliebten, bei einer Emigration oder großen Enttäuschung...

„Mein Gott, mein Gott, warum hast du mich verlassen?" (Mk 15,34)

Vor dem ersten Totenfluß „Acheron" (ein Name, der von „betrübtsein" und „klagen" kommt) wartet der Höllenhund Kerberos auf die Ankommenden, die er nie wieder zurückkehren läßt. Er ist mit seinen fletschenden Zähnen und glühenden Augen das reine Entsetzen. Reines Entsetzen überfällt auch den Menschen, wenn er erfahren muß, daß ihm etwas genommen wird, was bislang fraglos zu ihm gehörte: das Leben, der Partner, ein Kind, die Freiheit... Sein ganzes Wesen bäumt sich auf, protestiert und will das Entsetzliche nicht wahrhaben. Wütende Auflehnung oder lähmendes Erstarren: „Das darf nicht wahr sein..." oder die quälende Frage: „Warum, warum gerade ich?" Mit dieser Warumfrage schreit Jesus zu seinem Gott und teilt damit das Schicksal der Getroffenen. Er weiß nicht nur um das Entsetzen der Finsternis, er hat sie selbst durchlitten, wie eine Gottesfinsternis. Er gehört so zu uns, ganz zu uns und zu unseren verzweifelten Abgründen.

„Mich dürstet" (Joh 19,28)

Als nächsten Totenfluß müssen wir den Pyrophlegeton überqueren, den Fluß des wie Feuer brennenden Schmerzes. Wenn sich die erste Erstarrung löst, dann beginnen wir zu empfinden, wie weh das alles tut; wie etwas von uns gerissen ist, das wir unser eigen nannten, „als wär's ein Stück von mir". Schon der Verlust eines Körpergliedes verstümmelt uns – wie zerrissen werden wir dann, wenn etwas aus unserer Integrität herausgebrochen wird! Gähnende Leere tut sich auf, quälender Durst und ein Schmerz, der wie Feuer in unseren Gliedern brennt. Wie schreien doch die Psalmen dieses ausgebrannte und zugleich brennende Gefühl in ihren Klagen hinaus! Schon die Kirchenväter meinten, daß diese Klagepsalmen aus dem

Munde des leidenden Gottesknechtes kämen, der unsere Schicksale auf sich genommen hat, um sie mit uns zu teilen und von uns hinwegtragen zu können.

„Vater, vergib ihnen, denn sie wissen nicht, was sie tun" (Lk 23,34)

Als dritter Fluß erwartet uns der Kokytos, der von den Worten „klagen, wehklagen, jammern" herkommt. Vor allem das Jammern bricht jetzt durch, denn der Betroffene beginnt jetzt aktiv zu werden und die Ärzte, die Angehörigen und Gott anzujammern, was er und sie alles tun könnten, um das Schicksal abzuwenden: gesünder leben, einander verzeihen oder ein Gott wohlgefälliges Leben führen. Es ist wie ein Handel oder ein Paktieren zum eigenen Vorteil, zur Abwendung des Drohenden.

Auch Jesus wird vom Kreuz her aktiv, aber wie anders als wir Menschen: Er betet und handelt nicht für sich, sondern für uns. Er beklagt nicht sein Schicksal, sondern er bittet um die Verzeihung unserer Schuld. Er verheißt dem Schächer das Reich Gottes und nimmt ihn mit in seinem Heimgang zum Vater. Er überantwortet einander den Liebesjünger und seine Mutter, sie sollen füreinander nun das bedeuten, was Jesu Gegenwart für sie war. So hilft uns Jesus in seinem Sterben aus aller Lethargie heraus zu einer Neuentscheidung, die uns von uns wegführt und frei macht für Gott und den Menschen. Das endgültige Schicksal mit allem Schmerz soll uns einschmelzen in die reine Gestalt der Liebe – vielleicht die einzig mögliche Versöhnung mit dem Leiden, wenn es zum Lieben befreit.

„Vater, in deine Hände lege ich meinen Geist" (Lk 23,46)

Als vierten Totenfluß nennt die griechische Mythologie den Aornis, den „nicht mehr Abgegrenzten", den Schwebenden, den Gesättigten. Müde wird der Mensch vom Weinen, satt an Tränen und tritt hinein in eine Ahnung von Ewigkeit. Er beginnt loszulassen und sich dem Unvermeidlichen zu fügen.

Wenn wir durch die brüchige Decke des Daseins hindurchstürzen, erleben wir dies voll Angst und Schwindelgefühl, als stürzten wir in bodenlose Abgründe – doch wir können nicht tiefer fallen als in die Hände des lebendigmachenden Gottes. Wer bis dorthin sich fallen lassen kann, dem wird sich Angst in Vertrauen verwandeln, und er kann wie Jesus und mit ihm beten: „Vater, in deine Hände lege ich mein Leben."

„Es ist vollbracht" (Joh 19,30)
„Amen, ich sage dir: Heute noch wirst du mit mir im Paradiese sein" (Lk 23,43)

Wer endlich loslassen kann, darf aufatmen, findet Frieden und taucht ein in den ewigen Strom des Vergessens, der schwarzen Lethe. Vergessen sind Leid und Verzweiflung. Menschen vergessen einen, und Gott vergißt unsere Sünden. Aber das ist schon alles, was Gott vergißt, denn wir sind unauslöschlich in seine Hand eingeschrieben und in das Gedächtnis der Liebe eingraviert. Wir *sind,* weil er uns nie vergißt. In diese bleibende Heimat Gottes führt Jesus die Menschheit, die im rechten Schächer personifiziert ist. Darin besteht die Vollendung des Auftrages Jesu, daß er die Schöpfung zu Gott heimholt und sie zur Ruhe kommt im ewigen Sabbat.

Ist nicht Charon, der Totenfährmann der Griechen, wie eine Vorahnung des Erlösers Jesu, der mit uns alle Schritte des Hinübergangs mitgeht? Sind die „Armen Seelen" nicht wir

Lebende und Tote zusammen, die füreinander um die Ankunft im Reich des Friedens bitten? Finden die östlichen Religionen beim vierten Fluß das, was sie die „Erleuchtung" nennen, und im fünften das Eingehen ins Nirwana? Können deswegen Menschen so schwer sagen, ob sie an ein ewiges Leben glauben, weil sie noch über einen der ersten Flüsse rudern, die wirklich noch nichts vom Frieden des letzten ahnen lassen? Dürfen wir nicht hoffen, daß der Fährmann Jesus ohnedies mit ihnen ist und alles unter der Sonne seine Zeit braucht? Wir brauchen unserem Fährmann kein Übergangsgeld zu zahlen, denn *er* legt uns seine Wegzehrung in den Mund.

Übung

Zeichne in breiten Farbbändern die fünf Totenflüsse mit einer Farbe, wie sie für dich stimmig ist. Laß dir dann von Fluß zu Fluß Lebensereignisse des Abschiednehmens und Sterbens einfallen, in denen du die Überquerung des einen oder anderen Flusses besonders gespürt hast! Wo ist dein Trauerprozeß ins Stocken gekommen? Was steht dir noch bevor? Welches „Flußüberqueren" willst du bedachtsam üben, damit dir die letzte Überfahrt gelinge? Was erbittest du von deinem Totenfährmann Jesus? In welchem Licht siehst du nun die Gebete für die Toten, für die Sterbenden und die Gebräuche bei der Beerdigung? Sprecht darüber miteinander! Ihr könnt die Übung statt zu malen auch als Traumreise machen.
Oder: Nimm etwas, was dir sehr wichtig erscheint, was du umklammerst und schwer loslassen kannst, in Gestalt eines treffenden Steines in die Hand, symbolisiere die gemeinte Sache oder Person hinein, umklammere den Stein fest und laß ihn allmählich fallen: Wie schwer oder leicht gelingt dir das? Welche Verlustschmerzen steigen dir auf? Wiederhole die Übung einige Male.

3. Teil

Modelle der Begegnung mit dem Auferstandenen

Die Ostergeschichten der Evangelien erzählen nichts davon, wie Jesus auferstanden ist, sondern wie er, der Auferstandene, seinen Jüngern erschienen ist und sie ihn dadurch als den bei Gott lebenden Herrn erkannt haben. Dabei sind drei charakteristische Vorgänge auszumachen:
a) Die Situation, in der sich die Jünger befinden (auf der Flucht vor dem Kreuz nach Galiläa; trauernd um den verlorenen Geliebten wie Maria von Magdala; eine verängstigte Schar hinter verschlossenen Türen; Emmausmenschen, die sich von der Versammlung absetzen; Fischer, die zur irdischen Tagesordnung übergehen, oder ein Paulus, der über dessen Tod hinaus den Nazarener und seine Anhänger verfolgt).
b) Der ständige Hinweis, daß es möglich gewesen wäre, zum Auferstehungsglauben zu kommen, wenn man schon der Schrift geglaubt hätte (so Christus an die Emmausjünger oder der Liebesjünger Johannes, der angesichts des leeren Grabes an die Schrift glaubt).
c) Zum Glauben erweckt werden diese Menschen aber dadurch, daß sich Christus selber zu erkennen gibt, indem er sie anredet (wenngleich er vorher schon von ihnen unerkannt, gleichsam incognito mit ihnen zu tun hatte).

Diese Begegnungsgeschichten mit dem Auferstandenen sind für uns deswegen so wichtig, weil sie Prototypen dafür sind, wie auch wir zum Glauben an den Auferstandenen finden:

a) Jede Situation unseres Lebens, ob eine traurig-hoffnungslose oder eine ekstatisch-freudige, ist dafür Ausgangspunkt.

b) „Der Schrift glauben" heißt wohl nicht weniger als jenem Gott glauben, der sich durch die Schrift geoffenbart hat: dem Schöpfer, der unwiderruflich zu seiner Schöpfung steht; den Psalmen, die uns eine absolute Geborgenheit im Schutz Gottes verheißen; dem Exodus und den Heilspropheten, die uns einen Weg in die Freiheit zeigen, den Gott mit uns durch dick und dünn geht. Denn Jesus selbst argumentiert, ganz gestützt auf das Alte Testament: „Daß aber die Toten auferstehen, habt ihr das nicht im Buch des Mose gelesen, in der Geschichte vom Dornbusch, in der Gott zu Mose spricht: Ich bin der Gott Abrahams, der Gott Isaaks und der Gott Jakobs? Er ist doch nicht ein Gott von Toten, sondern von Lebenden" (Mk 12,26).

Für uns Jünger des zweiten Testaments heißt an diesen Gott des Lebens glauben aber auch: sich an den helfenden Heiland Jesus erinnern; sich an seine Worte klammern; eine Sehnsucht haben; einer Jüngerschar irgendeiner Urgemeinde angehören.

c) Über all das hinaus ist jedoch ausschlaggebend, daß sich Christus heute noch jedem Menschen jeder Zone von sich aus unvermittelt und direkt (also mystisch) zu erkennen gibt. Dabei dürfen wir annehmen, daß der Auferstandene schon mit vielen Menschen aller Religionen handelt und spricht, obwohl er für sie (wie für die Emmausjünger) noch unerkennbar ist.

Maria von Magdala begegnet dem Auferstandenen
(Joh 20,1.11-18 / 8. Bild)

Die erste Gestalt in einer biblischen Reihe ist stets der Träger, die Symbolgestalt dessen, was eigentlich wesenhaft und generell für alle Menschen gilt. Maria von Magdala war in diesem Sinn „die Erste", die dem Auferstandenen begegnet ist und an der wir darum das Wesen dieser Begegnung ablesen können. In der Betrachtung dessen halten wir uns an die wunderbaren Ausführungen von Eugen Drewemann, Ich steige hinab in die Barke der Sonne, Olten 1991.

a) Die Ausgangssituation ist die eines Menschen, der durch den Tod seinen liebsten und wertvollsten Menschen verloren hat. Jesus war für Maria von Magdala jener Helfer und Heiler, der ihrem Leben eine neue Wendung, einen neuen Sinn gegeben hat, da er sie von den Dämonen befreite, also von jener Selbstzerrissenheit und inneren Fremdbestimmung, in der einem Menschen die eigene Identität abhanden kommt (Lk 8,2). Sie war seine Jüngerin geworden, die ihn so innig und so ausschließlich liebte, daß sie selbst unterm Kreuz noch bei ihm ausharrte – bis in den Tod. Nun sehen wir sie auf dem Bild in der Gestalt einer Indianerin noch in der Dunkelheit zum Grab gehen, um dort wenigstens noch den Leichnam des Geliebten zu salben. Als sie das Grab leer fand, wurde diese gähnende Leere zum Symbol ihres Herzens, das ausgebrannt, ausgeraubt nur noch das Nichts empfinden konnte, denn auch der Gegenstand ihrer Trauer war ihr genommen worden.

b) Sie wird von den Engeln (von „Boten" – wer sind sie?) und dann von Jesus in der Gestalt des Gärtners gefragt: „Frau, warum weinst du, wen suchst du?" Mit diesen Fragen wird sie wieder auf die Gestalt Jesu hingelenkt, wird er ihr wieder in Erinnerung gerufen: „Jesus selber muß diese Frage der Engel aus dem Grabe wiederholen und auf sich hin verdichten... Rein menschlich sich an Jesus zu erinnern, bedeutet demnach eigentlich, ihn in Wirklichkeit, ihn in der Gegenwart nicht wahrzunehmen" (Drewermann, a.a.O., S. 167). ... „Wir können den Auferstandenen nur sehen, weil wir sein Bild in uns tragen, und er begegnet uns nur als außerhalb von uns, weil er zutiefst in uns lebt" (a.a.O., S. 158).

c) „Jesus sagt zu ihr: Maria!" Diese Anrede Jesu ist der entscheidende Punkt, an den Auferstandenen glauben zu können: Jede Initiative geht von ihm selber aus. Er knüpft die Beziehung, indem er den Menschen ganz persönlich bei seinem Namen nennt – dies ist die Selbstoffenbarung, das Gnadengeschenk des Auferstandenen an mich.
Diese Selbstmitteilung des Auferstandenen an mich geht all meinem Tun voraus, ermöglicht aber meinen Glauben, so daß Maria bekennen kann: „Da wandte sie sich ihm zu und sagte auf hebräisch zu ihm: Rabbuni!, das heißt Meister" (Joh 20,16). Maria erfährt den Auferstandenen inmitten ihrer Trauer, die Auferstehung schon in diesem irdischen Leben. „Es kann die Auferstehung Jesu am Ostermorgen nur sehen, wer am eigenen Leibe erlebt hat, daß die Person Jesu in sich selber Leben, Licht und Auferstehung ist" (Drewermann, a.a.O., S. 156).

d) Die Metamorphose der Liebe: Jesus redet Maria von der Welt Gottes her an, der Auferstandene erscheint ihr als der im Reich Gottes Vollendete. Von da her wird zwar die Liebesbeziehung, wie sie vor dem Tod Jesu bestand, aufgegriffen, aber gleichzeitig in die neue Wirklichkeit hineinverwandelt. Darum muß sich Maria, die Jesus wie ehedem umfassen will, sagen lassen: „Rühr mich nicht an, halt mich nicht fest!" „Bei seiner Abwehr der Berührung durch Maria Magdalena geht es Jesus gewiß nicht darum, ihre Nähe als Frau von sich zu weisen, wohl aber offensichtlich darum, die Liebe ins Unendliche zu öffnen" (a.a.O. , S. 174).
Diese Transformation der Liebe wirkt sich aber sehr realistisch und spürbar ins Leben hinein aus, denn Maria wird als die erste Botin der Auferstehung zu den Jüngern gesandt, sie wird so die apostola apostolorum! „Den Herrn als Auferstandenen zu sehen, ist immer zugleich eine Art Sendung... Die Sehnsucht und die Liebe aber müssen lernen, sich in die Welt zurückzutasten, um darin dem Herrn wiederzubegegnen" (a.a.O., S. 174).

Ein Tiefenbild menschlicher Liebesbegegnung

Gottes- und Nächstenliebe bilden eine Einheit, darum wird in einem geliebten Menschen der auferstandene Christus schon mitgeliebt. Vielleicht ist es gerade Christi Faszination, die aus jedem liebenswerten Menschen leuchtet. Die geweckte Sehnsucht nach Lieben und Geliebtwerden übersteigt das, was jeder Mensch dem anderen sein kann. Vielleicht soll jener Überschwang und Überhang an Liebe die Spur sein, die der Auferstandene zu sich legt. Erst wer die Begrenztheit des Liebens dem Partner nicht mehr zum Vorwurf macht, weil er hinter ihm eine Quelle unendlicher Liebe entdeckt hat, wird diese in den Alltag der Liebe miteinfließen lassen können. Maria und der Auferstandene sind so das „Tiefenbild" aller menschlichen Liebesbegegnung.
Der Verlust eines Menschen durch Weggang oder Verstoßung kann einen in die tiefste Nacht der Depression stürzen. Das Hindurchschreiten durch den Trauerprozeß mag aber die

Fähigkeit und die Sehnsucht der Liebe an das Ufer der Ewigkeit führen und so gerade durch den Schmerz die endliche Liebe zu einer ewigen Liebe aufbrechen. Es liegt in der Freiheit des Auferstandenen, ob er sich – am anderen Ufer stehend – dem Betroffenen als sein Christus zu erkennen gibt oder incognito mit ihm den Lebensweg weitergeht.

Viele Menschen finden durch den Tod eines Geliebten zum Glauben an die Auferstehung. Ihre Liebe weigert sich am Grab, die Vergänglichkeit und Vergeblichkeit des Menschseins anzuerkennen. Die Liebe bleibt und hat eine innere Evidenz in sich, eine Überzeugungskraft, daß sie nicht nur ein Wunsch, sondern eine unzerstörbare Wirklichkeit ist. Menschen, die von uns zu Gott gehen, nehmen zuweilen unser Herz mit, um es bei Gott einzupflanzen. So mag auch der Ahnenkult aus der Evidenz der Liebe heraus eine Vorahnung der Auferstehung vermitteln.

Wir können auf die Erfahrungen der geglückten *und* der gescheiterten Liebe zurückgreifen, wenn wir überhaupt nur auf Liebe zurückgreifen, um an Christus glauben zu können. Dieser Glaube ist unserem Leben dann nicht etwas Fernes, sondern seine aufregendste Tiefe.

„Wiedergeburt, Auferstehung, Verwandlung – das waren in der Nähe Jesu nicht länger mehr Verheißungen für ein Leben nach dem Tode, sondern Erfahrungen, die den Tod mitten im Leben ein für allemal zu überwinden vermochten, und es ist dieser Gedanke, den gerade das Johannesevangelium betont herausstellt" (Drewermann, a.a.O., S. 156).

Übungen

Zeichne einen Kreis und teile ihn durch ein Kreuz in vier Sektoren. Jeder Sektor soll eine Phase der Maria von Magdala und ihrer Erfahrung am Ostermorgen darstellen. Bemale jeden Sektor einfarbig mit einer ihm entsprechenden Farbe: 1) links unten die Verzweiflung, die Trauer über den Verlust, die Depression; 2) rechts unten die Klage, der Hoffnungsschimmer, die Erinnerung; 3) rechts oben die beglückende Begegnung, die neue Erfüllung; 4) links oben der ganz neue Weg zurück ins Leben als verwandelter Mensch. Betrachte die Malerei und bring sie in Verbindung mit eigenen Lebenserfahrungen!

Schreib einen Psalm anhand der vier Punkte, so daß er vier Strophen von der Klage bis zum Lob erhält!

Der Auferstandene inmitten seiner Jünger
(Joh 20,19-23 / 7. Bild)

Ich bin ein tanzendes Kind,
das zweite von rechts aus der Sicht von Jesus.
Ich habe eine weiße Bluse
und ein rotes buntes Kleid an.
Ich bin eines der sieben Kinder,
die mit dem Auferstandenen tanzen.

Alles ist ganz bunt und schön.
Ich sehe die wunderschönen Blumen,

die in ihrer vollen Pracht blühen
und sich von ihrer schönsten Seite zeigen.
Genauso wie die bunten, herrlichen,
lieben Schmetterlinge,
die Freiheit und das Leben sichtlich genießen.
Ich bin voll Freude und Glück,
alles ist so wunderbar.
Ich bin zufrieden und freue mich.
Und ich tanze,
ja, ich tanze gerne,
denn dadurch werde ich frei
und vergesse vieles um mich herum.
Es macht mir riesig Spaß.
Ich liebe es, so frei und gelassen
mit anderen sein zu können;
gemeinsam ist es nämlich noch viel schöner.
Du bist auferstanden und bist mitten unter uns.
Du bist genauso bunt und fröhlich angezogen
wie ich und die anderen Kinder.
Du zeigst uns, wie schön es ist, gemeinsam zu tanzen,
und läßt uns deine Liebe spüren,
wir sind uns so alle ganz nah und voll Freude.
Du, ich danke dir für das feierliche frohe Fest mit dir
und mit den anderen,
und zugleich wünsche ich mir, daß das ganze Leben
ein frohes, glückliches, befreiendes Tanzen wird.

Wir haben ein Bild vor uns voll Anmut, ganz unbeschwert und schön, beinahe kindlich: und doch ist es von einer inneren Größe, die alle irdischen Dimensionen sprengt! Alles ist Ausdruck und Symbol, alles Metamorphose und verwandelte Wirklichkeit: Die geschändete Erde erblüht in Blumenpracht und Duft, Schmetterlinge sind den einengenden Hüllen entschlüpft, die Menschen sind ganz zu Kindern Gottes geworden und haben so ihre innerste Berufung erreicht; sie tanzen mit dem auferstandenen Christus, alles ist ohne Erdenschwere, alles ist Bewegung und Sinnhaftigkeit. Mag das Bild auch wie aus einem Kinderbuch genommen aussehen, als Symbol ist es die reine Gestalt der Verwandlung.

Was hat sich hier verwandelt, was hat den Menschen die Erdenschwere genommen? Es ist der Auferstandene, der Erstgeborene aus den Toten, der zum Chorführer des Tanzes geworden ist. Uralte Menschheitsträume, wie die Inder sie im tanzenden Gott Shiva erträumen, sind verwirklicht. Die Auferstehung hat sich in das Leben ergossen, und Lazarus ist wie ein Schmetterling der Enge seines Grabes und den Hüllen seiner Leichentücher entschlüpft. An welcher Stelle erzählt die Bibel von dieser Explosion der Freiheit?

Es war nach Johannes 20,19-23 der erste Wochentag nach dem Karfreitag und dem Todessabbat Jesu: Es war dunkel, die Jünger waren erstarrt aus Furcht vor den Juden, sie hatten sich eingesperrt, und die Türen waren verschlossen. Das Bild einer Kirche, die sich eingemauert hat und der Welt gegenüber verschließt, weil sie die Angst eingeschlossen hat.

Eine in Angst verschlossene Jüngerschar, für die Jesus tot ist und die eine Auferstehung nicht kennt und nicht glaubt. Ihr Zustand ist präzise mit Dunkelheit, Angst und Verschlossenheit beschrieben. Von selbst kommt eine solche Kirche aus ihrer Vermauerung nach außen und aus ihrem Leichengeruch von innen nicht heraus, sie ist bestenfalls ein übertünchtes Grab voll Modergebein.

„Da ist Jesus gekommen und in ihre Mitte getreten." – Nur diese Veränderung ist möglich: Der Auferstandene muß selber kommen und von innen her die Situation aufgreifen. Alle Initiative liegt bei ihm, er muß die Mitte einnehmen, die bis dahin von Angst und Unglauben besetzt war.

Von jenen Jüngern her entsteht kein Glaube mehr. Glaube entsteht nur von Christus her, nur durch ihn und seine unerwartete Gegenwart. Ist er aber einmal da, dann beginnt Bewegung und Verwandlung: Er spricht zu uns, er gibt uns seinen heilbringenden Frieden, er zeigt uns seine verklärten Wunden, er haucht uns seinen Geist ein. Dann geschieht Schlag auf Schlag Verwandlung auch bei uns: Freude überfällt uns, wir können ihn plötzlich sehen, Mauern werden aufgesprengt, in die Welt hinaus geschieht Sendung und unter den Jüngern, unter uns, in der Kirche Sündenvergebung und Versöhnung. Ohne Versöhnung kein Sohn Gottes, ohne Vergebung keinerlei Gabe des Auferstandenen, soviel Christus in der Kirche, als es eine Kirche der Versöhnung ist! Und wie schnell können sich die Mauern wieder schließen, können Dunkelheit und Angst zurückkehren, kann Christus verschwinden, wenn die Kälte der Unversöhnlichkeit einkehrt!

Doch an diesem Osterabend ist es anders geworden. Das ist der Tag, den der Herr und sonst keiner gemacht hat! Das will uns das Bild zeigen, damit wir von ihm her leben, dieser wunderbaren Wirklichkeit glauben und uns dem Anführer des Reigentanzes anschließen.

Der Herr des Tanzes

Ich tanzte am Morgen,
als Gott die Welt erschuf,
ich tanzte unter der Sonne,
dem Mond und den Sternen.
Ich kam vom Himmel zur Erde,
ich tanzte, tanzte, tanzte auf ihr:
in Bethlehem bin ich geboren.

Ich tanzte für die Schriftgelehrten
und die Pharisäer;
sie jedoch folgten mir nicht,
und sie wollten nicht tanzen.
Da tanzte ich für die Fischer
Jakobus und Johannes:
sie gingen mit mir,
und der Tanz begann.

Ich tanzte auch am Sabbat
und machte heil die Lahmen.
Dafür wurde ich von den Frommen
zum Tode verurteilt.
Sie nahmen mir die Kleider,

schlugen, hingen mich ans Holz
und ließen am Kreuze mich sterben.

Sie schnitten mich vom Kreuze,
und ich fuhr auf zum Himmel.
Denn ich bin das Leben,
das niemals stirbt:
Ich bin die Wahrheit.
Ich werde in euch leben
und ihr in mir, und ihr in mir,
denn ich bin der Tanz
bis zum Jüngsten Tag.

Tanze also, tanze,
wo immer du auch bist.
Zum Tanz will ich euch führen,
den Tanz werde ich anführen:
der Herr des Tanzes bin ich,
bin ich, sprach Er, bin ich.

(freie Übersetzung eines englischen Liedes)

Christus begegnet dem ungläubigen Thomas
(Joh 20,24-29 / 9. Bild)

Papst Gregor der Große sagte in seiner Osterpredigt, unserem Glauben würden die Untreue des Petrus und der Unglaube des Thomas mehr helfen als ihr Glaube. Offensichtlich kann das deshalb sein, weil uns diese Gestalten den Weg vom Unglauben zum Glauben so zeigen, daß wir darin auch unseren Weg erkennen und Hoffnung schöpfen können. In Thomas sehen wir den Prototyp jenes Menschen, dem das Zeugnis der Kirche (der Jünger) nicht genügt, um an die Auferstehung Christi glauben zu können. Wie geht die Jüngergemeinde mit einem solchen Menschen um? Worin besteht sein Hindernis zu glauben? Wie hilft ihm Jesus, und welcher Art ist sein Glaube? Worin besteht also die Hilfe, die der Unglaube des Thomas nach der Predigt des Hl. Gregor unserem Glauben gilt?

1) Drewermann bemerkt schon im angeführten Buch (S. 205), wie wichtig es ist, „daß die Jünger Thomas mit seinen Zweifeln nicht ausschließen und die Aufrichtigkeit seines Fragens und die Tiefe seiner Not respektieren; denn einzig so, indem sie ihn weder aus ihrer Mitte verstoßen noch weiter in ihn dringen, verbleibt sein Suchen ungestört vor Gott". Der Glaube der Kirche beweist auch darin seine Kraft oder Schwäche, ob er in der Lage ist, Zweifler und Ungläubige geduldig auszuhalten und mitzutragen.

2) Thomas besteht darauf, daß er die Wunden Jesu betasten kann. „Ein Mann wie Thomas möchte offensichtlich gerade auf die wunden Stellen des Lebens hinweisen; er wehrt sich dagegen, die Härte des offensichtlichen Leidens mit tönenden Schönrednereien zu verleugnen; für ihn kommt alles darauf an, daß das namenlose Leid der Welt nicht durch irgendeine Freudenmär vertuscht wird" (a.a.O., S. 206). Wen das namenlose Leid der Welt berührt, der will mit dem Glauben an die Auferstehung auch wissen, welchen Platz darin die entsetzlichen Schmerzen der Menschen haben.

3) So wie der Auferstandene in die Mitte der in Angst und Unglauben verschlossenen Jünger trat, so ergreift er auch Thomas gegenüber die Initiative. An den Auferstandenen zu glauben, braucht wohl beides: das Zeugnis der Jünger und die unmittelbare Tat und Gnade des Auferstandenen für jeden persönlich.
Im Grunde eines jeden Glaubens gibt es ein mystisches Wissen darum, daß Christus sich sehr persönlich auf mich und meine Schwierigkeiten einläßt, so daß ich in der Tat wie jeder andere auch berechtigt bekennen darf: „*mein* Herr und *mein* Gott!" Wir können auf dem Bild direkt mit Händen greifen, wie einzigartig diese Intimität des Glaubens zwischen einem jeden „Thomas" und seinem Christus ist.

4) Und welchen Platz hat nun im Auferstehungsglauben das Leid? Ist es einfach aus der Welt geschafft? Wenn das Leiden so brutal und so realistisch ist, wie „realistisch" muß dann die Auferstehung sein, damit man an sie glauben kann? „Nur wer selbst gelitten hat, kann einem anderen aus seinem eigenen Erleben sagen, daß für ihn selber alles, was bis dahin nur zerstörerisch und quälend war, doch schließlich gut geworden sei... Daher ist es innerlich buchstäblich notwendig, daß Jesus vor seinen Jüngern mit den Malen seiner Wunden in Erscheinung tritt... Nur er, der Betroffene, kann von sich selber sagen, daß ihn das Leiden nicht ver-

nichtet hat" (a.a.O., S. 207). Nur wer selbst gelitten hat, kann einem anderen glaubwürdig erzählen, daß das Leiden wieder gut geworden ist, weil es ihn in eine größere Wirklichkeit hineinverwandelt hat.

Schreibe ein Dankgebet des Thomas:

Ich bin dein Thomas, Herr,
ich danke dir, denn ich...
Du aber...
Nun bitte ich dich...

Hymnen

Hymnos Akathistos

Kehrverse

Dem Gott im Kind (zum 1. Bild)

Die 1. Str. greift auf den Logoshymnus aus dem Johannesevangelium zurück, in dem die All-macht, aber auch die milde Nähe des Schöpferwortes besungen wird. Die 2. Str. stellt das gewaltige Sinaigeschehen dem „Säuseln des Windes" der Gotteserscheinung bei Elija gegenüber: Die Größe Gottes wird in seiner Kleinheit sichtbar – das heranwachsende Kind im Mutterschoß (3. Str.). Das gekreuzigte Kind (4. Str.) offenbart vollends die Wehrlosigkeit der Liebe Gottes, aber auch ihr Vertrauen zum Menschen.

1. Wort, durch das die Welt erschaffen,
   Logos, durch den alles ward:
   Du hast Gottes Schöpferwirken
   wunderbar geoffenbart!
   Mächtig bist du und gewaltig,
   doch auch milde, sanft und zart.

2. Nicht in Blitz und Donnerdröhnen
   Gottesoffenbarung gellt;
   wie im Säuseln eines Windes
   steigst du nieder in die Welt.
   Unter allen Erdenvölkern
   schlägst du auf dein Bundeszelt.

3. In dem Schoße einer Mutter
   reifst du als ein Kind heran;
   wirst dem Menschenvolk ein Bruder,
   deinen Eltern untertan.
   Kinder wollen mit dir spielen,
   heben dir ein Loblied an!

4. Gott als Kind: auf Macht verzichtend,
   ausgeliefert, hilflos klein –
   legt er sich in unsre Hände,
   will von uns gehalten sein.
   So sich andern anvertrauen
   kann die Liebe nur allein!

5. Laß dich auf der Erde suchen,
   wenn du auch im Himmel thronst,
   weil du unter Menschenkindern,
   unter Armen, Kranken wohnst!
   Laß dich lieben, der du Liebe
   immerfort mit Liebe lohnst!

6. Dir, der ist und der gewesen,
   der auch wiederkommen wird
   und der alles, was da lebet,
   aus dem Nichts heraufgeführt:
   Dir die Weisheit, Macht und Ehre
   in die Ewigkeit gebührt!

Lob des Kreuzes (zum 1. Bild)

Der berümte Hymnus des Venantius Fortunatus (gest. nach 600) preist das Kreuz zuerst als siegreiches Heereszeichen (labarum). In den weiteren Strophen wird die Erlösung als Auf-richtung des neuen paradiesischen Lebensbaumes beschrieben, der jenen Paradiesbaum ablöst, von dem der Tod kam. Die Frucht des Kreuzesbaumes ist der Leib Christi. Die Symbo-lik des Baumes findet in der Theologie des Kreuzes ihre Vollendung.

1. Singe, Zunge, von dem großen
   ruhmgeschmückten Waffengang.
   Auf das Siegesmahl des Kreuzes
   singe den Triumphgesang.
   Künde, wie der Welt Erlöser
   sterbend solchen Sieg errang.

2. Adam, dem Betrog'nen, neigte
   sich der Schöpfer huldbereit,
   als, die Frucht des Frevels essend,
   er gestürzt in Tod und Leid:
   da schon ward der Baum bezeichnet,
   der von Baumes Fluch befreit.

3. Dreißig Jahre der Erlöser
   unter uns zu weilen kam:
   O, wie gab er sich dem Leiden
   willig hin: ein zartes Lamm,
   das zum Opfer ward erhoben
   an des Kreuzes wehem Stamm.

4. Galle macht den Trank zum Gifte,
   Dornen, Nägel und der Speer
   bohren sich durch sanfte Glieder.
   Blut und Wasser wogen her:
   welch ein Taufquell wäscht die Erde,
   wäscht die Sterne und das Meer.

5. Beuge, hoher Baum, die Äste,
   lös den ausgespannten Leib.
   Mache milde deine Härte,
   Starre der Natur vertreib:
   Nur an sanftem Holz der Körper
   hohen Königs hangen bleib!

6. Heil'ges Kreuz, du unsre Hoffnung,
   schönster aller Bäume hier:
   keinem andern ward beschieden
   Laub und Blüten gleich wie dir.
   Süßes Holz, o süße Nägel,
   süße Bürde traget ihr!

Dem Gottesknecht in der Kelter (zum 2. Bild)

Das Lied zeigt die Erlösung darin, daß Jesus solidarisch mit den Menschen wurde, mit ihrer Not und Schuld, und so von innen her Not und Schuld verwandelte. Die 1. Str. besingt das in seiner Übernahme der Sündertaufe, die 2. Str. im Bild des gegeißelten Heilands und des Sysiphus, die 3. Str. im Bild des Keltertreters aus Jesaja und die 4. Str. im stellvertretend angenommenen Ackerfluch. Die Auferweckung Jesu und die Verwandlung der Welt ist die große Erntezeit des Vaters, die wir in der 5. Str. herbeibitten. Das Lied ist eine Art Litanei zum solidarischen Heiland.

1. Herr, wie stiegst du in die Tiefen
   unsrer Niedrigkeit hinab,
   als du dich zur Taufe beugtest!
   Du bist unsrer Hoffnung Stab:
   nur in solchen Todesfluten
   fand ja unsre Schuld ein Grab.

2. Mann der Schmerzen, den für alle
   Gottes Geißel bitter schlug!
   Heiland, der mit eignen Händen
   unsrer Mühsal Steine trug
   und der Menschen wehe Tränen
   sammelte in seinem Krug.

3. Dein Gewand, du Keltertreter,
   ist von Blut so purpurrot;
   Treter warst du und auch Traube.
   Ausgepreßt bis in den Tod,
   kauftest du mit deinem Blute
   alle Völker frei für Gott.

4. Gottesknecht, o Lamm der Sühne,
   Wehe nur und bittres Leid
   trug für dich des Menschen Acker.
   Doch des Vaters Erntezeit
   macht' zum Leben uns dein Sterben,
   wandte Kümmernis in Freud.

5. Lasset uns des Tags frohlocken,
   den der Vater uns gemacht:
   Hoffnung hat er durch des Sohnes
   Auferstehung uns entfacht.
   Kommen möge seine Gnade
   und vergehen alle Nacht.

6. Dir, der ist und der gewesen,
   der auch wiederkommen wird
   und der alles, was da lebet,
   aus dem Nichts herausgeführt:
   Dir die Weisheit, Macht und Ehre
   in die Ewigkeit gebührt!

Dem ausgelieferten Schmerzensmann (zum 3. und 5. Bild)

Dieser Passionshymnus nähert sich von den Figuren des erschlagenen Abel (1. Str.) und des unschuldig leidenden Hiob (2. Str.) her an Jesus an (3. Str.), der gerade in seinem unschuldigen Leiden mit allen Leidenden solidarisch wurde (4. Str.). Weil ihm, dem unschuldigen Gottesknecht, die Sünde der Welt aufgeladen ist, kann er sie wegtragen (5. Str.). Die Doxologie (6. Str.) bittet um die Auferstehung.

1. Bruder Abel, du Erschlagner,
   tausendfach erlittner Tod:
   Heut noch schreit von dieser Erde
   dein vergossnes Blut zu Gott.
   Unser Leid und Leiden-Machen
   sammelt sich in deiner Not!

2. Hiob, der aus wehen Wunden
   wie aus vielen Mündern schreit:
   Wo ist für dich Platz auf Erden,
   wo für dich Gerechtigkeit?
   Daß sich dir dein Gott verschwiegen,
   ist dein abgrundtiefes Leid!

3. Bruder Jesus, wahrer Abel,
   den der eigne Freund verstieß,
   der in Todesqual gerufen,
   warum ihn sein Gott verließ:
   Welcher Wille dich die Wege
   unsres Schicksals gehen hieß?

4. Ausgestoßner, Dorngekrönter,
   als geschundner Schmerzensmann
   führest du die langen Reihen
   aller Todgeweihten an:
   Jeder sein entstelltes Antlitz
   in dein Schweißtuch drücken kann!

5. Du, dem alle Schuld der Erde
   aufgeladen worden ist:
   trag sie weg, denn du allein nur
   ohne Schuld und Unrecht bist.
   O Lamm Gottes, hab Erbarmen,
   hilf uns, Bruder Jesu Christ!

6. Wer soll nun den Tod besingen,
   wer das Leid in dieser Welt?
   Gott du, der mit Schöpferhänden
   Jesu Leib umfangen hält:
   Hauche Leben in das Tote,
   daß es laut von dir erzählt!

Dem Spender des Abendmahls (zum 4. Bild)

Das Lied faßt die letzten Ereignisse vor der Passion zusammen und stellt sie als Deutung dieser Passion hin. Jesus kommt als Friedensbringer (1. Str.), der die Messiasverheißungen erfüllen will (2. Str.). Die Fußwaschung Jesu wird zu seinem Liebesdienst an uns heute (3. Str.), der in der Hingabe des Leibes in das eucharistische Brot sowie ans Kreuz mündet (4. Str.). Jesu Größe besteht in seiner Erniedrigung aus Liebe (5. Str.).

1. Friedensbringer, Gottesbote,
   guter Mensch du, Jesus Christ:
   Komm zu uns, wie du schon einmal
   in die Stadt gezogen bist,
   die dich mit dem Grün der Palmen
   und mit Kinderlob begrüßt!

2. Schwing nicht nur die Zornesgeißel
   im entweihten Heiligtum,
   geh gleich in der Armen Hütten,
   schmied dort Schwert und Lanzen um!
   Brot zu bringen, Wein zu keltern,
   Heiland, ist dein Heilandsruhm!

3. Tu in dieser stillen Stunde
   uns auch deine Nähe kund!
   Wasche wieder viele Füße,
   die zerrissen sind und wund;
   drück auf die verschwielten Narben
   immer wieder deinen Mund!

4. Alle Liebenden der Erde
   machen ihren Leib zu Brot –
   Brot, für alle Welt gebrochen,
   ward dein Leib im Kreuzestod.
   Heile nun zerrissne Herzen,
   lindre unsre Liebesnot!

5. Herrschen wolltest du nicht, Herrscher,
   nur das Dienen war dein Los.
   Vor den Knechten auf den Knieen
   wurdest du erst wirklich groß.
   Frei von Macht ist deine Liebe,
   Strom aus deines Vaters Schoß.

6. Dir, der ist und der gewesen,
   der auch wiederkommen wird
   und der alles, was da lebet,
   aus dem Nichts herausgeführt:
   Dir die Weisheit, Macht und Ehre
   in die Ewigkeit gebührt!

Dem Tröster im Leiden (zum 5. und 6. Bild)

Es gibt Auferstehungsbilder aus der Gotik, auf denen der Leichnam Jesu im Schoß des Vaters ruht - darauf spielt die 1. Str. an. Die weiteren Strophen bitten darum, daß Christus seinerseits die leidende Menschheit und Kirche erlöse und von allem Leiden befreie, wobei die Gedanken aus Röm 8,35 variiert werden. In der 5. Str. wird die Vollendung, die erlöste Menschheit als die geschmückte Braut des Lammes gesehen (Apk 21,2f.). Es ist ein tröstendes Geheimnis, daß alles Leiden der Menschheit im Leib des Auferstandenen verwandelt ist.

1. Herr, wie hob mit sanften Händen
   dich der Vater aus dem Grab.
   Alle Male deiner Wunden
   wusch mit süßem Trost er ab.
   Freude er für alle Trauer,
   Jubel dir und Jauchzen gab.

2. Siehe, König, deine Knechte
   tragen Trübsal noch und Leid:
   stehe auf von deinem Throne,
   sei zur Hilfe uns bereit
   und durchstoß mit deinen Tritten
   das Gewölbe dieser Zeit.

3. Fülle auf das Maß der Leiden,
   das an deinem Leib noch fehlt:
   denn um deines Namens willen
   werden, Christe, wir gequält.
   Hingeschlachtet wie die Schafe
   sind zum Spotte wir der Welt.

4. Du indes, o Hort der Armen,
   sammelst unsre Tränen ein:
   laß doch bald, gerechter Richter,
   voll den Kelch des Kummers sein;
   schon verlangen wir zu schauen,
   Herre, heitren Aufgangs Schein.

5. Mögest wundersam du schmücken
   deiner Kirche Leidgestalt
   mit Gewändern sel'ger Wonne.
   Lös sie aus der Welt Gewalt;
   hör das Seufzen ihres Geistes:
   komm, Herr Jesus, komme bald!

6. Dir, der ist und der gewesen,
   der auch wiederkommen wird
   und der alles, was da lebet,
   aus dem Nichts heraufgeführt:
   Dir die Weisheit, Macht und Ehre
   in die Ewigkeit gebührt!

Dem Anführer des Tanzes (zum 7. Bild)

Christus ist der Anführer des Tanzes der Erlösten (1. Str.), er hat selbst als neuer Daniel die Todeslöwen verspürt (2. Str.), dadurch aber auch den Tod besiegt. In der 3. Str. wird der Auferweckte als unser Auferwecker besungen, der die toten Gebeine nach Ezechiel 37 wieder lebendig macht. Dieser Übergang vom Tod zum Leben geschieht in der Taufe (4. Str.), so daß wir von nun an zum Weinstock, zum Lebensbaum Christus gehören.
Ein Lied, das um die Tiefen des Todes, aber auch um das Geschenk des neuen Lebens weiß.

1. Tanzen wollen wir, o Christus,
   singen den Triumphgesang.
   Herr des Lebens, Freund der Kinder,
   der die Finsternis bezwang.
   Freude du, die durch die Mauern
   unsrer Klagelieder drang.

2. Dich umringten Löwenrachen,
   dich, o wahrer Daniel,
   schloß der Tod in Grabes Grube;
   du indes warst ohne Fehl,
   und er biß sich aus die Zähne,
   Gift trank er am Lebensquell.

3. Siehe, über unsre Wüste,
   über unser Leichenfeld
   kommest du gleich einem Sturme.
   Uns, die Toten, machst du, Held,
   zu den Gliedern deines Leibes
   und zu Freunden, auserwählt.

4. Preis dem Antlitz, das sich milde
   über alles Elend beugt!
   Preis dem Geist, der in die Fluten
   unsres Todes niedersteigt
   und im Schoße klaren Wassers
   uns zu neuem Leben zeugt!

5. O, wie schlägst du in den Adern
   uns gleich einem Lobgesang.
   Wie erfüllest du die Reben,
   Herr, mit ungestümem Drang.
   Trag und nähre doch an dir uns,
   Weinstock, Ewigkeiten lang.

6. Dir, der ist und der gewesen,
   der auch wiederkommen wird
   und der alles, was da lebet,
   aus dem Nichts heraufgeführt:
   Dir die Weisheit, Macht und Ehre
   in die Ewigkeit gebührt!

Ins Leben kommen

Ein gestaltpädagogisches Bibelwerkbuch

240 Seiten, 3 Farbtafeln
3 Farbfolien für den Tageslichtprojektor,
kartoniert
ISBN 3-7698-0793-6

„Für die eigene Lektüre wie für die gestaltorientierte Fortbildungsarbeit wird dieses Buch neue Maßstäbe setzen, hinter die es kaum ein Zurück geben dürfte, wenn unsere Religionspädagogik sich wieder zentral der Christus-Gestalt zuwenden will."
(Wolfgang Longardt in „was + wie" 2/96)

Selbstfindung, Weiterentwicklung und Freiheit durch das ganzheitliche Bewußt-werden der Potentiale, die in jedem Menschen schlummern – das ist das große Thema dieses Fortsetzungsbandes des gestaltpädagogischen Bibelwerkbuchs. Die Begegnung und Erfahrung mit dem lebensstiftenden Gott wird unter anderem an folgenden Themen erschlossen:

– Von der Heilkraft der Psalmen
– Mose und der Weg in die Freiheit
– Gottes Seherinnen und Propheten
– Eltern – Kinder – Gott
– Eltern als Chance und Schicksal
– Elternschaft und Segen
– Annäherung an Jesus, den Meister
– Frauengestalten in der Bibel

**Durch die gestaltpädagogischen Möglichkeiten kommen bibelspezifische Aus-legungsformen ebenso zur Darstellung wie tiefenpsychologische Erläuterungen, meditative Texte und praktische Arbeitsvorschläge. Unterstützt werden die Aus-führungen durch die anschaulichen Bilder von Anne Seifert.
All dies und die Darstellung verschiedenster Bibliodramaformen machen dieses Bibelwerkbuch zu einer praktischen Hilfe für jeden, der mit der Bibel arbeitet.**

DBV
DON BOSCO
VERLAG

Zu beziehen durch jede Buchhandlung!

Die außergewöhnliche Werkbuchreihe zur Bibelarbeit von Albert Höfer

Heile unsere Liebe

*Ein gestaltpädagogisches
Lese- und Arbeitsbuch*

256 Seiten, 12 Farbtafeln
5 Farbfolien für den Tageslichtprojektor,
kartoniert
ISBN 3-7698-1007-4

Um die Heilung menschlicher Beziehungskrisen im Blick auf Gottes gegenwärtiges und heilendes Wirken geht es in diesem dritten und abschließenden Band der gestaltpädagogischen Bibelwerkbücher.

Zentrale Themen sind:
- **Religion und Gestalt:** Biblische Hermeneutik und ganzheitliches Lernen
- **Elternbilder – Gottesbilder:** Zugänge über Bilder, Mythen, Archetypen, Gedichte, Legenden und Märchen
- **Menschliche Beziehungen und biblische Hilfen:** Schritte und Strategien der Hoffnung, aufgezeigt anhand der Bilderreihen von Anne Seifert
- **Die Gestaltpädagogik im Rahmen der Didaktik.** Ein Vergleich der Konzepte (v. H. Grausgruber)

Neben den Bildbetrachtungen zu biblischen Texten und religionspädagogischen Hinführungen stehen im Zentrum dieses Buches faszinierende Reflexionen zu den vielfältigsten Spielarten menschlicher Eltern-, Liebes- und Gottesbeziehungen: inspiriert und begleitet von zahlreichen Gedichten, Märchen, Mythen und Legenden. Hinter und in allen diesen Beziehungsgeflechten erweist sich Gott als derjenige, der liebend und heilend in die menschliche Lebenswelt hineinwirkt und immer schon in vielerlei Gestalt den Menschen nahe war.

**Ein reich bebildertes, praxisorientiertes Lese- und Arbeitsbuch für Religions-
lehrer/-innen und Bibelleser.**

DON BOSCO
VERLAG

Zu beziehen durch jede Buchhandlung!